FONTAINEBLEAU.

SOISSONS. — IMPRIMERIE DE EM. FOSSÉ D'ARCOSSE,
RUE DES RATS, N° 10.

FONTAINEBLEAU

ÉTUDES PITTORESQUES ET HISTORIQUES

SUR CE CHATEAU,

CONSIDÉRÉ COMME L'UN DES TYPES DE LA RENAISSANCE
DES ARTS EN FRANCE, AU XVIe SIÈCLE,

PAR FEU

A. L. CASTELLAN,

MEMBRE DE L'INSTITUT (ACADÉMIE DES BEAUX-ARTS).

ORNÉ

De 85 planches gravées à l'eau-forte, par l'Auteur.

PARIS,
GAILLOT, LIBRAIRE, BOULEVART DE LA MADELEINE, 11.

FONTAINEBLEAU,
CHEZ LES PRINCIPAUX LIBRAIRES.

—

1840.

NOTICE

SUR CET OUVRAGE ET SUR SON AUTEUR.

L'ouvrage que nous publions eût gagné beaucoup à être imprimé sous les yeux et par les soins de l'écrivain aussi aimable qu'éclairé, dont il a été la dernière occupation, et qui apportait dans ce travail un scrupule, une étude et un goût que rien ne peut remplacer. Ces recherches sur un séjour qu'il affectionnait, qu'il étudiait sans cesse, dont il dessinait les détails artistiques ou les vues pittoresques, avaient été, pendant une longue période d'années, l'objet favori de sa pensée, de ses observations, l'emploi de ses loisirs, le délassement de ses autres travaux. Les notes qu'il avait recueillies pour s'en aider dans ses études et qu'il réunissait en grand nombre, sans examiner d'abord si elles s'y appliqueraient directement, présentent une masse très-considérable de faits, d'indications, de citations, de passages relatifs aux arts en général; et ces matériaux, lors même qu'une grande partie n'était pas spéciale au but de son ouvrage et n'y a pas été employée, prouvent au moins le zèle et la conscience de l'auteur et le soin minutieux avec lequel il étudiait ce qu'il voulait faire connaître. Du reste, ce n'était point une description complète de ce royal séjour, un guide pour les étrangers et les curieux qu'il avait en vue de publier. L'état actuel de ce beau palais, restauré et enrichi par l'empereur, par Louis XVIII, Charles X et surtout par le roi régnant, est suffisamment décrit dans le petit volume publié par les soins de M. Jamin, l'un des officiers de la conciergerie; les voyageurs qui, chaque année, viennent en grand nombre visiter ce royal séjour, y trouvent une indication très-commode et très-complète de ce qu'ils ont sous les yeux.

L'auteur n'a pas prétendu non plus dresser un inventaire exact et une minutieuse description, en un mot, un état des lieux du château et des jardins, tels qu'ils étaient à diverses époques. Ces longues et monotones nomenclatures existent dans divers ouvrages aujourd'hui presqu'oubliés, et dont les détails même ne se comprennent plus après tant de changements successifs.

C'est sous un tout autre rapport que Fontainebleau a été considéré dans ces Études; les premières observations de l'auteur, sur quelques parties de ce palais, les nombreux dessins qu'il y esquissa, lui firent reconnaître les origines et les destinations primitives des constructions et des monuments qu'il étudiait, il s'aperçut que des décorations d'un caractère aussi curieux qu'intéressant pour l'art, avaient disparu, que quelques autres avaient changé de destination et même de place, qu'enfin des œuvres d'un art doué d'un caractère et d'un genre tout spécial méritaient d'être examinées avec soin, si elles existaient encore, restaurées du moins par des études, s'il en restait quelques traces ; et rappelées par des descriptions éclairées et précises, si elles avaient entièrement succombé sous la main du temps, ou sous la barbarie ou le mauvais goût de quelques époques. Cette tâche, qui piquait sa curiosité et qui excitait son travail par un attrait sans cesse renaissant, présenta bientôt à son imagination brillante, à son amour pour les arts et pour sa patrie, un point de vue plus important, plus élevé; il reconnut, dans l'ensemble de ces productions éparses dans ce vaste palais, et qu'à la voix de nos plus grands rois, l'architecture, la sculpture et la peinture y avaient prodiguées, le type d'une école brillante et toute française, digne d'être opposée à plusieurs des écoles d'Italie, et les titres glorieux d'un grand nombre d'artistes français qui ne méritaient pas l'injuste oubli dans lequel ils sont tombés. Il voulait réclamer, pour ses compatriotes, ces nobles décorations attribuées vaguement à des artistes étrangers qui ne firent réellement que concourir à ces splendides travaux. On s'apercevra facilement que c'est là le but vers lequel l'auteur a dirigé toutes ses observations. Mais son imagination vive et variée ne pouvait se contenter d'une sèche et sérieuse dissertation, et en burinant l'histoire de nos arts, sa main trouvait leurs instruments favoris : le crayon, le pinceau, la pointe, et elle s'en servait pour varier son travail. Les monuments, dont il cherchait à rétablir les origines, s'embellissaient à ses yeux des beaux sites qui les entouraient, des traditions nationales ou populaires qui s'y rattachaient, et il ne pouvait consentir à leur ôter ce caractère. Ainsi, dans ces Études, nous le verrons alternativement archéologue, conteur et artiste; peut-être ce mélange même donnera-t-il au lecteur une idée plus juste de ce beau et noble séjour où l'attention est également frappée par le site, par les souvenirs et par le style particulier de l'architecture et des décorations. A chaque instant, le sujet que l'auteur avait d'abord traité comme de simples observations, et sans un plan bien arrêté, prenaît devant lui une importance et une suite qui lui faisaient méditer une extension pour laquelle il avait déjà rassemblé des notes nombreuses, et exécuté des dessins qu'il devait également graver. Ces additions auraient traité de la forme et des ornements des cheminées du moyen âge et de la renaissance, sujet sur lequel on trouvera quelques observations dans le cours de cet ouvrage, et des décorations pittoresques et architecturales des fêtes données sous François Ier, et ses successeurs, et dont une partie eut lieu à Fontainebleau. Le projet d'ajouter ces deux appendices aux études précédentes lui faisait retarder de jour en jour la publication de ce qui concernait spécialement Fontainebleau, et ces détails d'ailleurs, favorisaient la modestie de ses goûts et la timidité de son caractère; son imagination variée, mais indépendante et paresseuse, satisfaite quand ses idées étaient fixées, quand son travail était bien indiqué et pouvait être compris, ne supportait pas les soins d'une correction minutieuse, la fatigue d'une publication, et ce travail matériel et mécanique qu'entraîne pour un auteur l'impression de ses écrits. Enfin, la crainte irrésistible qu'il éprouvait à la seule pensée de livrer son nom et son ouvrage à la censure publique, et de sortir ainsi de ce silence et de cette obscurité qu'il chérissait avant tout, venaient encore lui fournir des prétextes pour retarder la publication de ces Études, et il semblait qu'il ne cherchait pas à les terminer pour n'être pas obligé de céder aux instances de ses amis et de ses collègues qui le pressaient vivement de mettre au jour ce volume. Il ne pouvait d'ailleurs paraître plus à propos, lorsque le gouvernement s'occupait de grands changements, dans le palais de Fontainebleau, et lorsque le goût et la mode reportaient toutes les idées vers les œuvres du moyen âge et de la renaissance.

Associé pendant longtemps à ses observations, à ses courses, à ses recherches, j'insistais aussi près de lui, pour qu'il publiât enfin ce qu'il avait presque terminé : « Eh bien, me dit-il un jour, vous le publierez après moi. — Je m'y engage, répondis-je vivement. » Il n'était pas probable que cet engagement dût avoir aucun résultat ; nous étions nés la même année, le même mois ; sa vie s'écoulait paisible, sans fatigues, sans travaux exigeants, dans une modération et un calme que rien ne troublait ; d'amères douleurs n'avaient point avancé sa vieillesse ni altéré sa santé, et pourtant, ce fut peu de mois après cette conversation, que Castellan vit sa fin approcher. Quelques jours avant sa mort, il écrivit à sa digne compagne pour qu'elle me rappelât cette promesse ; elle est devenue pour moi un devoir sacré : je l'ai rempli avec conscience, mais non sans quelqu'inquiétude. J'espère cependant avoir rendu un service aux arts, et un hommage à la mémoire d'un homme aussi estimable que laborieux ; son amitié trop indulgente pour moi, sa trop grande défiance de ses propres talents, l'avaient engagé à me donner la plus grande latitude, pour faire, à son ouvrage, les changements, les corrections ou les additions que je croirais nécessaires. Je n'ai eu, heureusement, ni l'occasion, ni l'amour-propre, ni la volonté de profiter de cette permission. Quelques déplacements de chapitres, quelques répétitions supprimées, quelques phrases raccordées, voilà tout ce qui m'appartient dans ce volume. Je dois prendre aussi sur mon compte, les fautes qui s'y trouveraient, que l'auteur eût corrigées, et que je n'ai pas su reconnaître.

Sa bienveillance l'avait porté à insérer, au milieu de son travail, un Mémoire, envoyé très-anciennement par moi, à l'Académie des Beaux-Arts, et dans lequel il était question de quelques monuments de la renaissance. J'avais inutilement insisté près de lui pour qu'il supprimât ce hors-d'œuvre. Aujourd'hui, maître de le retrancher, je l'avouerai, je n'ai plus trouvé le courage d'effacer entièrement cette dernière marque de son souvenir et de notre amitié; mais j'ai réduit cette citation, à ce qui se rattachait plus directement aux artistes de Fontainebleau.

La famille de M. Castellan s'est empressée de me seconder pour tout ce qui concernait la publication de ce volume, et elle a pourvu à tous les frais qui pouvaient en résulter; sa respectable veuve s'était chargée d'abord, de ce soin pieux; après sa mort, M. Ducrest, leur neveu et leur héritier, a rempli, avec un respect religieux, toutes leurs intentions.

Il me resterait encore à payer à l'homme excellent, qui m'a donné cette triste, mais honorable preuve de sa confiance et de son estime, le tribut d'éloges que méritaient son caractère et ses talents; mais de la part d'un éditeur et d'un ami, de tels panégyriques attirent peu l'attention du lecteur et n'obtiennent pas toujours sa confiance. J'aime mieux raconter simplement ce que l'auteur a fait, ce qu'ont été sa vie et ses ouvrages, c'est encore le louer, et d'une manière sans doute plus conforme à ses vœux et à sa modestie.

Antoine-Laurent Castellan, est né à Montpellier, le 2 février 1772. Son père, homme estimé par sa probité et sa grande connaissance des affaires et de l'administration, était caissier des états du Languedoc, et destinait son fils aux emplois de la finance. Mais dès l'instant où il put reconnaître et exprimer un goût et un penchant, le jeune Castellan montra pour les arts, une inclination si vive, que son père, dont elle contrariait les vues, la combattit comme il eût fait d'un défaut dangereux. Il alla même jusqu'à lui refuser des crayons; Castellan y suppléa avec les mèches des bougies, qu'il estompait sur le papier. Mais bientôt, une circonstance favorable, vint mettre un terme à ces contrariétés, et lui ouvrir la carrière que la sollicitude paternelle cherchait à lui fermer; le caissier des états de Languedoc, fut mandé à Paris par son chef, M. de Joubert, trésorier des états, et s'y rendit avec son fils. M. de Joubert, homme riche et considéré, protégeait les artistes, encourageait les talents, réunissait dans ses salons, tout ce que Paris renfermait d'hommes distingués dans la carrière des arts; tels que Joseph Vernet, Vien, Vincent, Robert,

Valenciennes, etc., etc. Il avait consacré des sommes considérables à la publication d'un ouvrage immense, la galerie de Florence, et cette grande entreprise, lui faisait rassembler autour de lui, une foule de jeunes artistes, dessinateurs, graveurs et peintres, dont il essayait et développait les talents. Castellan trouva là, pour ainsi dire, l'air vital, nécessaire à son existence; M. de Joubert applaudit à ses premiers essais; et les calculs paternels furent obligés de céder à tant d'entraînement. En 1788, notre jeune artiste entra dans l'atelier de Valenciennes, noble et grande école de laquelle sont sortis nos paysagistes modernes les plus distingués.

Le goût, la facilité, l'élévation et la variété des compositions de Castellan, le rangèrent bientôt parmi les meilleurs élèves de cet atelier, alors si célèbre. Il avait étudié et dessiné avec succès, l'architecture; et ses paysages, grâce à cette étude, s'embellissaient de riches et belles fabriques. Cependant, ces riantes occupations, si conformes à ses goûts et à son heureux et bienveillant caractère, allaient être troublées par ce terrible bouleversement, qui, depuis un demi-siècle, a répandu tant d'agitations sur nos existences et sur celles de nos contemporains. La révolution de 1789, pénétra dans les ateliers des artistes, comme dans les palais des rois; dans le temple des arts, comme dans les sanctuaires de la divinité. Les arts, étonnés de cette invasion, se crurent un moment anéantis, puis se mirent à marcher avec elle, neufs, audacieux, révoltants, ingénieux, saisissants, quelquefois barbares, et toujours progressifs.

Effrayé de ce tumulte, et atteint par la réquisition, Castellan, pour n'attirer l'orage ni sur lui, ni sur sa famille, prit le parti d'entrer dans les charrois militaires, où il resta tout le temps que dura la terreur.

Vers la fin de 1796, et au commencement de 1797, la Porte Ottomane fit demander, au gouvernement français, des ingénieurs, des mécaniciens et des ouvriers constructeurs, pour établir dans ses ports, et surtout à Constantinople, des formes à l'instar de celles de Toulon. M. Fergeau, ingénieur en chef des ponts et chaussées, fut nommé directeur de l'entreprise, et Castellan obtint d'y être attaché en qualité de dessinateur. Ce poste le mettait au comble de ses vœux. Il allait parcourir, le pinceau et le crayon à la main, la Grèce et la Turquie; il voyait l'Italie, au retour, se présenter devant lui. Cependant, dans ces temps de désordre et de bouleversement, aucune combinaison n'était conçue avec prudence, ni suivie avec activité, le départ éprouva difficultés sur difficultés. La traversée ne fut pas plus heureuse, et quand on arriva à Constantinople, on trouva les travaux confiés à des ingénieurs russes, qui, présents sur les lieux, n'avaient pas eu de peine à se les faire donner de préférence aux Français qui se faisaient attendre.

Le but que se proposait le gouvernement français, était dès lors entièrement manqué, et le séjour de l'ingénieur en chef, dans la capitale de l'empire turc, ne fut que de quelques mois ; mais Castellan sut les mettre à profit. Il dessina tout ce qui lui parut digne de remarque dans cette ville célèbre et singulière. Il étudia ses antiquités et ses constructions modernes, il parcourut avec soin le Bosphore et les Dardanelles, recueillit des observations exactes sur les mœurs, les coutumes et les usages des Turcs, et remporta une ample moisson de notes et de dessins qu'il a depuis mis en œuvre, comme nous le dirons bientôt. A son retour, il débarqua à l'extrémité de l'Italie, la traversa, dans toute sa longueur, visita la Pouille, séjourna à Naples, puis à Rome, où il fut accueilli par les artistes et les amis des arts, et notamment par le respectable et illustre d'Agincourt, qui lui prodigua des conseils et encouragea ses talents.

Cependant, à cette époque de troubles sans cesse renaissants, le séjour de plusieurs états d'Italie n'était pas sûr pour les Français : malgré cette agitation, Castellan trouva moyen de recueillir encore de nombreux matériaux, qu'il se hâta de rapporter à Florence, où nos compatriotes n'étaient pas alors aussi mal vus. Ce fut dans cette belle et florissante cité, qu'il fit un plus long séjour; elle a fourni à son ouvrage sur l'Italie, plusieurs lettres pleines de goût et d'intérêt. Il s'y lia d'une amitié, que la mort seule a interrompue, avec l'habile et aimable Fabre, l'un des peintres les plus distingués sortis de l'école de David, devenu depuis le dernier époux de la célèbre comtesse d'Albani, veuve du prétendant à la couronne d'Angleterre, et enfin, fondateur et donataire du musée de Montpellier, que le legs de Valedau vient de rendre si riche et si varié.

Les talents et le caractère de Castellan étaient appréciés partout où il se faisait connaître, et M. Reinhard, alors ambassadeur de France à Florence, le fit attacher bientôt à son ambassade. Au départ des Français, qui furent, un an après, forcés d'évacuer l'Italie, il revint à Paris avec M. Reinhard qui le fit envoyer, avec le même emploi, auprès de

M. Verninac, ambassadeur en Suisse. Castellan éprouva, près de ce dernier, des désagréments qu'il ne put supporter : il aima mieux s'en séparer, et profita de ce moment d'indépendance pour visiter la Suisse. De retour dans ses foyers, il commença à mettre en œuvre les nombreux matériaux qu'il avait recueillis; il s'occupa de la rédaction des ouvrages qu'il devait publier, et en grava les planches.

Ces travaux auraient rempli tous ses moments, s'il n'eût consulté que son goût; mais son père ne regardait les arts que comme un délassement, et lui demandait toujours des occupations plus sérieuses et plus productives. Pour le satisfaire, Castellan sollicita et obtint d'entrer dans les bureaux du sénat, qui venaient d'être formés; il y fut attaché à la division des archives, où il resta jusqu'après la mort de son père. Fixé toute l'année à Paris par cet emploi, il s'y maria en 1804, à l'une des filles de M. Peyre, membre de l'Institut, et dont la réputation, comme architecte, s'est encore grandie de celle des hommes habiles et célèbres, qu'il compta parmi ses élèves. Cette union, dont rien, jusqu'au dernier moment, n'altéra la douceur et l'intimité, devint, pour Castellan, une période de jours tranquilles et heureux, qu'il consacra aux arts, aux lettres et à l'amitié. Il reprit avec ardeur ses crayons et ses pinceaux, composa plusieurs tableaux de paysage, d'un style élevé, qui parurent avec succès, dans les expositions de cette époque, et dont plusieurs ont été gravés dans le recueil de Landon. Dans le même temps, il terminait le manuscrit et les planches de son premier ouvrage : *Les lettres sur la Morée et sur les îles de Cérigo, Hydra et Zante.*

M. Agasse, l'un des premiers libraires de la capitale, en ayant entendu la lecture, se chargea de la publication de cet ouvrage, qui parut en 1808. Il attira à son auteur les éloges les plus flatteurs ; le style clair et facile, l'intérêt des observations et des descriptions, la variété des récits, le bon goût des narrations en assurèrent le succès. M. Agasse, chargé alors de l'impression du Moniteur, engagea Castellan à fournir à ce journal des articles sur l'antiquité, sur les arts et sur les expositions bis-annuelles du Louvre. Il accepta ce travail, mais dès ce moment, il cessa d'exposer ses tableaux au salon. Les articles de lui, qui furent publiés dans le Moniteur, peuvent être regardés comme de très-bons mémoires pour les arts et les sciences. Quelque temps auparavant, ayant acquis le droit à une pension de retraite, il s'était démis de son emploi dans les archives du Sénat, et il put travailler, avec plus de suite, à son second ouvrage, qui forme la continuation du premier, et qui n'eut pas moins de lecteurs. Il parut en 1811, sous le titre de : *Lettres sur la Grèce, l'Hellespont et Constantinople*. En 1820, ces deux ouvrages furent réunis par l'auteur, et publiés en trois volumes, avec d'importantes additions. Ce livre est resté recherché dans la librairie; les gravures à l'eau-forte ont cette facilité, cette franchise, et ce sentiment que les amateurs préfèrent souvent à la finesse et à la propreté du burin. Des Mémoires intéressants, envoyés par lui à l'Institut, avaient attiré l'attention de ce corps illustre, où Castellan comptait d'ailleurs de nombreux amis. En 1815, il fut nommé académicien libre dans la classe des Beaux-Arts, et bientôt après, membre de la commission du dictionnaire, pour lequel il a fourni un grand nombre d'articles : il en avait aussi rédigé plusieurs dans les premiers volumes de la Biographie Universelle de Michaud. En 1819, il fit paraître, chez le libraire Nepveu, les *Lettres sur l'Italie,* en trois volumes; elles furent accueillies avec la même faveur, et sont devenues également un ouvrage de bibliothèque. En écrivant sur ce pays, tant de fois exploré, tant de fois décrit, Castellan eut encore le talent d'exciter l'intérêt et la curiosité, de varier les sujets qu'il traitait, et de donner, sur des parties négligées jusque là, des observations et des narrations neuves et utiles. Sans une circonstance singulière, je n'aurais peut-être pas parlé d'un abrégé, auquel il n'attachait aucune importance, et qu'il avait fait en 1812, à la sollicitation du même libraire, qui publiait alors, une suite de petits volumes in-18, sur l'histoire et les mœurs des principaux peuples de l'univers. Castellan fournit à cette collection, six petits volumes, avec un grand nombre de dessins de costumes, sous le titre de : *Mœurs des Ottomans*. Il s'attacha seulement à être exact et précis ; et cependant, cette petite compilation fut depuis, à sa grande surprise, honorée des suffrages d'un homme, dont le nom et les écrits ne périront jamais, de lord Byron!! Dans sa correspondance datée de Constantinople, l'illustre anglais parle deux fois de ce petit ouvrage, comme d'un guide sûr et exact. « Je pars, dit-il, dans une de ses lettres, pour visiter Constantinople, et j'emporte mon petit Castellan avec moi ; et ailleurs : — N'allez pas en Turquie, sans avoir Castellan dans votre poche. »

Les *Lettres sur l'Italie*, furent le dernier

ouvrage publié par Castellan : retiré une partie de l'année à Fontainebleau, où il s'était fait une retraite conforme à la modestie de ses goûts, il se livrait paisible et heureux, à l'étude de la nature, au dessin, à la peinture, auxquels il ne dérobait que quelques heures pour les donner aux recherches et aux travaux que demandait l'ouvrage que nous publions. Moins empressé que jamais d'attirer sur lui l'attention publique, il refusait de mettre au jour de nouvelles éditions de ses ouvrages et ne s'enquerrait pas même du sort des premières. Il a fait beaucoup d'essais et de découvertes sur divers procédés, dont le but était de remédier à plusieurs inconvénients de la peinture à l'huile, et un artiste célèbre, Taunay, avait adopté complètement la peinture sur des toiles préparées à la cire, d'après les indications de Castellan, son ami; les tableaux ainsi exécutés, n'ont pas changé; ils n'éprouvent aucune dégradation et sont faciles à nettoyer.

Ainsi s'écoulaient, dans une paix profonde,

douces, utiles, respectées, les dernières années de Castellan, et tout semblait lui annoncer une vieillesse prolongée, lorsqu'au commencement de 1838, après quelques indispositions légères, il fut saisi par une pleurésie à laquelle se joignirent les symptômes les plus graves. Dès lors, il ne s'abusa pas sur le danger qui le menaçait, et se prépara avec courage et résignation au dernier acte de sa vie. Il s'occupa de tout ce qui pouvait adoucir la position de sa digne compagne, dont toute l'existence avait été consacrée à son bonheur et dont l'état déplorable, lui faisait trop bien prévoir que leur séparation ne serait pas de longue durée. La religion, qu'il avait toujours respectée dans ses écrits comme dans ses discours, vint à sa voix, consoler ses douleurs et honorer ses derniers moments. Une députation de l'Institut, accompagna son cercueil jusqu'à sa dernière demeure, et sur sa tombe entr'ouverte, un de ses collègues, qui devait trop tôt le suivre, M. le Vicomte de Sénones, prononça un éloge dicté par les regrets les plus touchants et par l'estime la plus profonde et la mieux méritée. La mémoire de Castellan vivra dans le cœur de ses amis; ses ouvrages resteront au nombre des livres utiles à la science et aux arts.

FONTAINEBLEAU.

Introduction.

J'ai été enthousiaste de l'Italie, j'ai cru que les talents ne pouvaient mûrir que sous l'influence de son beau ciel, que tout nous venait du midi, et que les Italiens étaient seuls nos modèles et nos maîtres. Néanmoins, en étudiant avec plus de soin et de maturité l'histoire et les monuments de notre pays, je me suis convaincu de mon erreur et de mon injustice envers la France. J'ai reconnu que si les Italiens nous ont aidés à sortir de l'ignorance, ils ont été bien secondés par l'intelligence naturelle de nos artistes : ces derniers peu appréciés et faiblement encouragés de leur temps, privés de la part de gloire qui leur semblait acquise par leurs travaux, ont produit cependant des chefs-d'œuvre que, par une fatalité singulière, on a trop souvent attribués à leurs adroits et heureux compétiteurs. C'est en partie pour les venger, que j'ai entrepris ce nouvel ouvrage, et sans m'éloigner de ma retraite solitaire, j'ai trouvé, en considérant le château de Fontainebleau comme l'un des types de la renaissance des arts au XVIe siècle, des exemples frappants de l'injuste incurie de nos historiens envers nos propres artistes et des preuves convaincantes de leurs talents, qui peuvent être mis en balance avec ceux des maîtres Italiens, s'ils ne les surpassent quelquefois.

J'aime à me flatter que mes efforts, pour réhabiliter la gloire artistique de la France, ne seront pas repoussés. Comment rester insensible au souvenir chevaleresque de notre antique monarchie, dont tout ici retracera la grandeur, le pouvoir et la glorieuse magnificence ? Je conduirai mon lecteur dans cette résidence royale, sous ces portiques supportés par des colonnes semi-gothiques, dans ces galeries ornées de peintures de la renaissance ; nous parcourerons ensemble ce vaste parc, les plates-bandes de nos parterres et ces longues allées couvertes, embaumées par la fleur de tilleul, et rafraîchies par des eaux jaillissantes. Nous observerons surtout ces pittoresques constructions érigées aux grandes époques de nos annales par saint Louis, François Ier et Henri le Grand, et qui sont, en quelque sorte, les fastes de l'histoire des arts en France.

Je vais donc entreprendre, autant par amour pour mon pays que pour occuper mes loisirs, de faire mieux connaître ce beau séjour, et en fixant la trace fugitive des sensations que le spectacle de la nature et des arts m'offre sans cesse ici, j'essaierai de dessiner et de décrire les sites et les monuments que j'ai sous les yeux.

Il ne faut pas croire néanmoins que cette tâche soit facile ; car qui peut se flatter de bien voir, de saisir le véritable aspect sous lequel il faut envisager les objets, surtout lorsqu'on veut rappeler le passé, et s'enfoncer dans sa grandeur et dans son obscurité pour y découvrir l'apparence de ce qui existait et dont il ne reste que de faibles traces ?

C'est ainsi que je vais chercher à connaître, à relever Fontainebleau, tel qu'il fut avant François Ier, puis sous le règne brillant de ce grand prince et au temps de ses successeurs.

Je n'entreprends néanmoins, ni une histoire, ni une description complète, je réunis de simples notes éparses, fruits de mes observations et de mes lectures, m'appesantissant plus ou moins, non suivant l'importance des objets, mais bien selon qu'ils me plaisent davantage; en effet, j'ai souvent commencé par dessiner un objet; j'ai cherché ensuite à le décrire; puis j'ai gravé moi-même mes dessins pour mieux leur conserver le caractère de vérité qu'un graveur plus habile aurait peut-être sacrifié à la perfection de son travail; au reste, ces opérations successives servent de contrôle l'une à l'autre, et offrent une garantie de plus de la fidélité de mes descriptions.

Ce sera donc, ici, un ouvrage pittoresque et descriptif, et si parfois, entraîné par mon sujet, je cherche à suivre ses diverses ramifications, à l'approfondir, à disserter, ce ne sera pas *ex professo*, ni pour longtemps. Bientôt distrait par un objet nouveau, par une circonstance fortuite, je passerai du genre didactique au style descriptif, et de l'exhumation d'une vieille ruine, au tableau d'un site embelli de tous les dons de la nature champêtre ou animé par une scène familière. Les contrastes ne peuvent me manquer, et ils naîtront naturellement des lieux.

Quelle situation plus pittoresque, en effet, que celle d'un antique château royal, situé au centre d'une immense forêt, coupée elle-même dans tous les sens par des chaînes de rochers, ou par des mers de sable mouvants, et formant ainsi une sorte d'oasis sauvage dont l'aspect contraste avec tous les pays fertiles qui l'entourent?

Ce canton, d'une physionomie particulière, semble en quelque sorte créé pour les plaisirs de la chasse, l'étude de l'histoire naturelle, de la botanique, et surtout pour celle de la peinture de paysage.

C'est particulièrement sous ce dernier rapport et sous celui des investigations de nos antiquités nationales que je vais considérer Fontainebleau, et que j'essaierai de réveiller tant de souvenirs attachants qui pourront plaire aux amis de la patrie et de notre vieille et glorieuse monarchie. Partout, ici, on trouvera les insignes de François Ier, d'Henri IV et de Louis XIV. Tout, ici, parle d'eux, rappelle une anecdote curieuse, un fait illustre, un trait de généreuse bonté; parfois aussi les traces de quelque dévastation révolutionnaire nous ramèneront, malgré nous, aux idées lugubres qui ont assombri notre jeunesse. Au milieu des monuments qui nous retracent d'anciennes époques, nous avons retrouvé une ruine vivante, un vieux reste de ces fidélités inébranlables pour ses rois : Walcker, le doyen des Suisses du château, qui a vu Louis XV, son infortuné successeur, la révolution toute entière pendant laquelle il a défendu, pied à pied et au péril de la vie, les fleurs de lys, les armoiries de France contre les modernes iconoclastes. La restauration l'avait rajeuni, sa belle figure, sa haute taille, le faisait remarquer, aussi attira-t-il les regards de Louis XVIII. Jugez de sa joie, il en fut reconnu !

Ce brave homme m'a fourni une foule de renseignements et de traditions sur les localités qu'il a parcourues pendant un demi-siècle, et qu'il connaissait mieux que personne, et je me fais un devoir d'en exprimer ici ma gratitude.

Mon travail sur cette résidence royale est loin d'être complet, je le répète, c'est une suite d'études pittoresques et historiques plus particulièrement dirigée sur les siècles antérieurs au XVIIe. Je ne parle qu'incidemment des époques plus rapprochées de nous, et presque pas de l'époque actuelle. Ce n'est donc point ici une description de Fontainebleau tel qu'il est, mais tel qu'il fut, ou du moins comme je le suppose, en le reconstruisant avec les éléments écrits, peints et gravés que j'ai pu me procurer. Je me suis surtout attaché à faire le rapprochement des fragments à moitié détruits que l'on tire parfois du sol, ou qui, parsemés çà et là sur sa surface, s'élèvent comme des jalons à travers les bâtisses modernes, et semblent quelquefois destinés à indiquer la marche rétrograde de l'art.

Ces vieilles ruines excitent d'autant plus nos regrets qu'elles deviennent journellement plus rares; car depuis peu d'années j'ai vu successivement disparaître des objets curieux par leur ancienneté, si ce n'est par leur beauté réelle, et dont il ne reste plus d'autres traces que dans les dessins que j'ai faits, souvent à la hâte et au moment même où ces monuments allaient disparaître pour toujours.

En cela cet ouvrage aura au moins quelque utilité pour l'histoire de l'art en France; mais il ne faut pas oublier que ce n'est point celui d'un savant antiquaire, ni la restauration d'un architecte habile; il ne faut y voir que les études d'un paysagiste qui ne considère ses dessins que comme de simples croquis.

Qu'on n'attende même pas que je suive une marche parfaitement méthodique dans la description que je vais entreprendre; néanmoins j'intervertirai l'ordre des temps le moins possible, je m'occuperai de ce qui fut, avant de décrire ce qui existe, et des lieux avant de parler des monuments, comme le peintre qui commence par les fonds sur lesquels doivent se détacher ses personnages et les premiers plans de son tableau. Ceci posé, notre belle forêt doit nous arrêter d'abord. Mon premier soin sera d'en tracer largement les principaux aspects et les traits saillants, me réservant plus tard d'y faire encore quelques excursions pour en reconnaître les particularités les plus remarquables.

I.

La Forêt.

ORIGINE, NOMS DES DIVERS CANTONS, PUITS DU CORMIER,
VIEILLE CHRONIQUE.

> Tra solitarie valli, alta foresta
> Foltissima di piante antiche.....
> (TASSO, c. XIII).

La forêt de Bièvre, ou de Fontainebleau, est un reste de ces immenses espaces boisés qui couvraient presque entièrement le sol des Gaules ; là, nos ancêtres disséminés, errants, sans demeures fixes, et semblables aux antiques peuplades du Nouveau-Monde, se frayaient péniblement un passage à la suite des bêtes fauves dont ils faisaient leur pâture.

La Gaule, un peu plus avancée vers la civilisation. du temps de César, nous offre néanmoins encore un reste des mœurs barbares et des pratiques superstitieuses des hordes sauvages. Le pays, entrecoupé d'eaux stagnantes ou de torrents débordés, sans routes, sans communications établies, sans culture réglée et sans industrie, ne comptait qu'un petit nombre de bourgs entourés d'immenses forêts. Un coup d'œil jeté sur la grande carte de France, fait encore reconnaître leur existence, indiquée par le rapprochement de parcelles isolées et qui n'ont été séparées l'une de l'autre que par les progrès de la culture et l'accroissement de la population. Les forêts jouent un grand rôle dans les guerres de ces siècles reculés, et particulièrement lors de l'irruption des Francs qui, ayant pénétré en deçà du Rhin, et déjà maîtres d'une partie des Gaules, avant de se décider à changer le fer de leurs épées contre les instruments du labourage, s'établissaient ordinairement comme les Germains, près des bois et des marais qui leur servaient en même temps de demeures et de forteresses (*). Grégoire de Tours rapporte un fragment d'un de nos anciens historiens qui nous apprend de quelle manière l'armée romaine, commandée par Quintinus, périt pour s'être

---

(*) Procope, *Bell. Gall.*

engagée dans ces sombres retraites où les Francs qui y étaient retranchés les taillèrent en pièces.

Les Romains, dit cet auteur, entrèrent dans ces vastes forêts dont la solitude et le silence causaient une secrète terreur aux soldats. L'ennemi ne se montra d'abord qu'en petit nombre, les Romains le poursuivirent avec plus d'ardeur que de prudence, et tombèrent dans des embuscades, ou se jetèrent dans des marais impraticables. Alors tous les Francs parurent et enfermèrent l'armée romaine dans un grand abattis de bois. Les légions en désordre qui ne pouvaient ni avancer, ni reculer, tombèrent sous une nuée de flèches; tout se confondait, le soldat effrayé cherchait sa sûreté dans la fuite, mais de quelque côté qu'il tournât ses pas, il rencontrait partout l'ennemi et la mort. Héraclius, tribun des Joviniens, et la plupart des chefs y périrent. La nuit et ces effrayantes retraites elles-mêmes qui avaient causé la défaite des Romains, servirent d'asile à ceux qui échappèrent à la première fureur du vainqueur (a).

La forêt de Fontainebleau semblerait un lieu propre à la scène qui vient d'être décrite, la place même qu'occupe la ville, vallon boisé, entouré de rochers presque inabordables où s'étendent de vastes marais,

(a) Grég. de Tours, *liv.* II, *ch.* 9.

depuis resserrés et contenus par des digues, aurait pu être le refuge d'une partie de la nation qui s'y serait retranchée, en avant de l'antique ville de Melun, l'une des plus importantes forteresses gauloises.

Maintenant circonscrite par des rivières et des cultures, cette forêt a des limites naturelles qu'elle ne peut guère dépasser. Comme domaine royal, elle était même autrefois bien plus resserrée et ne devait s'étendre autour du château que comme un parc ordinaire. Ce n'est, en effet, que sous François Ier que ce domaine s'augmenta de beaucoup de terrains, soit par achat, soit par l'effet des confiscations opérées sur des particuliers ou des nobles dont on retrouve les noms dans ceux des cantons qui n'ont pas une autre étymologie, tels que les *bois Gaultier*, seigneur de Nemours et sire d'Achères, les anciens fiefs de *Mouceau*, de la *Couldre*, de *Cour Guillerets*, *Labihourdière*, *Macherin*, ventes *Bouchard*, *Chapelier*, *Girard*, etc., etc. [a].

La variété de ces noms peut même nous donner une idée de ce qu'était jadis cette forêt; car souvent ils peignent l'aspect d'une localité ou rappellent et conservent le souvenir d'un fait ou d'un événement remarquable.

---

[a] Suivant la carte de la forêt de Fontainebleau, dressée par Defer, cette forêt contient 13,212 arpents de bois, et 12,356 de rochers, sables et landes.

Ces dénominations pourraient, si nous en connaissions l'étymologie, servir à faire l'histoire, ou, pour mieux dire, le roman de ce coin de terre, dont chaque pierre et chaque arbre a sa signification.

On y reconnaîtrait que ces lieux ont entièrement changé d'aspect et de productions : on ne voit plus, comme autrefois, des *gorges* remplies de *merisiers*, de *néfliers*, de *cormiers* et d'*érables* (*), tandis que les longs côteaux pierreux et arides qui sillonnaient le terrain dans tous les sens, sont, à cette heure, couverts des pins d'Italie et des bouleaux du nord.

On désigne aussi sous les noms de *grand* et *petit Chauvet*, et de *Mont Perreux*, des plateaux ombragés par de très-beaux arbres ; ce qui semblerait prouver que ces dénominations sont fort anciennes. En effet, les grandes futaies qui couvrent ces montagnes et qui remontent à plusieurs siècles, présentent un contraste frappant avec les noms qu'on leur avait donnés.

La végétation particulière à certains cantons est indiquée par les noms du *chêne feuillu*, des *grandes bruyères*, des *primevères*, des *charmes*, la *tillaie*, les *genévriers*, les *grands* et *petits fayards*, le *gros fousteau* (hêtre), la *glandée*, etc., etc.

(*) Dénominations encore existantes de certains cantons.

Dans l'un des cantons les plus écartés, et dont un importun souvenir éloigne peut-être les promeneurs se trouve la *Cave des Brigands* et la *Gorge aux Archers*, car l'un ne va guère sans l'autre. Ces noms indiquent sans doute que ce lieu a été le théâtre de quelque funeste catastrophe; son aspect est aujourd'hui fort agréable, couvert de grands bois entremêlés de bruyères et de genévriers, d'ailleurs assez éloignés des rochers. Rien n'y inspire la crainte ni la tristesse. Cependant à force de l'explorer, nous sommes parvenus à découvrir une excavation carrée assez profonde, visiblement taillée à main d'homme, et revêtue d'une ancienne maçonnerie fort ruinée.

A une époque reculée, plusieurs cantons de la forêt devaient être habités, tels que l'*Étoile des petites Maisons*, le *carrefour du Puits fondu* et du *Cormier*, la *petite Haie*, les *Écuries royales*, la *porte Crémier*.

Les *forts de Thomeri* et de *Marlotte* étaient-ils autrefois des forteresses qui protégeaient ces villages, ou plutôt les lieux où se retirent de préférence les bêtes fauves, et qu'on nomme aussi des forts?

Le *Mont enflammé*, le *Rocher brûlé* et la *Vente au Diable*, sembleraient se rapporter à certains cantons qu'on ne pouvait traverser impunément dans les jours caniculaires à cause de la chaleur excessive, ou bien c'étaient ceux qu'une effrayante superstition faisait éviter avec soin, comme la demeure des réprouvés, ou celle des esprits.

Le *Haut-Mont*, la *Mal-Montagne*, le rocher *Casse-Pôt*, ceux *des Étroitures* et des mauvais passages, les gorges d'Apremont, s'appliquent à des lieux d'un difficile accès.

Enfin il y en a dont le nom n'est que ridicule et qui se rapporte à quelques traditions populaires qui se sont perdues, et dont il ne reste que les désignations de *Nid du Corbeau*, *Chêne au Chapon*, les *Équisoirs*, la *Queue de Vache*, la *Tête à l'Ane*, la *Fosse au Râteau*, la *Chaise à l'Abbé*.

Quant au rocher de la Salamandre, emblème du chevaleresque François Ier, il se lie à une ancienne tradition que nous rapporterons : l'*étoile des Tapisseries* fait naître l'idée de quelque fête dont il n'est pas impossible de retrouver l'époque et les détails, de même que la croix de St-Hérem rappellera toujours la première et touchante entrevue d'une auguste princesse avec un fils de France, victime des fureurs démagogiques.

La nature des lieux se retrouve dans les noms de *Long-Rocher*, le *Montoir de Reclose*, *Mont-Aigu*, plaine de la *Haute-Borne*, enfin les *Hautes-Platières* : côteaux applatis à leur sommet, où le rocher se montre à nu et offre d'immenses planimétries horizontales et continues, quoique légèrement déprimées par places; les eaux de la pluie se ramassent dans ces ondulations, s'y conservent longtemps fraîches et limpides, et forment des bassins qui servent d'abreuvoir pour les troupeaux.

En général, les nombreuses mares qu'on trouve dans la forêt sont situées moins dans les vallées, remplies d'une épaisse couche de sable qui absorbe toute humidité, que sur les hauteurs et au milieu des rochers; telles que les mares aux corneilles, aux bœufs, aux fourmis, etc.; car la fontaine du mont Chauvet, les mares aux Évées et d'Épisy, dont je parlerai bientôt et qui se trouvent à un niveau moins élevé, sont alimentées par des sources.

Indépendamment des mares et des fontaines distribuées çà et là, on voyait autrefois des puits dont on ignore l'origine et l'usage. J'en ai souvent cherché les vestiges, ainsi que ceux d'autres constructions anciennes qu'on croit avoir existé dans la forêt.

Je dirai ici quelques mots sur un puits très-ancien qu'on voit encore assez loin de la ville et de toute autre habitation; comme on en retrouvait aussi dans la forêt de Compiègne, où des carrefours portent encore le nom de puits du Roi, de la Reine, etc.

Voici ce que dit le père Dan de ces puits : « Ils « font croire à plusieurs qu'ils ont été faits pour

« abreuver les bêtes fauves et noires tandis que la
« forêt était close et entourée de murailles, y ayant
« des hommes exprès pour y tirer de l'eau dans de
« grandes auges de pierre; quoique quelques autre
« estiment que c'était seulement pour abreuver les
« chiens de chasse, à cause qu'il y a peu de mares
« dans cette forêt, et où l'été particulièrement à peine
« se trouve-t-il de l'eau. Ces puits étaient fort grands
« et larges, la plupart sont maintenant comblés. »

A cette époque on en comptait huit, savoir : le puits de Vaucervelles, sur la grande route de Paris; celui de Moret, dit de la Lieue; celui d'Ury; celui de la Tranchée, route de Vidossan; celui de Gien au Triage, dit la Tillas; celui de la Fosse aux Loups; le Puits Fondu, chemin de Montigni; enfin le puits du Cormier, le seul qui, je crois, subsiste encore. Il se trouve dans la plaine, entre le chemin d'Achères et l'atelier Grandjean. Il était autrefois, dit notre historien, accompagné d'un grand corps de bâtiment couvert de pierres en terrasse, et qui naguère a été démoli. On peut croire que ces puits étaient ceux qui servaient aux anciens habitants des manoirs et métairies qu'on a réunis, soit par achat, soit par confiscation, au domaine royal; et, comme nous l'avons dit, on a fait du temps de François Ier beaucoup de ces transactions.

Quant au puits du Cormier, il n'est pas douteux qu'il ne fût entouré d'un grand bâtiment couvert en pierres et en terrasse, par conséquent voûté. Etait-ce un château ou un monastère? Quoiqu'il en soit, ce puits se trouve au centre d'une vallée autrefois couverte de vieux arbres, et à cette heure dans une plantation nouvelle, au point de réunion de plusieurs allées ou routes de chasse. On l'a laissé subsister jusqu'à présent, en se bornant à l'enfermer d'un treillage serré pour que les bêtes fauves et les cavaliers qui les poursuivent ne s'y précipitent pas. Il est construit par assises régulières et avec de grandes pierres de grès dont les parements sont taillés avec beaucoup de soin. Il n'est pas comme la plupart des puits, entouré d'une mardelle; mais il paraît avoir été recouvert par une tour ronde et voûtée, comme il en existe quelques-uns dans le Soissonnais. Ce que celui-ci a de remarquable, c'est un conduit souterrain qui y aboutit, non en ligne droite, mais en tournant, comme si le vide du puits était le centre d'une volute. Ce conduit est presque au niveau du sol et recouvert de larges dalles qui en forment le plafond. Celles qui sont les plus voisines du puits ayant basculé, ont laissé à découvert la direction de ce conduit qu'elles bouchent d'ailleurs de manière à ne pas permettre de pénétrer dans cet étroit corridor (*Planche* 1). On se demande, quel en était l'usage? apportait-il les eaux de quelque fontaine maintenant tarie, ou celles de la pluie pour remplir cette espèce de citerne? ou bien une source abondante s'élançait-elle du fond du puits et s'écoulait-elle par ce conduit qui servait d'aqueduc jusqu'à la ville vers laquelle il semble en effet se diriger?

Les souvenirs fantastiques qui s'attachent presque toujours aux débris du temps passé, lorsqu'on n'en connaît ni l'origine, ni l'usage, ne manquent pas au puits du Cormier; tantôt c'est l'horrible reste du manoir d'un déloyal baron ou d'un moustier habité par des moines, dont cette excavation était le *vade in pace* ou les oubliettes, et le corridor tournant était le chemin par où l'on conduisait les malheureux à une mort certaine et épouvantable : ce n'est donc pas le puits du Cormier, car il n'y a pas un seul de ces arbres dans les environs, mais bien le puits du Moustier. Tantôt, c'était le rendez-vous des amants de tous les villages voisins, et pendant que les troupeaux réunis broutaient l'herbe ou ruminaient sous l'ombrage des chênes, les jeunes couples, se prenant par la main, dansaient en rond autour du puits au son de la musette; il suffisait, pour être engagés l'un à l'autre irrévocablement, de jurer par le Cormier et de boire ensemble, dans la même tasse, de l'eau du puits qui d'ailleurs avait une foule de propriétés. Par exemple, si un an et un jour après le mariage la sage-femme n'était pas appelée, on faisait une visite matinale au Cormier secourable, et on en revenait tout au moins consolé et de joyeuse humeur.

Nous avons trouvé, en marge d'un exemplaire du *Trésor des Merveilles de Fontainebleau*, une note explicative sur cet usage; elle est d'une ancienne écriture qui remonte au temps de Louis XIII.

Pour obtenir quelque fruit d'une pareille entreprise, il fallait remplir certaines conditions, et la non réussite était attribuée au manque de foi, à l'oubli d'une formalité ou cérémonial indispensable. Le jeune couple devait passer les premières heures de la nuit en prières, partir de chez lui avant une heure du matin, ayant bien soin que personne ne se doutât de cette escapade, car on se serait exposé à quelque malencontre. Il fallait marcher ensemble du même pied, les bras entrelacés; la femme portant sur sa tête une cruche vide, le mari une corde de crin. Ils prenaient le chemin le plus direct quoique le moins praticable, et traversaient les cantons de la forêt désignés sous le nom de la Fosse au Rateau, la Tête à l'Ane, laissaient à droite le mont Fessas et le mont Aigu, traversaient la chaîne de rochers vers l'endroit où s'étendent maintenant les sinueux murs d'enceinte de la Faisanderie. Arrivés au sommet du côteau où il existait un rocher creusé en forme de niche avec un banc, où ne pouvait s'asseoir qu'une seule personne, le couple aventureux reposait, en ayant bien soin de ne pas s'endormir, quelque envie qu'il en eût, pour être prêt à terminer sa tâche avant l'aurore. On n'avait plus ensuite qu'à descendre jusqu'au fond de la vallée, alors couverte d'une épaisse verdure. Il fallait s'enfoncer sous ces berceaux, sous ces dômes de branches entrelacées et couvertes d'un feuillage impénétrable aux rayons du soleil, et qui, la nuit surtout, lorsque la lune et les étoiles ne scintillaient pas, dérobaient dans une obscurité complète les sentiers à peine tracés sur le gazon, et que l'instinct plutôt que le raisonnement faisait suivre au couple tremblant et saisi autant par la crainte de s'égarer que par la fraîcheur glaciale de ces sombres retraites.

Arrivait-on enfin, à travers tous ces obstacles, au puits consacré, une dernière épreuve attendait la jeune épouse. Le vase qu'on avait apporté attaché à la corde, était plongé au fond du puits et retiré plein d'eau, la femme le posait sur sa tête et allait seule le vider dans une auge qu'elle devait remplir et qui était située à une assez grande distance; il fallait que ce travail pénible et périlleux, surtout dans une obscurité aussi profonde, fût terminé avant que le premier rayon du soleil levant eût frappé la pierre blanche, point le plus élevé du mont Aigu. Que se passait-il encore dans cette nuit de frayeur, de fatigue et de mystère? Notre vieille chronique se tait. On ne voit plus de jeunes époux rôder la nuit autour du puits desséché.

II.

Fontaines

DU MONT CHAUVET ET D'ÉPYSI, MARE AUX ÉVÉES, ROCHER BÉBÉ,
ROCHER DES DEUX SOEURS, BOULINIÈRE D'AVON.

La fontaine du mont Chauvet, la plus connue des sources qui fournissent une eau rare et précieuse à la forêt, est située sur les hauteurs de la vallée de la Solle et sur le bord de l'une de ces ravines profondes qui semblent le résultat de la corrosion des torrents et de l'action des eaux qui ont mis à nu d'énormes rochers renversés les uns sur les autres. La source, renfermée dans une grossière construction presque ruinée, est abritée par de magnifiques chênes. C'est un lieu de réunion pour les peintres qui trouvent en effet des études de tout genre, et même des tableaux tout composés, dans le mouvement et le désordre sauvage des terrains et des rochers, la variété d'espèces et de formes des arbres et la multiplicité des plans lointains. L'un des rochers, en forme de table, est souvent entouré de mainte société joyeuse, et alors la nymphe de la fontaine ne rend guère d'autre service que de recevoir dans son onde glaciale les flacons de vin généreux qu'on y met rafraîchir (*Planche* 2).

La fontaine d'Épysi, située dans un fond sur la droite de la route de Moret, est plus abondante que celle du mont Chauvet, car elle alimente une mare: la source, quoique renfermée dans un petit bâtiment construit exprès et entouré d'une plantation nouvelle, n'offre rien de pittoresque; aussi est-elle peu connue et peu fréquentée.

Quant à la mare aux Évées qu'on trouve dans les grands bois du côté de Melun, elle a un tout autre caractère et mérite d'être vue. Elle occupe plusieurs arpents de terrain, est entourée d'une ceinture de beaux arbres qui s'y mirent et dont elle vient baigner les racines lorsqu'un orage ou une succession de journées pluvieuses en double l'étendue: mais elle se restreint bientôt dans de plus étroites limites, et finit même par disparaître et n'avoir plus l'apparence que d'une immense prairie.

Un matin de très-bonne heure, en allant rejoindre l'ancienne route de Bourgogne, je vis cette mare dans sa plus grande crue et ressemblant alors à un vaste étang, j'eus le plaisir d'y surprendre une nombreuse réunion de cerfs et de biches qui venaient se désaltérer et se baigner dans ce limpide bassin dont ils troublaient la surface en faisant jaillir l'eau autour d'eux. J'eus le temps de dessiner de loin ce site sauvage dont un arbre renversé, par l'ouragan ou tombé de vétusté, formait le premier plan et coupait les lignes d'une manière tout à fait bizarre (*Planche* 3). Les fonds étaient animés par la réunion de ces fiers hôtes des bois. Ils ne m'apercevaient pas et se livraient en sécurité à de doux ébats, ou formaient, en se poursuivant à travers les ondes, des évolutions très-variées, jusqu'à ce qu'un léger bruit les avertissant de ma présence, mit fin à cette scène de nature sauvage, fit disparaître en un instant la troupe bondissante, et replongea dans le silence et le repos parfait ce lieu écarté.

Peu de temps après, repassant au même endroit, tout était changé, la mare avait disparu, et il ne restait à la place du miroir limpide qui m'avait charmé, qu'un espace nu, verdâtre, au centre duquel on apercevait quelques joncs, indice de la présence d'une faible source insuffisante pour remplir l'immense réservoir. En ce moment, au lieu de la scène animée et sauvage dont j'avais été le témoin, je n'aperçus, au milieu des roseaux, qu'un pauvre homme les jambes nues et couvertes de sang que lui tiraient les sangsues ; c'est ainsi qu'il les récoltait en leur servant d'appât et de pâture.

De l'autre côté de la croix de St-Hérem, on entre dans la profonde *Gorge aux Loups,* dominée par le *Rocher des Fées;* d'un aspect triste, couverte d'une ombre épaisse et hérissée de rochers mousseux, cette vallée semble propre à servir de retraite aux animaux carnassiers ; mais il est fort rare qu'on y en rencontre, et on n'y voit plus errer que des familles de daims et de biches, tandis que les platières qui l'environnent sont peuplées par les troupeaux des villages voisins ; c'est aussi un lieu de rendez-vous pour les peintres en paysage, et le but de promenades et de parties de plaisir.

Un nom tracé profondément sur un rocher de la gorge aux Loups, survivra à tous les autres, et subsistera peut-être intact, lorsque la ville et le château de nos rois joncheront de leurs débris le sol sur lequel ils s'élèvent avec orgueil : ce souvenir n'est cependant que celui d'une jeune fille dont l'existence éphémère contrasta trop tôt avec la nature indestructible du monument qui lui fut consacré, énorme bloc ombragé par des arbres séculaires, et qu'une grande inscription creusée dans le grès indique sous la dénomination de ROCHER BÉBÉ (*Planche 4*). C'était le nom que, dans l'intimité d'une famille distinguée, on donnait à une jeune personne dont la rare beauté et les qualités aimables faisaient l'orgueil de ses parents et les délices de la société. Dans une petite fête donnée à la gorge aux Loups, ses amis inscrivirent ce nom chéri qui devait trop tôt ne plus être répété par eux.

Peu de personnes savent aujourd'hui qu'il fut celui de Mlle de Colbert, sœur des généraux de ce nom, mariée à M. Alexandre, et mère de Mme la comtesse Amédée de Pastoret, qui la perdit peu après sa naissance.

Ce n'est même que depuis quelques années que la gorge aux Loups et le rocher Bébé ont été remis en honneur, et qu'ils sont visités par les curieux. En effet, pendant les longues et funestes années de la révolution, les antiques résidences royales, dévastées, dépouillées des augustes et touchants emblèmes d'une dynastie proscrite, avaient été presque abandonnées et rarement visitées. Ce n'est qu'au retour de nos princes que l'on s'est plu à recueillir d'anciens souvenirs, à revoir des lieux consacrés autrefois par la présence du souverain, et qu'il allait encore vivifier par de nouveaux bienfaits. C'est alors qu'en parcourant la forêt, on s'est informé des traditions qui se rapportent à des noms, à des faits historiques ou à des documents de famille. L'un de nous se rappela avoir vu dans son enfance le rocher Bébé; mais de longues années s'étaient écoulées, les souvenirs étaient vagues, rien ne guidait dans la recherche. Cependant nous pénétrons dans cette sombre gorge aux Loups, dominée par la roche des Fées, parsemée de masses énormes de grès enchassés dans d'épais buissons de genévriers et de houx. Les branches pendantes de hêtres et de chênes immenses qui les recouvrent, permettaient à peine aux rayons du soleil d'arriver sur les rochers de ces étroits vallons. Enfin, au fond de la vallée, dans une espèce de cirque entouré de grands arbres, nous trouvâmes sur une planimétrie inclinée, mais couverte d'une épaisse couche de mousse, l'inscription cherchée si longtemps. Je me suis hâté de dessiner ce site pour que pareille recherche soit désormais facile, et bien m'en a pris; car retournant à la gorge aux Loups quelques années après, j'ai reconnu facilement le rocher, quoique l'inscription fût de nouveau presqu'entièrement cachée par la mousse qui menaçait de l'envahir toute entière.

Une circonstance à peu près semblable (ª) et qui ne remonte qu'à 1829, a fait graver sur une large masse de grès qui domine la pittoresque vallée de la Solle : ROCHER DES DEUX SOEURS (*Planche* 5). Le site est l'un des plus beaux de la forêt, et il est devenu le but fréquent des promeneurs : il leur offre des points de vue très-variés ; on y domine sur toute la vallée, d'où s'élèvent des chaînes de rocs grisâtres au-dessus desquels on aperçoit le bassin de la Seine et jusqu'aux tours de l'antique cité de Melun. La pente de cet escarpement est plantée de vieux arbres : entre leurs troncs noueux serpentent des sentiers rendus praticables et qui mènent à des bancs couverts de mousse et à des espaces aplanis pour la danse.

Auprès de l'ancien bourg d'Avon, et à l'extrémité du parc, on entre dans un vaste espace planté de vieux bouleaux, au feuillage pâle, aux branches pendantes, au tronc lisse et argenté, distribués irrégulièrement sur un terrain couvert d'un gazon fin, et sans autre trace de végétation (ᵇ). Qu'on s'enfonce

(ª) Le mariage de l'une des filles de M. de l'Arminat, conservateur des forêts royales, avec M. de St-Venant.
(ᵇ) Ce bois existait encore il y a peu d'années; depuis il a été presqu'entièrement détruit.

dans ce grand bois ordinairement solitaire et traversé seulement par d'étroits sentiers à peine frayés, et on croira être transporté dans ces tristes forêts qui s'étendent le long des rivages des mers du nord. Mais bientôt quelques rochers épars percent le terrain de leurs formes anguleuses, ou grossièrement arrondies, et de plus en plus élevées et abruptes; ils avertiront le promeneur qu'il change de sol, et pour ainsi dire de pays et de climat. En effet, les rochers d'Avon forment la limite de la pâle forêt du Nord, et tout à coup un rideau d'un vert noirâtre s'offre à la vue; ce sont des arbres pyramidaux à l'écorce rougeâtre et raboteuse, à bouquets de feuilles imperceptibles et tournées, ainsi que les branches qui les supportent, vers le ciel. Leur tronc s'élève droit comme une colonne; tous de même grosseur et plantés régulièrement, ils font l'effet d'un péristyle immense à perte de vue, dont le terme est la plus profonde obscurité. Le gazon a disparu, la terre n'est couverte que de feuilles et de petites branches sèches qui ne reçoivent pas l'empreinte de vos pas, rendent le sentier glissant et dangereux pour peu que la pente soit rapide. Une atmosphère que l'évaporation de la résine qui découle de ces arbres rend odorante, un air chaud et sec a remplacé la fraîcheur et l'humidité du vallon qu'on vient de traverser. Ces circonstances réunies, et dont tous les sens à la fois rendent témoignage, vous transportent brusquement dans ces bois de pins qui couvrent les montagnes pierreuses de la Provence, et quelques parties de l'Apennin.

Un peu plus loin, le rocher *Bouligni*, dans sa longueur, offre l'agréable mélange de ces deux espèces d'arbres qui cachent sous leur verdure, si différente, l'aridité primitive de ce désert. Après l'avoir franchi et avoir traversé un ravin sablonneux semé de bruyères et de genêts, on trouve un côteau ombragé par des plantations de chênes, jeunes, quoiqu'ils datent presque d'un siècle, et dont la végétation vigoureuse forme des bosquets touffus et de charmantes retraites.

Enfin les grandes futaies du mont *Perreux* et de la *Tillas* vous rappelleront le caractère primitif de ces forêts druidiques, où les premiers habitants des Gaules célébraient les mystérieuses cérémonies d'un culte barbare. Ces chênes, ces hêtres séculaires forment au-dessus de vos têtes une voûte impénétrable aux rayons du soleil ; le silence le plus profond règne, pour l'ordinaire, sous ces ombrages, à peine même y entend-on le cri ou le ramage de quelque oiseau ; car de nombreuses légions d'écureuils font la guerre à leurs nids, et les forcent à fuir de ces arbres colossaux dont la cîme n'est guère fréquentée que par des nuées de corbeaux et d'autres oiseaux de proie. Parmi ces arbres dont la moindre hauteur est de cent pieds, il en existe d'un diamètre énorme, et qui conservent encore une apparente verdeur, quoique leur tronc creusé soit vermoulu; d'autres, après avoir vu s'écouler plusieurs siècles, sont encore pleins de sève et de vie. Néanmoins on voit fréquemment à la suite de grands orages :

> Le vent redoubler ses efforts,
> Faire si bien qu'il déracine
> Celui de qui la tête au ciel était voisine
> Et dont les pieds touchaient à l'empire des morts.
>
> (LA FONTAINE).

La forêt de Fontainebleau, dans un espace peu étendu, renferme tous les sites, tous les climats, toutes les températures; plusieurs botanistes et entomologistes célèbres y ont trouvé les plantes et les insectes des latitudes les plus opposées, sans autre peine que de gravir ou de franchir une chaîne de rochers peu élevés. Ce coin de terre offre, dans tous les temps, les contrastes les plus singuliers, et le simple promeneur y jouira du privilége des voyageurs, croira passer, successivement et en peu d'heures, du nord au midi, sans avoir quitté cette belle enceinte. Entraîné moi-même par la variété de ses aspects, par les souvenirs qu'ils rappellent, j'y ai déjà trop retenu mon lecteur, lorsque je ne voulais que la lui faire traverser en toute hâte, pour arriver à ce beau séjour qui en forme le centre et la plus riche décoration, et cependant je l'arrêterai encore devant l'antique et pieuse demeure d'un habitant de la forêt qui y précéda nos rois.

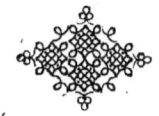

III.

Hermitage de Franchard.

MONASTÈRE, LA ROCHE QUI PLEURE, FÊTE DE FRANCHARD.

> Pei duri sassi........
> Vide d'anni e d'astinenzie afflitto
> Uom ch'avea d'eremita abito e segno,
> Di molta riverenzia e d'onor degno.
> (ARIOSTO, c. XLI).

Si on veut parcourir des solitudes semblables à celles de la Thébaïde, on doit tourner ses pas vers les ruines de l'hermitage de Franchard. Là ne se voit qu'un amoncellement de rochers nuds, arides, au milieu de plaines ou plutôt de ravines couvertes d'un sable fin et mouvant que les rafales de vent, qui s'engouffrent dans ces gorges, déplacent, amoncellent ou étendent en lignes onduleuses. Çà et là des buissons et des arbres tortueux s'échappent des interstices et des fentes humides des rochers, où il s'est formé quelque peu de terre végétale, et ils y croissent à regret, sans pouvoir acquérir tout leur développement.

Ce n'est pas sans peine et surtout sans fatigue qu'on marche, en s'enfonçant à chaque pas, dans ces sables mobiles et brûlants, et qu'on circule à travers ces masses énormes de grès qui réfléchissent les rayons du soleil; mais arrive-t-on à leur sommet, un beau spectacle sert de dédommagement; la vue s'étend au loin et parcourt les sinuosités de la vallée, et si le soir vous surprend dans cette solitude, elle s'embellit de teintes brillantes, variées, et qui se perdent dans un lointain vaporeux où l'astre du jour, à son déclin, se plonge en rayonnant. Bientôt la fraîcheur succède à la vapeur enflammée qui vous suffoquait, et le zéphyr, précurseur de la nuit, vous caresse de son haleine embaumée.

Ce calme solennel, ce silence, cette profonde solitude, tout doit ici exalter l'imagination, calmer les sens, appaiser les passions et procurer des jouissances bien plus vives, et dont on se lasse moins que de tout ce que les plaisirs du monde promettent et ne tiennent pas longtemps.

L'hermitage et l'abbaye de Franchard, dont on voit encore les ruines, remontent à une époque très-éloignée ; peut-être même est-ce le plus ancien monument de la contrée. Il est probable qu'on ne serait pas venu habiter de préférence le lieu le plus sauvage d'une forêt, jadis sans routes frayées, sans issues, si le zèle religieux, dans toute son exaltation, n'avait fait choisir exprès cette retraite. Elle ne pouvait, en effet, convenir qu'à un hermite qui voulait s'isoler du monde entier, braver les privations, les périls de toute espèce auxquels il allait s'exposer en vue de faire pénitence, et d'obtenir peut-être les palmes du martyre.

On attribue la construction de l'hermitage de Franchard, à Guillaume, chanoine régulier de St-Euverte d'Orléans, à qui Philippe-Auguste fit don, à vie, de ce lieu désert.

Malgré son renoncement aux douceurs de la vie, Guillaume avait quelques relations avec des amis. On a conservé une lettre d'Étienne, son ancien supérieur, et alors abbé de Ste-Geneviève de Paris, qui voulait dissuader notre hermite de la triste résolution de s'enterrer dans ce désert, en lui faisant voir tous les dangers d'habiter une demeure où ses deux devanciers avaient été tués l'un après l'autre, où le terrain est absolument aride, et où il n'y a qu'une fontaine dont l'eau amère et jaunâtre, *n'est ni bonne à boire, ni belle à voir.*

Un extrait de cette lettre donnera une idée du style du temps et des mœurs des religieux qui se consacraient à la vie contemplative (*).

« *A frère Guillaume de Bierre,*

« ÉTIENNE, ABBÉ DE STE-GENEVIÈVE.

« L'exemple des Paul, des Antoine et des Macaire a eu pour vous, mon frère, des charmes qui vous ont animé à suivre, autant que vous avez pu, la voie dure et difficile dans laquelle vous êtes entré, à vous assujettir, au milieu de ce que la France a de plus charmant, aux rigueurs de la Thébaïde, et à faire revivre, par votre exemple, les austérités des solitaires de Nitrie. Cette entreprise est difficile, mais quoique je ne vous aie pas conseillé de l'entreprendre, je me garderai bien cependant de vous engager à l'abandonner.

« Je ne vous dissimulerai pas que vos fréquentes infirmités, et votre faible tempérament exposé à de

---

(*) Cette lettre est rapportée en entier, en latin et en français, par Guilbert, *Hist. de Font.*

pénibles travaux, et peu en état de les supporter, me faisaient douter de la réussite d'une si grande entreprise, et que si je tâchais de me rassurer, j'étais aussitôt frappé par la terreur et la crainte d'une solitude aussi extraordinaire, et par l'horreur d'une habitation où non-seulement les hommes, mais où même les bêtes féroces semblent craindre de demeurer, et où la terre, aride et sans aucune humidité, ne produit pas seulement de l'herbe : en sorte que, contre la nature même des autres eaux, celle que filtre goutte à goutte le rocher qui est proche de votre cellule, n'est ni belle à voir, ni bonne à boire.

« La grossièreté des vêtements que vous devez porter dans votre cellule, l'austérité de votre nourriture, la dureté de votre couche, un sommeil interrompu et entrecoupé, les craintes que doit vous inspirer un tel éloignement, tout m'engagerait à vous dissuader d'une si sainte entreprise; mais pensant que vous avez été élevé et instruit dans la discipline régulière depuis près de quarante ans, et que même étant prieur, vous avez vécu avec humilité et à la grande édification de ceux qui habitaient la maison du Seigneur, j'ai eu la ferme confiance que si la solitude avait quelque chose de plus dur à vous présenter, vous étiez en état de tout supporter, habitué que vous étiez à toutes les rigueurs des saints exercices du cloître, et ignorant heureusement ceux du monde..... Voilà, mon frère, ce qui m'a fait bien espérer de votre entreprise..... J'approuve ce que j'avais condamné, et vous félicite de ce que la grâce de Dieu vous a fait mépriser et surmonter tous ces obstacles pour n'avoir plus rien qui vous empêchât de passer de ce désert dans le ciel; de ce lieu stérile et abandonné dans cette terre de vivants où coulent avec abondance le lait et le miel....... Que vos prières soient courtes de peur que l'ennui ne les rende moins ferventes et que le sommeil ne vous surprenne......; de la prière, passez à la méditation et à la lecture, afin de peser et de réfléchir utilement sur tout ce que vous aurez lu, et qu'il ne s'efface pas de votre mémoire; mais prenez garde que votre tête et vos yeux n'en souffrent, lisez peu à la fois, marchez ensuite dans votre cellule, ou sortez dans votre jardin et vous reposez la vue à considérer le peu d'herbe qu'il y a, ou à examiner vos rochers qui doivent être moins fermes, moins stables que votre foi. Cette diversité d'exercices adoucira ce que le désert a de rude....... Modérez aussi l'austérité de votre jeûne, prenez dans l'été quelque peu de nourriture après *tierce*, et votre réfection ordinaire après *none*; n'allez pas comparer les jours d'été à ceux d'hiver, en sorte que vous observiez un jeûne aussi exact pendant les chaleurs de la canicule que dans le cœur de l'hiver ; car alors ce serait tenter Dieu, et être homicide de vous-même. Ne vous flattez point de pouvoir porter l'austérité aussi loin que les anciens moines de Nitrie, ni même de les suivre de près, non plus de ressembler à saint Germain, évêque d'Auxerre. Contentez-vous de l'exact milieu qu'a suivi Augustin ; que si vous voulez y ajouter, ne mangez aucune espèce de viande, soit chair, soit poisson ; mais je m'aperçois que j'ai passé les bornes d'une simple lettre, et que, comptant sur votre charité, je me suis hasardé à donner des conseils lorsque je n'avais d'autre intention que de vous dire quelque chose de consolant.

« Souvenez-vous, je vous prie, de moi dans vos prières, mon très-cher frère, de moi qui, chargé de conduire les autres, et obligé quelquefois de donner mon avis à ceux qui, engagés dans les embarras de la vie, ont recours à mes conseils, n'ai pas moins besoin pour cela d'être aidé des prières et des exemples de ceux qui sont dans le repos de la contemplation des choses divines, etc., etc. »

On voit, dans cette lettre, que le prélat félicite le bon hermite d'avoir échappé à l'écueil du monde, tout en se plaignant lui-même des relations qu'il a conservées avec la société, des devoirs qu'elle lui impose et des désagréments qu'elle lui fait éprouver ;

car, la carrière de ces deux religieux est bien différente, et peut-être l'hermite Guillaume est-il réellement plus heureux dans son horrible solitude, qu'Étienne de Tournai sous la pourpre épiscopale.

Étant abbé de St-Euverte d'Orléans, Étienne déploya de tels moyens, qu'en 1163, le concile provincial de Sens le chargea presque seul de demander à Louis le Jeune justice du meurtre commis sur le doyen de l'église d'Orléans, par un seigneur du pays. De retour dans son abbaye, Étienne fit rétablir l'église ruinée par les Normands, avant de prendre l'administration de celle de Ste-Geneviève de Paris. Il eut part aux affaires les plus importantes de son siècle. Philippe-Auguste, qui l'employa dans des négociations, en fut si content, qu'il le choisit pour l'un des parrains de Louis VIII, son fils aîné. Nommé, en 1192, à l'évêché de Tournai, il mourut en 1203, âgé de soixante et onze ans.

L'hermite Guillaume, qui avait persisté dans sa pieuse résolution, lui survécut; mais devenant vieux et infirme, il engagea quelques-uns des moines de son ancien couvent à se réunir à lui. Son humble cellule s'agrandit, et fut bientôt convertie en un monastère, comme on le voit par une charte et une lettre de Philippe-Auguste à ses forestiers. Guillaume devint, à son corps défendant, prieur de cette nouvelle communauté qui, par la piété et la vie canonique qu'on y observait, attira l'attention des pays voisins et la charité des fidèles, et particulièrement de la reine Adélaïde, épouse de Louis VII. Ce monastère prospéra de plus en plus, et les chanoines qui l'habitaient devinrent les seigneurs d'une partie du territoire de Sermaise. Cependant le désert de Franchard ne tarda pas à redevenir ce qu'il était autrefois, une horrible solitude. Le couvent fut entièrement ruiné, lorsque, en 1348, les Anglais (ª), après avoir ravagé une partie de la France, s'avancèrent jusqu'aux portes de Paris, et qu'ils brûlèrent St-Germain en Laye, St-Cloud, Boulogne et le Bourg la Reine. La tradition indique aussi les ruines du monastère de Franchard comme le repaire de brigands, peut-être de ces bandes forcenées qui, en 1357, s'établirent particulièrement dans le Gatinais, couvert de bois et de rochers, d'où ils portaient le ravage dans tout le pays situé entre la Seine et la Loire (ᵇ), et qui donnèrent enfin naissance à cette Jacquerie, guerre d'extermination entre les paysans et leurs seigneurs.

Plus tard, lorsque la forêt, devenue un domaine royal, où nos princes prenaient le plaisir de la chasse, fut percée de routes fréquentées par les voyageurs,

(ª) Froissart, *Chr. ch.* 273.
(ᵇ) Froissart, *Chr. ch.* 381.

ou parcourues dans tous les sens par les gardes forestiers et les veneurs, les ruines sacrées de Franchard redevinrent la demeure d'anachorètes qui s'y succédaient, protégés par la sainteté de leur vie, et par le respect des peuplades voisines.

En 1676, Louis XIV donna ce qui restait du couvent et des terres de Franchard, aux religieux Mathurins de Fontainebleau, qui, l'une des fêtes de la Pentecôte, allaient y faire l'office dans l'ancienne chapelle qu'ils avaient fait rétablir. Le reste de l'année, Franchard n'était habité que par un hermite qui cultivait un petit jardin, et élevait de nombreux essaims d'abeilles qui prospèrent encore en ce lieu qu'on peut comparer aux pierreuses garriques de Provence, et qui bien que dénué d'arbres, n'en est pas moins couvert de fleurs et de plantes aromatiques.

Les gorges sauvages de Franchard étaient alors, comme aujourd'hui, un but de promenade. Le roi avait même fait construire au sommet le plus élevé des rochers qui dominent l'hermitage, une haute tour carrée à deux étages, percée de grandes fenêtres cintrées : on y montait par un escalier à rampes, supporté par des arcades. Ce belvédère avait été fait pour donner à la reine le plaisir de voir au-dessus des chaînes des rochers les points de vue lointains qu'ils dérobent maintenant aux regards. Cette énorme construction fut entièrement détruite en 1712, ainsi que la plupart des bâtiments du couvent, dans la crainte que ce lieu ne devînt un asile de débauche, ou une retraite de voleurs.

Vers ce temps, un anachorète, à qui les Mathurins avaient accordé la jouissance de l'hermitage, trouva dans les caves quelques coffres pleins d'ornements, linges ou habits qui tombèrent en poussière dès qu'ils furent exposés à l'air. On a cru, avec assez de fondement, que les moines de Franchard cachèrent sous terre ce qu'ils purent, lors des guerres des Anglais; on croit encore que l'argenterie de leur église est enfouie dans la forêt.

C'est en vain que j'ai cherché, non pas ces trésors, mais les ruines du belvédère au milieu des rochers qui entourent l'hermitage, j'ai eu au moins le bonheur de me procurer une ancienne gravure à l'eau forte (*) qui doit le retracer avec fidélité. Je l'ai reproduite (*Planche* 6).

Au commencement du règne de Louis XIV, il existait encore un hermite à Franchard, et nous allons emprunter aux Mémoires d'une femme célèbre du

---

(ᵃ) Elle porte pour titre : *Vue du Pavillon de l'Hermitage de Franchard, proche Fontainebleau.* Cette gravure fait pendant à celle qui retrace la vue de l'ancien hermitage de la Madeleine, dont il n'existe pas plus de vestiges. Les eaux fortes ne font point partie de la collection des Labelle, des Israël Silvestre, et des Pérelle.

temps (*), le récit d'une excursion de la cour vers cet hermitage. « Monsieur, frère du roi, donna une collation à un hermitage qui s'appelle Franchard, où les vingt-quatre violons étaient. On y alla à cheval et habillé de couleur; la comtesse de Soissons, qui était grosse, y alla en carrosse. Quand on y fut arrivé, il lui prit fantaisie de s'aller promener dans les rochers les plus incommodes du monde, et où je crois qu'il n'avait jamais été que des chèvres. Pour moi, je demeurai dans un cabinet du jardin de l'hermite à les regarder monter et descendre. Monsieur et beaucoup de dames qui y étaient demeurèrent avec moi. Le roi envoya quérir les violons, et ensuite nous manda de l'aller trouver, il fallut obéir, ce ne fut pas sans peine. On en eut assez à s'y résoudre et à faire ce chemin, puis un moment après, il fallut s'en revenir. Je m'étonne que personne ne se blessât. On courut le plus grand risque du monde de se rompre bras et jambes, et même de s'y casser la tête. Je crois que les bonnes prières de l'hermite nous conservèrent tous. Après souper, on s'en retourna en calèche avec quantité de flambeaux; aussi mit-on le feu à la forêt, et il y eut trois ou quatre arpents d'arbres brûlés. Au retour, on alla à la comédie : les comédiens français et italiens

---

(*) Mémoires de Mlle de Montpensier, IVe vol., pag. 178, éd. d'Amsterdam.

y étaient, et on se promenait ensuite sur l'eau avec les violons et la musique. Enfin, après le souper de la reine, on dansait jusqu'à minuit, et quelquefois jusqu'à une heure........ » La modeste retraite de l'hermite et le jardin qu'il cultivait de ses mains, ses plates-bandes de fleurs, son berceau couvert de vignes n'existent plus. Il ne reste même des bâtiments du vaste monastère que les murs garnis de contreforts de l'antique chapelle, dans laquelle on a pratiqué l'habitation d'un garde forestier. A l'extérieur, cette demeure inaperçue porte toutes les livrées de la vétusté et de la ruine, et par cela même est en harmonie avec le désert qui l'environne.

On a conservé la niche où l'on voyait l'image du saint protecteur de cet hermitage ; mais cette figure, défigurée par une main maladroite, n'offre plus qu'une informe caricature, plus propre à exciter le rire que la piété (*).

Cependant sur les faces latérales on retrouve encore le système de l'ancienne construction faite en pierres carrées, par assises régulières et appuyée par de massifs contreforts qui rappellent le style sévère d'architecture antérieur au XIIe siècle. Les autres objets qui caractérisent un monument religieux ont

---

(*) Depuis, la niche a été de nouveau réparée, et un jeune artiste y a crayonné la belle figure de saint Bruno, peinte par le Sueur (*Planche* 7).

disparu, et bientôt on perdra la mémoire de l'antique abbaye de Franchard dans le lieu même où elle a existé, et il n'en restera de traces que dans quelques vieilles chroniques aussi ignorées que le lieu même est solitaire et abandonné.

Il est cependant un jour dans la belle saison où la plate-forme sur laquelle existait la chapelle vénérée est couverte d'une multitude joyeuse, et où les échos, endormis pour ainsi dire le reste de l'année dans le creux des rochers amoncelés à l'entour, retentissent du son des voix confuses des instruments et des éclats de la joie ; ce lieu devient le théâtre de jeux, de danses et de festins champêtres. Toutes les voitures élégantes des habitants des châteaux voisins, toutes les carrioles des fermiers sont en mouvement, et traversent la forêt dans tous les sens pour se rendre à Franchard. Des boutiques portatives, des cuisines ambulantes garnissent la futaie voisine, et des tentes servent d'abri à des sociétés nombreuses ; d'autres se réunissent à l'ombre des vieux chênes, et entourent les provisions étalées sur le gazon ; des groupes isolés vont chercher la fraîcheur sous les roches en surplomb, et parfois la solitude au milieu des buissons de genévriers ou de houx épineux qui leur servent de remparts. Le soir arrive, et aux plaisirs de la bonne chère succèdent ceux de la promenade et de la danse qui se prolongent jusqu'à la nuit. Alors des lanternes, suspendues aux arbres ou aux poteaux qui forment l'enceinte de la salle du bal champêtre, des feux, allumés dans le bois à différentes places, les lanternes des voitures qui traversent les allées, forment un spectacle qui donne momentanément la vie à ce canton désert. Cependant les heures s'écoulent, la nuit s'avance, la foule se disperse, chacun s'achemine vers sa demeure habituelle. Les routes silencieuses de la forêt retentissent encore du rire éclatant, des cris de joie, des chansons à refrain chantées en chœur; peu à peu le bruit s'éloigne, se disperse, le mouvement cesse, et tout rentre dans le calme, le silence et l'obscurité. Il ne reste plus, pour habiter ce désert, que la famille du garde qui n'interrompra plus le calme de ces lieux que par l'explosion de l'arme redoutée des hôtes timides de ces bois.......

Auprès des ruines de l'hermitage, existe cette singulière source d'une eau limpide qui filtre à travers une masse de grès, et tombe continuellement goutte à goutte de la voûte d'une espèce de caverne, dont les parois sont bariolées d'une infinité de noms et d'inscriptions dans toutes les langues.

Cet endroit se nomme la *Roche qui Pleure (Planche* 8), et pourrait aisément fournir matière à quelque conte d'enchanteur, de fées, ou à quelque histoire lamentable; il peut au moins exercer la sagacité des naturalistes qui, même dans une matière aussi dure que le grès, pourraient supposer que cette eau filtre et arrive, suivant la loi des siphons, d'un réservoir supérieur, et il existe en effet, non loin de là, au sommet d'un côteau, une mare assez grande; mais le rocher de la Roche qui Pleure domine, dit-on, tous ceux qui l'entourent; il est isolé, de peu d'épaisseur, et même un peu convexe au-dessus; il ne peut recueillir et conserver aucune humidité, cependant il existe réellement à sa surface de légères dépressions qui forment autant de godets où l'eau de la pluie séjourne et doit suffire pour entretenir le suintement qui ne cesse dans aucun temps. L'eau, reçue dans une petite auge en grès, est trop peu abondante pour servir à d'autre usage qu'à alimenter la curiosité et la ferveur des âmes dévotes, qui croient y trouver un remède à plusieurs maux.

Encore dans le siècle passé, l'hermitage de Franchard était le but d'un pèlerinage : l'eau de la Roche qui Pleure était un spécifique contre les maux d'yeux dont on devait la guérison à l'intercession du saint anachorète qui jadis habitait ces lieux. Maintenant, comme on le pense bien, les cures sont moins fréquentes, et la vertu de cette eau semble avoir cessé, à mesure que la foi est devenue moins vive. Que n'existent-elles encore, ces saintes espérances que la religion accordait à la piété fervente! en dépouillant la croyance religieuse de toutes les pratiques qu'on affectait de nommer superstitieuses, les a-t-on remplacées par des équivalents qui nous consolent de leur perte?

IV.

Le Château.

SON ORIGINE, ARCHITECTURE ANCIENNE, CONSTRUCTIONS ANALOGUES,
IRRÉGULARITÉ DES ANCIENS CHATEAUX.

> Di tutti i lochi intorno fa venire
> Mastri, chi per amore e chi per tema
> De' gravi sassi i vicin monti scema,
> E ne fa una gran massa stabilire....
> . . . .
> Presso alla chiesa una torre alta vuole;
> Ch'abitarvi alcun tempo si destina.
> Un ponte stretto e di due braccia sole
> Fece sull' acqua, che correa vicina.
>   (Ariosto, c. xxix).

A L'ÉPOQUE même où l'hermite de Franchard habitait une humble cellule, jeûnait, priait, et, dans une profonde solitude, faisait pénitence de péchés qui n'étaient pas les siens; tout près de là, en l'antique cité de Melun, une cour brillante, chevaleresque, s'occupait de fêtes et de tournois. Le voisinage d'une vaste forêt favorisait les plaisirs de la chasse, délassement ordinaire des princes et des chevaliers. « Le roi Louis le Jeune, dit un vieil historien (a), tenait en pompe sa cour ordinaire à Melun, et là demeuraient, à la suite des princes et seigneurs des premiers du royaume, grande affluence de prélats et autres ecclésiastiques de toutes qualités. » C'est dans la même ville que le savant Abeilard vint alors établir une nouvelle université qui, bientôt, rivalisa avec celle de Paris : « Soudain s'y fit un tel concours d'écoliers de France, voire d'Angleterre, d'Allemagne, de Flandre, d'Italie, que c'était assez pour remporter la gloire de savant, d'avoir étudié sous Abeilard, en l'université de Melun. »

On doit remarquer en effet, dans ce siècle, le mouvement rapide communiqué aux esprits par quelques hommes supérieurs : saint Bernard, génie extraordinaire à qui il avait été donné de dominer les intelligences, et dont l'ascendant prodigieux avait suffi pour précipiter l'Europe entière sur l'Asie; Suger, qui, de simple moine de St-Denis, devint régent du royaume qu'il gouverna avec fermeté, justice et dé-

(a) Seb. Rouillard. *Hist. de Melun*, 1628.

sintéressement, pendant que son souverain guerroyait en Palestine contre les infidèles; enfin les noms de l'infortuné Abeilard et de la tendre Héloïse, jettent sur cette époque romanesque un intérêt auquel nous nous livrerions volontiers, si notre sujet le comportait.

S'il est vrai que les croisades aient causé bien des maux à la France, on doit croire aussi qu'elles produisirent un grand effet sur la propagation des lumières et le goût des arts. C'est effectivement alors qu'on voit notre patrie se couvrir d'une multitude de monuments religieux, et de châteaux du style prétendu gothique, et qui n'est, à proprement parler, qu'une imitation de celui des Grecs du moyen âge, et des autres peuples orientaux, goût propagé dans toute l'Europe au retour des voyages d'outre-mer, et modifié par le caprice ou par les exigences du climat.

C'est aussi à ce temps que doit remonter la construction du premier château de Fontainebleau; plusieurs chartes du roi Louis le Jeune ayant été données en cette résidence royale. Mais qu'était-elle? et en existe-t-il encore des traces? Nous allons réunir des faits, et en tirer des conjectures qui répondront peut-être à ces questions, et jetteront quelque clarté sur une époque si obscure.

De toutes les maisons de plaisance de nos rois,

Fontainebleau, l'une des plus anciennes, est celle qui a constamment joui de plus de faveur, et n'a cessé d'attirer le souverain par le charme de ses sites agrestes, ses belles eaux et ses frais ombrages; car les rois, comme les autres hommes, aiment à échapper au tourment des affaires, aux gênes de la représentation et de l'étiquette, et à l'air étouffé des cours. Ce château, par sa situation au centre d'une vaste forêt, leur offrait surtout l'amusement de la chasse, malgré son terrain inégal, hérissé de rochers, et qui, par cela même, présente aux chasseurs des obstacles à vaincre, des dangers à courir et tous les incidents variés qui donnent à ce délassement un faux air de la guerre; passion de tous les rois qui ont aimé ce séjour, et y ont laissé des traces de leur passage.

D'ailleurs, la ville de Melun fut, comme nous l'avons dit, pendant longtemps une résidence royale, et si on en croit son historien, « Melun fut, pendant plus de trois cents ans et depuis le roi Robert, le séjour ordinaire de la cour, princes et seigneurs, et devint l'abord commun, tant de ceux du royaume que des étrangers qui avaient des affaires à leur suite. »

Nous serions tentés de croire que nos rois habitaient de préférence le château de Fontainebleau, et qu'ils n'allaient à Melun que pour y tenir leur cour et dans des circonstances extraordinaires, où ils étaient obligés de déployer le caractère et soutenir les prérogatives de la puissance royale.

Ce qui le ferait penser, c'est la naissance de plusieurs enfants de France au château de Fontainebleau, tels que Philippe le Bel, Louis X, le Hutin, Philippe V et Charles IV. On croit même que Philippe le Bel et Philippe V, dit le Long, y moururent.

Avant eux, Philippe-Auguste revenant de ses guerres d'outre-mer, se hâta d'arriver à Fontainebleau pour se reposer de ses fatigues, et respirer à loisir l'air pur de la patrie : c'est le premier endroit où il rendit grâce à Dieu, avec quelque appareil, de son retour dans son royaume. Il y célébra les fêtes de Noël, et s'achemina ensuite vers l'église du bienheureux martyr Denis, pour y faire ses oraisons, d'où il se rendit à Paris pour y vaquer aux affaires du royaume (*).

Saint Louis venait aussi souvent tenir ses assises sous l'épais ombrage des vieux chênes de la forêt, et y rendre justice à ses sujets. C'est dans le pavillon qui porte encore le nom de ce pieux monarque, qu'étant tombé malade, et croyant toucher à sa fin, il donna à son fils plusieurs beaux enseignements, et entre autres prononça ces paroles mémorables :

(*) Rigord, *Vie de Ph. Aug.*

« Beau fils, je te prie que tu te fasses aimer au peuple de ton royaume; car vraiment j'aimerais mieux qu'un Ecossais, ou quelque autre lointain étranger, gouvernât mon peuple bien et loyalement, que tu le gouvernasse mal à point et en reproche (ᵃ). »

Charles IV fit, dit-on, dans ce château, de longs séjours, et en répara ou augmenta les bâtiments. Sa sœur, Isabeau de France, reine d'Angleterre, vint l'y trouver, en 1323, pour lui demander sa protection, ménager son raccommodement avec le roi son époux, et rétablir la paix entre les deux pays.

Charles V, dit le Sage, établit à Fontainebleau la première bibliothèque dont il ait été question en France, en ajoutant neuf cents volumes à ceux dont il avait hérité du roi Jean, son père. Nombre considérable alors, puisque ce n'étaient que des manuscrits qu'on ne savait pas encore multiplier par l'impression.

Charles VI fit transporter cette bibliothèque au Louvre, Louis XI la restitua au château de Fontainebleau, qui en fut une seconde fois dépouillé par Louis XII, qui la recueillit en son château de Blois (ᵇ).

(ᵃ) Joinville. *Hist. de saint Louis.*
(ᵇ) Tiraboschi (*Hist.* VIᵉ v. p. 150) prétend que lorsque Charles VIII quitta le royaume de Naples, il fit emporter la plupart des livres de la bibliothèque royale, et que Louis XII, lors de la conquête du Milanais, en 1500, fit transporter en France la bibliothèque de Pavie.

Elle fut rétablie par François Ier; car Brantôme dit avoir vu, dans le château de Fontainebleau, « une belle bibliothèque, faite et dressée par ce grand roi, de livres à nous inconnus, et papiers et instruments de l'antiquité qu'il avait fait rechercher dans les régions étrangères à ses dépens, par le grand voyageur Guillaume Postel et autres. »

Nous ne rappellerons pas tous les faits, tous les événements dont ce château fut le théâtre pendant plusieurs siècles; il nous suffit d'établir que, depuis Louis le Jeune jusqu'à présent, presque tous nos rois ont favorisé ce séjour de leur présence, en l'embellissant de quelques nouvelles constructions; on y reconnaît le cachet du goût et du style d'architecture de leur temps. Aussi, sans sortir de son enceinte, pourrait-on, avec quelque étude, retrouver en quelque sorte les pièces justificatives de l'histoire de l'architecture en France, en prenant pour modèle et objet de comparaison les différentes constructions qui appartiennent à chacune de ces époques.

Les autres arts du dessin, la peinture et la sculpture y trouveraient aussi leurs prototypes.

Mais il faudrait d'abord reconnaître, au milieu de cette masse confuse de bâtiments, ceux qui appartiennent à Louis le Jeune, saint Louis et François Ier; car depuis il est aisé de suivre et de fixer exactement les variations successives et les augmentations faites à ce château par Henri II, Henri IV, Louis XIV et Louis XV.

Cependant, au défaut de renseignements écrits, interrogeons les monuments eux-mêmes; car ce n'est en général que par analogie qu'on peut éclaircir un fait sur lequel on n'a pas de données positives.

L'éclat que Charlemagne répandit en Europe rejaillit particulièrement sur la France, et y sema le germe de l'instruction et des arts; mais ce ne fut que plus tard qu'il se développa lorsque tous les peuples se mêlèrent, se confondirent, réunis par un intérêt commun qui les porta vers l'orient, unique foyer où s'était conservé le feu sacré des connaissances humaines, dont les Grecs du Bas-Empire et les autres nations orientales avaient hérité en succédant aux anciens habitants de cette terre favorisée du ciel.

On doit bien penser néanmoins que, dans cette effervescence des esprits comme dans la jeunesse fougueuse des hommes, les idées les plus simples, les plus raisonnables, ne se présentèrent pas les premières; on commença par délirer, et concevoir les idées les plus gigantesques, les plus extraordinaires. Pour ne nous occuper ici que de l'architecture dont on ne retrouve guère, quoi qu'on en dise, le type dans la nature; on la conçut, non belle de simplicité, comme l'avaient vue les Grecs, mais surchargée d'ornements bizarres comme l'avait faite les orientaux; on créa, en un mot, le style prétendu gothique qui admettait toutes les hardiesses, la confusion de tous les goûts et de tous les genres de construction. Cependant on ne peut s'empêcher d'y reconnaître une connaissance très-approfondie des lois de stabilité, quoiqu'on s'attachât surtout à dissimuler la solidité par les conceptions les plus hasardées qui étonnaient l'esprit et charmaient les regards du vulgaire.

Que ce soit au retour des croisés ou au voisinage de l'Espagne, habitée longtemps par les Sarrazins, que nous devions le goût de l'architecture dite gothique, il n'en est pas moins vrai qu'elle ne s'établit en Europe qu'au Xe siècle, époque à laquelle tous les royaumes, fondés par les Goths sur les ruines de l'empire romain, étaient détruits, et où le nom de ces peuples du nord était oublié. D'ailleurs leur architecture était fort différente, comme on peut s'en convaincre dans le nord de l'Italie, et même chez nous. Elle était plutôt lourde qu'élégante, et ils n'employèrent jamais le *sesto acuto* ou l'ogive, mais l'arc plein cintre; ils savaient même faire usage, avec quelque intelligence, des fragments et des ordres antiques ([a]).

([a]) Cordemoy, *Arch. goth.*
Dans l'ouvrage du savant Dagincourt, *Hist. de l'Art en décadence*, on voit

Passé le Xe siècle, c'est tout autre chose ; le nouveau gothique se distingua par sa légèreté et par l'excessive hardiesse de ses élévations et de ses coupes, par la délicatesse, l'abondance et la bizarrerie de ses ornements ; car ses colonnes sont en apparence aussi grêles et aussi faibles que les colonnes véritablement gothiques étaient massives.

A tous les traits de cette nouvelle architecture, on reconnaît les Maures et les Arabes qui ont eu, dans les arts, le même goût que dans leur poésie, c'est-à-dire une fausse délicatesse, chargée d'ornements superflus, toujours hors du naturel. Une imagination brûlante et déréglée a rendu les édifices sarrazins aussi extraordinaires que leurs pensées ; et sans aller chercher dans le fond de l'orient des objets de comparaison, nous pouvons les trouver, en Espagne, dans les palais et les mosquées des Maures de Grenade et de Cordoue, et jusque dans nos provinces méridionales.

Nous pourrions citer une foule de monuments qui dénotent dans leurs auteurs, si ce n'est une grande connaissance des principes de Vitruve, au moins beaucoup de science dans le trait, l'appareil des pierres et une extrême hardiesse dans la construction,

le dessin des plus anciens monuments de la Gothie, dans lesquels on remarque toujours l'arc plein cintre, jusque vers le XIe siècle.

réunis à une certaine élégance et à une adresse remarquable dans l'art d'évider la pierre et le marbre.

Bien plus, nous y trouverions dans la sculpture, et même dans la statuaire, des qualités qui, pour ne pas se traîner servilement sur l'antique, n'en étaient que plus près de la nature (*). Il existait autrefois dans nos églises des tombeaux sur lesquels on voyait, soit couchées, soit posées dessus et dans l'action de prier, des figures dont quelques-unes remontent au Xe siècle, et qui, pour la perfection du travail, le rendu des chairs et le jet des draperies, sont peut-être supérieures à ce que l'Italie nous offrait à cette époque et même plus tard.

La peinture n'était pas moins cultivée en France, et les mêmes monuments religieux étaient entièrement couverts de tableaux et d'autres ornements peints ou incrustés. La mosaïque, l'orfévrerie et la dorure étaient au même degré de perfection, et surtout dans les vitraux peints, nous avons donné des exemples à tout le reste de l'Europe.

On pourrait même avancer, avec quelque vérité, que si nous avions suivi de nous-mêmes et sans influence étrangère, la route que nous traçait la nature et notre propre inspiration, nous serions restés origi-

(*) Eméric David. *Loc. cit.*; et dans son excellent Essai historique sur la sculpture française.

naux; tandis que la fréquentation des étrangers, qui se sont érigés nos maîtres, nous a condamnés à n'être, à quelques exceptions près, que des copistes des écoles d'Italie. Mais avant d'arriver à cette époque, jetons un coup d'œil rétrograde sur ce qu'était l'architecture civile.

Dans les nombreux châteaux qui hérissaient le sol de la France féodale, nous reconnaissons une seule idée dominante, celle de résister à la force par la lourdeur de la masse, la solidité et l'escarpement des constructions. Ce n'était que dans l'intérieur qu'on déployait toutes les ressources de l'architecture unie aux arts, fils de la vanité, du luxe et de la puissance. On ne s'inquiétait guère de l'aspect extérieur de ces monuments aussi grossiers et aussi massifs que le rocher sur lequel ils étaient fondés.

Aussi l'irrégularité de la plupart de ces édifices est l'un des caractères de la bâtisse de ces temps. On a voulu même la réduire en principe en la faisant dériver de causes morales, dont nous avouons n'avoir pu découvrir la moindre trace dans les écrits de cette époque qui, seuls, auraient pu nous donner la clef de cette espèce d'énigme. Qu'on nous permette donc d'expliquer cette irrégularité qui nous choque dans la plupart des édifices antérieurs au XVe siècle, d'une manière qui nous semble toute naturelle. D'ailleurs

LE CHATEAU. 63

étant forcés par-là de passer en revue plusieurs de nos anciens monuments, cela nous mènera naturellement, et sans transition, au siècle de la renaissance, où, à quelques exceptions près, nous retrouverons la série non interrompue de faits plus positifs.

La régularité et la symétrie, qualités essentielles de toute bonne architecture, ont été négligées dans les temps de décadence; on a fait irrégulier, quelquefois par système, plus souvent par incurie ou défaut de goût, ou parce qu'on y a été forcé par la nécessité.

La plupart des châteaux devant servir de forteresses, affectait une forme simple, ramassée, arrondie ou à pans; et par cela même plus aisée à défendre (*). C'était d'abord, si l'on veut, un donjon ou grosse tour isolée; puis s'y trouvait-on à l'étroit : on construisait une aile terminée par une autre tour, puis une seconde qui venait s'y rattacher en formant un angle plus ou moins ouvert avec la première, et on les réunisssait par un mur ou par un autre bâtiment.

D'après ce principe, les châteaux, suivant leur plus

(ª) La plupart des exemples que nous allons citer sont tirés de l'important ouvrage de Androüet Ducerceau, traitant : *des plus excellents bâtiments de France*. Edition de 1607.

Ce recueil de plans et d'élévations géométrales de nos plus anciens monuments, contient une foule de renseignements historiques, d'autant plus précieux, que plusieurs de ces édifices n'existent plus, et ce qui en subsiste encore fait juger de l'exactitude et de l'habileté du dessinateur, et, à quelques exceptions près, du degré de confiance qu'on doit lui accorder.

ou moins d'importance, composés d'abord d'une simple tour, changeaient de forme par des augmentations successives de bâtiments liés par d'autres tours, et offraient en plan la figure d'un triangle, d'un carré ou d'un pentagone plus ou moins régulier.

C'est ainsi qu'ont dû être construits les châteaux de Pau, de St-Germain en Laye, de Gaillon, de Creil, de Coucy, de Chantilly, etc.; en effet, ils affectent une irrégularité qui n'est due qu'à cette agglomération successive de bâtiments de formes et d'usages différents.

Le château de Coucy offre un exemple frappant de ces augmentations successives; il fut bâti, vers 1350, par Enguerrand de Coucy. On voit qu'on a commencé par ériger une grosse et forte tour, flanquée d'abord de deux murs et de deux tours plus petites sur chacun de ses côtés, dont l'un se prolonge d'équerre jusqu'à une autre tour semblable, puis retourne suivant une ligne diagonale formant un angle aigu, ensuite va rejoindre carrément la tour du côté opposé. Cette forme bizarre aurait acquis cependant de la régularité, si on avait bâti une cinquième tour, et formé ainsi un pentagone exact. Quant à la grande enceinte du préau, son irrégularité est due sans doute à une cause indépendante de la volonté des architectes.

L'ancien château de Chantilly était absolument dans

le même cas que celui de Coucy; la façade, bien que régulière, n'ayant pas été terminée sur le plan primitif qui devait offrir un carré; mais on n'en a construit que deux côtés, ce qui a donné à ce château la forme d'un triangle rectangle.

Le château de Creil est un trapèze tout à fait irrégulier. Celui de Pau en Béarn, berceau d'Henri IV, dont on attribue la fondation à Gaston de Foix dit Phébus, en 1375, augmenté depuis par Henri d'Albret et Marguerite, son épouse, sœur de François Ier; ce château, disons-nous, est un nouvel exemple de l'irrégularité des constructions de cette époque. Sa cour intérieure offre une espèce de triangle dont un des angles est légèrement tronqué, de même que le vieux château de St-Germain en Laye, que François Ier n'a fait que revêtir d'une décoration uniforme sans pouvoir dissimuler l'irrégularité de son plan.

Le château de Montargis a également eu pour principe une immense tour ronde, ou donjon, servant de citadelle, et dernier refuge des assiégés, du reste entourée de bâtiments qui s'y rattachent, et l'entourent d'une manière si confuse, qu'ils en dissimulent la construction primitive et en font un tout informe. Un vaste préau, contenant plusieurs autres bâtiments isolés et semés au hasard, était entouré d'une enceinte fortifiée, formant un pentagone irrégulier d'une infinité de côtés, lié par des tours rondes et entouré de fossés et de grands jardins en forme d'éventail. En un mot, ce château fort, l'un des plus anciens qu'on connaisse, est aussi le plus irrégulier de tous.

Quelques églises, telles que celles de St-Denis et de St-Germain des Prés, régulières dans leurs nefs, offrent dans le plan du chœur une faute de parallélisme très-sensible, et un manque de symétrie qui n'est point l'effet du hasard. On a prétendu qu'on avait eu l'intention d'imiter ainsi le mouvement penché de la tête du Christ expirant sur la croix, ou qu'on voulait indiquer par là que l'ouvrage de l'homme ne peut être parfait. Nous expliquerons mieux le rétrécissement de la nef de St-Etienne du Mont, bâtie au XIIIe ou XIVe siècle, en l'attribuant à la forme d'un terrain exigu, et dont on n'a voulu rien perdre; d'ailleurs ce biais est dissimulé avec une grande adresse, et on ne s'en aperçoit pas au premier coup d'œil.

Enfin l'ancien château de Gaillon est celui de tous qui nous retrace mieux ce qu'était celui de Fontainebleau avant François Ier. Il y a grande apparence qu'il est bien plus ancien qu'on ne le dit, et que le cardinal d'Amboise qui, sous Louis XII, en fit un séjour magnifique, n'en est pas le fondateur. En effet, malgré tout ce que nous retrouvons d'œuvres d'un goût exquis dans ce château, en peinture, en mosaïque, *tarsia,* sculpture et même en architecture; la forme irrégulière de son plan nous dévoile son ancienne origine qu'on n'a pu entièrement déguiser par les décorations régulières qu'on a appliquées visiblement après coup, et qui lui donnent une singulière ressemblance, pour le style, avec celles de la cour ovale de Fontainebleau dont il affecte aussi la forme.

Au reste, on reconnaît au premier coup d'œil trois époques différentes dans les constructions de Gaillon. La première, où l'on retrouve tous les caractères gothiques. La seconde, qui date du temps de Louis XII, lorsque le cardinal d'Amboise revint d'Italie avec plusieurs artistes de ce pays. La troisième époque est celle où ce château devint la propriété du cardinal de Bourbon, fils du célèbre connétable de ce nom, car ce ne peut être son neveu, dit le Jeune, aussi cardinal, et qui était à peine né à l'époque à laquelle écrivait Ducerceau.

Or, le cardinal de Bourbon, ce simulacre de roi entre les mains de la ligue, mourut en 1590, après Henri III. Les constructions qu'il fit faire ne doivent guère remonter qu'au milieu de ce siècle, et peuvent être l'ouvrage de Philibert de l'Orme, dont nous croyons reconnaître le style aussi bien que dans le magnifique château de Verneuil. D'un autre côté,

Ducerceau décrit ce château et particulièrement le pavillon qu'on nomme la Maison Blanche, avec une telle complaisance, qu'on croirait qu'il est son propre ouvrage. Quant aux embellissements faits par le cardinal d'Amboise, on pourrait les attribuer à Jean Juste de Tours, ou à Fra Giocondo, architectes, dont nous parlerons bientôt.

Tout ce que nous venons de dire, et les exemples que nous avons cités s'appliquent naturellement au château primitif de Fontainebleau; car on y reconnaît, à la simple vue, une agrégation de constructions faites en différents temps, comme le dit Serlio, et comme on le voit par la diversité des styles et des matériaux, et par l'irrégularité du plan qu'on a vainement cherché à dissimuler.

Le château de Philippe-Auguste et de saint Louis, devait consister, comme tous ceux de ce siècle, en une grosse et forte tour, ou donjon, avec une enceinte plus ou moins irrégulière de murailles crénelées, liées aux angles par des tourelles couvertes de toits coniques, surmontés de pennons armoriés. Les murs extérieurs, percés d'étroites meurtrières, et couronnés de plates-formes soutenues en encorbellement par des consoles, s'appuyaient sur une base évasée, construite en énormes pierres, et entourée de fossés profonds remplis d'une eau courante. On n'entrait dans cette forteresse que par un étroit pont-levis, situé entre deux tours qui en défendaient l'abord.

La position de ce château, au centre de la forêt, dut être déterminée par la facilité de le rendre inabordable en l'entourant d'une eau vive et toujours abondante; avantage que nul autre site des environs n'aurait procuré. Il était d'ailleurs assez éloigné des hauteurs pour n'en point être inquiété.

Un coup d'œil sur le plan général du château actuel, et mieux encore sur celui qu'a donné Ducerceau au XVIe siècle, doit faire reconnaître, dans la forme irrégulière de la cour du donjon, l'enceinte du séjour de Louis le Jeune et de saint Louis.

Le gros pavillon qui porte le nom de ce monarque, et qui a toujours été habité par ses successeurs, était flanqué de tourelles dont une seule existe encore. La porte dorée et l'hémicycle de la chapelle St-Saturnin, construits sur la fondation d'antiques tours, et la porte Dauphine, qui occupe la place de l'ancien pavillon d'entrée et du pont-levis, dessinent l'entier périmètre de ce vieux château, dont les tourelles ou les bâtiments qui les liaient l'un à l'autre, construits peut-être par Charles V, dont on connaît le goût pour la bâtisse (*), formaient une enceinte d'une forme ellipti-

---

(*) Mém. de Christine de Pisan et autres historiens.

que, ce qui a fait donner à l'ancien préau le nom de Cour Ovale.

Elle a éprouvé bien des vicissitudes depuis cette époque; François Ier, d'abord, puis Henri IV en ont tellement changé l'aspect, sans parvenir néanmoins à la rendre régulière, que d'ovale qu'elle était, et complétement entourée de bâtiments très-élevés, elle forme maintenant un fer à cheval, qui n'est terminé du côté du levant que par une galerie basse soutenant une terrasse, et par un arc percé à jour, et qui permet à l'air et au soleil de pénétrer dans cet antique préau. Autrefois il devait, comme dans la plupart des châteaux forts, ressembler à celui d'une prison.

Quoique au premier aspect on n'aperçoive aucune des constructions antérieures à François Ier, qui les a toutes revêtues d'une nouvelle décoration; cependant on ne peut se refuser à reconnaître, dans le massif pavillon de saint Louis, le caractère des constructions appartenant à des temps plus anciens, et surtout celui des châteaux destinés à résister à la force des armes, et à soutenir des siéges, et, qu'à cet effet, on faisait d'une solidité à toute épreuve.

Aussi, lorsqu'on voit des murs de plusieurs toises d'épaisseur, on doit conjecturer avec raison qu'ils remontent à une époque très-éloignée.

Le plan des substructions du château de Fontainebleau nous fait voir, en effet, que ce qu'on appelle le pavillon de saint Louis, et ce qui reste d'autres murs du même temps, offre des massifs d'une énorme épaisseur, dans lesquels on a travaillé, comme dans le rocher, pour élargir des fenêtres, percer des dégagements, et même des escaliers ou des passages tortueux.

S'il est donc aisé de désigner la place qu'occupait l'ancien château, il est fort difficile d'en retrouver *le plan*, et presque impossible d'en imaginer *l'élévation* extérieure; car toute la bâtisse originaire a été enfermée ou enclavée dans de modernes constructions, ou revêtue d'ornements d'un style tout différent.

On voit néanmoins, dans le précieux ouvrage de Ducerceau (*), la tour du donjon dans la forme qu'elle avait du temps de François Ier; et dans une élévation extérieure de la même tour, conservée dans un tableau du même temps, nous retrouvons aussi cette choquante irrégularité, l'un des caractères particuliers de l'architecture avant la renaissance.

(*) Audrouet Ducerceau : *Les plus excellents bâtiments de France*; édit. de 1607.

V.

Chapelle St-Saturnin.

> L'alte colonne e i capitelli d'oro,
> Da che i gemmati palchi eran suffulti,
> I peregrini marmi che vi foro
> Da dotta mano in varie forme sculti,
> Pitture e getti, e tant'altro lavoro
> Mostran che non bastaro a tante mole
> Di duo re insieme la richezze sole.
> (Ariosto, c. xlii).

Ce châtel informe dont je viens de parler, cette tour servant de *Meutte* (ou Muette), rendez-vous des chasseurs, étaient habités passagèrement, au XIIe siècle, par le roi Louis le Jeune, qui, dès lors, préludait par l'exercice d'une chasse souvent dangereuse, aux hasards de la guerre qui devait l'entraîner vers des plages lointaines. A son retour d'une infructueuse croisade, le monarque, désabusé, aspirant au repos, et sachant apprécier les charmes de la solitude, prit en affection ce lieu écarté et paisible; il augmenta les bâtiments d'habitation, et en fit un château dont une dépendance indispensable était un édifice consacré aux mystérieuses cérémonies du culte chrétien; car la religion se mêlait alors à toutes les idées, à tous les sentiments; elle était un besoin, aussi bien qu'une consolation dans toutes les périodes de la vie, dont elle adoucissait le terme. Telle est l'origine de la chapelle St-Saturnin, que nous allons décrire, et qui après beaucoup de vicissitudes, et quoique changeant successivement de forme et de destination, n'en offre pas moins dans la hardiesse de sa construction, et dans l'élégance de ses ornements de peinture et de sculpture, un motif d'étude intéressant pour les artistes, et surtout pour les explorateurs du style caractéristique des différentes époques de l'architecture en France.

Suivant une charte de Louis VII, dit le Jeune, confirmée par son fils, Philippe-Auguste, cette chapelle fut consacrée à Dieu, sous l'invocation de la Vierge et du martyr saint Saturnin, par saint Thomas, archevêque de Cantorbéry, alors réfugié en France par suite des persécutions que lui avait suscitées Henri II, roi d'Angleterre. La charte qui est de 1169, spécifie le modeste revenu que possédait alors le chapelain d'un château royal : « Pour l'entretenement de Barthélemy, lors chapelain désigné, et ses successeurs, il est donné, à perpétuité, trois muids de bled froment, mesure de Gatinois, payables à la St-Remi, par chacun an, sur la grange de la Chapelle la Reine, et six muids de vin à prendre au clos de Héricy, mesure de Samois; que si le vin y défault, sera suppléé de celui de Samois. Seront en outre payées en argent, quatre livres à prendre sur la censive de la terre de Gilbert de Braye, et le bois délivré dans la forêt pour l'usage à brûler. Quand le roi, la reine ou son fils séjourneront à Fontainebleau, ce chapelain aura livrée entière de quatre pains par jour, demi-septier de vin, pour sa cuisine deux deniers, et une toise de chandelle. »

Ce fut vers le même temps, dans la chapelle de St-Saturnin, que Philippe-Auguste rendit grâce à Dieu, comme nous l'avons dit, de son retour dans son royaume.

En 1259, lorsque saint Louis fonda le couvent des Mathurins auprès de son château de Fontainebleau, il leur donna à desservir la chapelle St-Saturnin, et ce fut à la charge de bâtir, en l'honneur de la Sainte-

Trinité, une église dont nous parlerons en son lieu, et un hôpital pour les captifs et autres pauvres malades (*). Les revenus étaient assignés sur la prévôté de Moret; mais la chapelle de St-Saturnin fut toujours l'oratoire du château; elle retentit souvent d'actions de grâces pour la naissance des enfants de France, et vit aussi, parfois, leur froide dépouille déposée sous ses voûtes. Philippe le Bel y fut baptisé, et c'est au même lieu qu'on transporta le corps de ce monarque blessé à mort par un sanglier qu'il chassait dans la forêt de Fontainebleau.

La chapelle St-Saturnin comprend, sous la même dénomination, deux sanctuaires distincts, superposés l'un à l'autre sans aucune communication entre eux. On voit, il est vrai, fréquemment en Italie, et même en France, des temples construits sur d'anciennes chapelles souterraines, qui ont leur issue dans l'église supérieure, de manière à ce qu'on puisse y descendre parfois, pour y pratiquer certaines cérémonies du culte. Nous citerons celle de la Basilique de Saint-Pierre à Rome, de San Miniato à Florence, et l'ancienne église souterraine de Ste-Geneviève de Paris. Ici, les deux chapelles sont entièrement séparées, l'une étant réservée pour le souverain et sa cour, et

(*) Cette charte de 1259 est rapportée par Gilbert.

l'autre destinée aux gens de service; exemple assez rare que nous retrouvons cependant dans la sainte chapelle de Paris.

On s'accorde à dire, je ne sais trop sur quel fondement, que François Ier construisit les deux chapelles qu'on voit aujourd'hui, et *à peu près* à la même place que l'ancienne; ceci mérite la peine d'être examiné non comme question chronologique, assez peu importante, mais sous le rapport des arts dont l'histoire est très-obscure à cette époque, soit faute de renseignements qu'on a dédaigné de nous transmettre, soit par la confusion des goûts et des styles dans les édifices certainement contemporains, mais qui participent les uns du gothique, les autres de la rénovation du goût de l'architecture antique. Bornons-nous ici à prouver que l'ancienne chapelle de saint Louis et de Louis le Jeune, existe encore, et qu'elle sert de fondation à celle que François Ier fit ériger en 1545.

On le reconnaît aux traces du gothique de la bâtisse et à l'irrégularité de la distribution qui se fait remarquer surtout dans la différence de hauteur des planchers avec ceux des autres bâtiments, ce qu'on n'eût pas laissé subsister volontairement, si la chapelle inférieure avait été refaite; car il faut descendre plusieurs marches pour arriver dans celle-ci, et en remonter autant pour entrer dans la chapelle supérieure.

On remarque aussi que les dernières chapelles latérales sont beaucoup plus larges que les autres, qui le sont déjà trop pour leur hauteur : irrégularité qui a visiblement influé sur la distribution de la chapelle haute, où l'architecte, forcé de s'astreindre à l'espacement des piliers inférieurs qui lui servaient de fondement, aurait eu des entre-colonnements trop larges pour employer le plein cintre dans les arcades. Il répéta donc l'arc surbaissé ou à anse de panier; mais il retrouva une proportion plus pure, et rétablit le cintre régulier dans la voûte en berceau et dans les hémicycles qui la terminent.

Il y a aussi une différence de niveau du sol de la nef, partagée à peu près en deux par une marche, inégalité qu'on a dissimulée de nos jours par une pente douce. Cette disposition doit-elle être attribuée à Henri II, lorsqu'il fit construire la tribune, et qu'on y plaça les grêles colonnes qui la soutiennent, et qui certes n'ont pas été faites pour le local; nous ajouterons que la décoration extérieure de la porte de l'ancienne chapelle, et la forme grossière de ses chapiteaux à fleurons gothiques, peu en proportion avec les pilastres irrégulièrement façonnés qu'ils surmontent, dénotent le style des XIe et XIIe siècles, ce que confirme la vétusté du pavé souvent restauré avec négligence, et qu'on n'aurait pas manqué de refaire entièrement sous François Ier, s'il n'avait été en quelque sorte consacré par d'antiques pierres tumulaires, qui cependant ont peu à peu disparu, ou ont été effacées par le frottement. Nous citerons une autre preuve matérielle qui nous semble sans réplique ; c'est la déviation de l'axe de cette chapelle relativement à celui de la salle des Fêtes, différence qui a été négligée dans la plupart des plans du château, et qui est très-sensible dans la saillie du chevet du côté des jardins, car l'un des contre-forts n'est qu'à quinze pouces du nu de la facade voisine, l'autre s'en éloigne de plus de quatre pieds, ce qui n'aurait pas eu lieu si l'on avait construit les deux édifices en même temps.

Enfin nous alléguerons, comme dernière autorité, le tableau de la galerie de François Ier, dont nous avons déjà parlé. On y voit, à la place de la salle des Fêtes, qui n'était point encore construite, un vieux bâtiment à deux rangs de petites croisées carrées, les secondes percées dans la toiture. Ce bâtiment s'étendait depuis la porte dorée qu'on venait de bâtir, jusqu'à la chapelle en question, dont on distingue la masse couverte d'un comble surbaissé différent des autres, et qui ne pouvait servir que d'abri à une voûte. Quoique cette portion du tableau, fort endommagée, ait été mal restaurée, on ne peut se refuser à reconnaître l'antique chapelle St-Saturnin, avant son surhaussement; car si la chapelle supérieure eût existé lorsqu'on a fait ce tableau, on n'eût pas manqué d'y faire entrer cet élégant édifice et sa haute lanterne (a). Lorsqu'il s'agit de combattre une erreur, depuis longtemps accréditée, on ne saurait, pour chercher la vérité, accumuler trop de preuves.

Il n'est donc pas douteux que la chapelle de St-Saturnin n'occupe encore le sol consacré par l'archevêque de Cantorbéry. Comme elle était déjà vieille et peut-être dégradée par le laps de temps écoulé depuis sa construction, il est probable que François Ier, lorsqu'il voulut faire élever un autre oratoire au-dessus de l'ancien, aura construit de nouveaux contreforts, consolidé les voûtes et refait les croisées comme on les voit aujourd'hui; mais il aura conservé la forme et le style d'un temps antérieur.

L'antique chapelle, qu'il faut en quelque sorte aller déterrer au milieu de constructions modernes qui la pressent, l'enclosent de toutes parts, presque ignorée aujourd'hui, et servant de garde meubles, vaut

---

(a) En comparant la hauteur relative de ce bâtiment avec ceux qui l'avoisinent, on ne peut guère lui donner plus de cinq toises de hauteur, en y comprenant l'épaisseur de la voûte et en y ajoutant deux toises pour la toiture, ce qui n'équivaudrait pas à la moitié de l'élévation totale de deux chapelles superposées.

cependant la peine d'être visitée par les curieux (*). Ce n'est plus, il est vrai, le sanctuaire gothique ombragé par de vieux chênes, et protégé par les tours massives du château de saint Louis; il ne reste de sa construction primitive que les voûtes surbaissées, les fenêtres divisées par de longues et grêles colonnettes de pierre supportant des petits arcs à festons évidés, et remplis par des vitraux composés de pièces réunies par des lamelles de plomb. Tout le reste a été détruit ou recouvert par une nouvelle décoration peinte ou sculptée en bois, et qui ne remonte qu'à Louis XIII (*Planche* 9).

Des sept grandes fenêtres qui éclairaient cet édifice, il n'en existe plus que quatre, les autres ont été murées par d'autres constructions quoiqu'on les ait laissées subsister à l'intérieur même avec leurs vitraux, ce qui prouve encore que cette chapelle était isolée.

Une boiserie moderne qui accuse le renfoncement des arcades, contenant autrefois de petits oratoires, profile autour de l'édifice; elle offre un ordre régulier de pilastres toscans cannelés, avec leur entable-

---

(*) On vient de rétablir cette chapelle sans y rien changer dans son ordonnance; seulement on a ravivé les dorures, remis aux croisées d'assez beaux vitraux coloriés, et pratiqué au-dessus de la porte une tribune qui occupe toute la largeur de la nef.

ment qui s'élève jusqu'à la hauteur du bandeau sur lequel reposent les croisées. Cette boiserie, richement sculptée, est peinte, ainsi que la voûte, en gris et blanc rehaussé d'or.

Il n'existe dans tout ce vaisseau d'autres couleurs que celles du blason des armoiries, le champ de l'écusson de France d'azur (*), et celui de Navarre de gueules. Car ce n'est que plus tard qu'on a pris l'usage d'indiquer en grisaille par un travail particulier de points et de hachures, la couleur propre et consacrée par l'art héraldique.

Un autel magnifique chargé des chiffres d'Henri II et de Diane de Valentinois, et orné d'un tableau de la Visitation, dû au sévère pinceau de Sébastien del Piombo, a disparu ainsi que les précieux ornements des autres oratoires, et rien ne ferait croire qu'on entre dans un édifice qui a été consacré aux cérémonies religieuses, si l'on ne retrouvait dans les voûtes, au milieu des rinceaux d'ornement, et des entrelacs arabesques, les chiffres sacrés de Jésus et de Marie, ainsi que des têtes de chérubins aux ailes éployées, et dans un médaillon placé au point de réunion des arcs

---

(*) Le bleu d'azur fut toujours la couleur du champ de l'écu de France et du manteau de nos rois. Voir la dissertation de Bullet sur ce sujet ; aussi est-ce avec étonnement que l'on voit, dans le beau plafond de la salle des Fêtes, l'écusson de France avec les trois fleurs de lys d'or, se détachant sur un fond argenté.

de l'hémicycle, le St-Esprit planant sous la forme d'une colombe; on remarque aussi partout des dauphins couronnés qui indiquent, suivant la tradition, le baptême de Louis XIV, époque de cette restauration. L'un des historiens de Fontainebleau (le père Dan), dit que jusqu'en 1639, les murs de cette chapelle étaient restés nus et sans ornements; cela n'est guère probable puisque Henri II avait fait ériger un bel autel en menuiserie sculpté et doré; on a lieu aussi de supposer que la voûte était peinte en azur avec des étoiles d'or. On doit beaucoup regretter la décoration entière exécutée à cette époque, et dont on retrouverait peut-être quelques vestiges derrière la boiserie : il serait surtout curieux de savoir si les piliers en pierre sur lesquels s'appuient les arcs des chapelles ne conservent pas de traces de sculptures gothiques, ou des peintures du XVe siècle; au reste les lambris modernes ne sont pas de mauvais goût, et l'on remarque, dans les mascarons, les dauphins et autres accessoires peints et sculptés, la touche de maîtres habiles, tels que les Dubois et les Freminet.

Ce vaisseau, dans sa simplicité primitive, a la forme d'un parallélogramme de huit toises dans œuvre, sur quatre toises de largeur, terminé à l'une de ses extrémités par un hémicycle à pans. Les piliers ou pieds-droits qui séparent les croisées, liés avec les gros murs et saillants en dehors comme en dedans de la nef, offrent en tout une épaisseur de près de deux toises, suffisante pour supporter la retombée de la voûte, surbaissée et en berceau, qui couvre l'édifice : ces pieds-droits à l'intérieur sont liés par de petites voûtes également surbaissées de manière à former autant de petites chapelles au nombre de neuf, de quatre pieds de profondeur sur huit pieds de largeur; celles du rond-point n'avaient que six pieds. Le plan de la chapelle supérieure (*Planche* 10) donnera une idée de cette distribution, et la coupe (*Planche* 11), ainsi que la vue (*Planche* 12), feront bien comprendre le jeu des voûtes et les motifs de la construction et de la décoration.

Les contre-forts extérieurs ont été visiblement sculptés du temps de François Ier, peut-être même fortifiés lors de la construction de la chapelle supérieure dont ils devaient supporter le fardeau. Leurs facés et le retour offrent des chapiteaux composites ornés de têtes de biche, aux angles, et dans leur milieu, de la lettre initiale du nom du roi, c'est-à-dire l'F fleuronné et enlacé de la cordelière, ce qui semblerait indiquer que le prince voulut faire honneur de cet édifice sacré à la reine Anne de Bretagne, qui avait, comme on sait, imaginé l'ordre de la cordelière ou ceinture de saint François, « et quand elle vou-

« lait témoigner son amour à quelque dame ou de-
« moiselle, elle lui faisait don d'une cordelière comme
« d'une écharpe ou d'un collier de chevalerie dont
« elles environnaient leurs armoiries, et comme la
« reine le faisait de son écusson mi-parti des lys de
« France et des hermines de Bretagne. » Les têtes
de biches sculptées aux angles des mêmes chapiteaux,
peuvent avoir trait à la même princesse qui épousa
successivement Charles VIII et Louis XII : elle voulut,
dit-on, gouverner son second mari qui répondit à
l'observation qu'on lui faisait qu'elle prenait trop
d'empire sur lui : il faut souffrir quelque chose d'une
femme quand elle aime son mari et son honneur.
Louis XII lui résista pourtant, ajoute-t-on, dans quelques occasions, et on connaît la fable des biches qui
avaient perdu leurs bois pour s'être égalées aux cerfs,
et que ce prince lui cita à propos. On ne peut croire
cependant que le successeur de Louis XII, connu par
la loyale franchise de son caractère, ait voulu, malgré
le discord qui avait existé entre lui et Anne de Bretagne, faire une allusion épigrammatique contre sa
belle-mère, longtemps après sa mort, en plaçant partout dans son château des têtes de cerfs et de biches;
croyons plutôt que ces emblèmes se rapportent à son
propre amour pour la chasse, et au lieu où il se livrait avec plus d'ardeur à cet exercice favori, ce qui

est prouvé par le célèbre bas-relief que Benvenuto Cellini avait fait pour Fontainebleau, et qu'on voit maintenant au Louvre dans la salle des Cariatides. L'artiste qui décrit lui-même son ouvrage, y a placé au milieu des autres animaux forestiers, un grand cerf qui est, dit-il, *l'impresa* du roi, comme il ajoute ensuite en parlant de la salamandre, la *propria impresa*, ou le corps de la devise de François Ier. Mais il reste à expliquer pourquoi la lettre initiale de François Ier se trouve ici enlacée du cordon de saint François.

La chapelle supérieure qui est incontestablement bâtie par ce prince, a subi, comme celle que nous venons de décrire, de nombreuses vicissitudes. Elle est même aussi différente à cette heure de ce que la fit Henri IV, qu'elle l'était du temps de ce prince de la chapelle primitive lorsque François Ier vint y chercher les secours et les consolations de la religion dans sa dernière maladie ; l'on y vit en cette circonstance un exemple malheureusement trop commun de de la déloyale ingratitude des courtisans qui, dit un vieil historien (ᵃ), quittent toujours le soleil à son déclin pour courir au-devant du soleil levant. « Déjà bien malade, le roi prit garde que chacun l'avait abandonné, cela le toucha si vivement qu'il s'efforça

---

(ᵃ) Le libre et excellent discours.

de prendre courage, et pour donner l'alarme à ces fuyards, et pour les rappeler à leur devoir, quoi-très-faible et changé, il jugea à propos de feindre une entière santé ; il se farda même un peu le visage, et s'ajusta si bien qu'on l'eût pris pour un jeune courtisan, et non pour un homme de son âge, et dans l'état où il était : voire pour feindre une verte vigueur, comme c'était le jour de la Fête-Dieu, il voulut se trouver à la procession et même aider à porter le dais. De retour en sa chambre, il dit ces paroles, témoignant la juste jalousie qu'il avait de son autorité : je leur ferai encore une fois peur avant de mourir, voulant parler des princes, des seigneurs et des courtisans qui, l'ayant quitté durant sa maladie, étaient allés trouver le dauphin pour se mettre de bonne heure en ses faveurs. Cependant le bruit de la guérison de S. M., et l'éclat de cette action ayant été sue, cela étonna fort les courtisans qui ne manquèrent pas de revenir petit à petit vers le roi, tous fort honteux et confus, ce qui apprêta fort à rire à S. M., principalement quand elle apprit que la plupart ayant quitté le dauphin l'avaient laissé aussi seul, que lui l'avait été durant toute sa maladie. »

Plus tard Louis XIV faisait ses dévotions dans la même chapelle, lorsqu'il apprit l'importante prise de Philisbourg ; voici comme madame de la Fayette trace cette piquante scène. « Quand la capitulation de Philisbourg fut signée, le duc d'Antin partit pour en aller porter la nouvelle au roi, mais M. de Saint-Pouange, l'avait fait précéder de cinq ou six heures par un courrier qui arriva à Fontainebleau comme l'on disait le sermon. M. de Louvois, qui savait l'impatience où était le roi d'apprendre des nouvelles, lui alla porter celle-là au sermon. Le roi fit taire le prédicateur, dit que Philisbourg était pris, et lut la lettre que Monseigneur lui écrivait. Le prédicateur qui était le père Gaillard, jésuite, au lieu d'être troublé par l'interruption, n'en parla que mieux, et fit au roi sur cet heureux événement un compliment qui attira tous les applaudissements de l'assemblée. Pour Mme d'Antin qui savait que son mari devait apporter cette nouvelle à S. M., elle fit la bonne femme, et s'évanouit à l'autre bout de l'église, croyant qu'il était arrivé quelque chose à son mari, puisque c'était un autre qui apportait la nouvelle. »

Sous Louis XV, cette chapelle était encore souvent fréquentée par la cour, et la reine fit ériger un magnifique oratoire dans l'une des chapelles latérales.

Ce lieu en perdant depuis ses ornements consacrés, a vu s'évanouir le charme qu'on attribue avec raison aux édifices anciens, sur chaque pierre desquels est écrit en quelque sorte un souvenir. En effet les autels, les tableaux, les emblèmes sacrés, jusqu'aux vitraux coloriés et aux inscriptions historiques, presque tout a disparu. La forme même des principaux membres de l'architecture a été changée ou dissimulée par de nouvelles distributions; en un mot d'une chapelle, précieux monument de l'art, on a fait une bibliothèque, ou plutôt un dépôt de livres; nous allons essayer de retrouver ce qu'était cet édifice si bien approprié à sa destination primitive, avant cette espèce de profanation.

VI.

Chapelle St-Saturnin.

(SUITE).

Nous serions privés de tout document authentique sur l'ancien état de cette église, les descriptions écrites nous étant de peu de secours pour en concevoir une idée exacte, si M. Robit, architecte, conducteur des travaux des bâtiments du château de Fontainebleau, en

1812 (*), ne nous avait conservé les plans, coupes et élévations de cet édifice, si ce n'est dans son état primitif, au moins à peu près tel que l'avait laissé Henri IV.

Originairement cette chapelle était isolée; on ne communiquait, avons-nous déjà dit, avec le château qu'au moyen d'une étroite galerie qui fut détruite lorsque François Ier construisit la salle de bal. Sous Henri II et Charles IX, elle était encore dégagée de trois côtés, lorsque Henri IV prolongea la façade jusqu'au pavillon qui termine la cour ovale de ce côté, le portail de la chapelle disparut, mais heureusement l'on respecta son chevet du côté des jardins. Il peut nous donner une idée de ce qu'était la décoration extérieure de ce joli édifice, bien mieux que le croquis imparfait de Ducerceau, qui cependant nous fait voir la manière dont il était couronné par une haute lanterne à huit pans. Quant à la façade du porche, elle se composait, autant qu'on peut le supposer, de plusieurs étages surmontés de deux campanilles qu'on voit encore; mais dépouillées de tout intérêt, depuis qu'on en a ôté la fameuse horloge que François Ier y avait

---

(*) Cet ouvrage ne consiste qu'en plans, coupes et élévations de la chapelle supérieure, et n'est malheureusement pas accompagné d'un texte qui aurait pu nous donner des renseignements précieux sur ce qui existait avant la restauration faite à cette époque. M. Robit s'est borné au simple énoncé ou titre des planches; néanmoins ses dessins nous ont été fort utiles.

fait placer. On y voyait, dit un historien, « les sept jours de la semaine représentés par figures d'hommes plus grands que le naturel qui, par ressorts ingénieux, faisaient paraître particulièrement la figure du jour qui estait en la semaine, chaque jour ayant son symbole et sa marque; en l'autre tour, il y avait la statue du soleil qui tenait un sceptre duquel il montrait les heures qui sonnaient par le moyen de certaines grandes statues représentant des cyclopes et forgerons qui frappaient sur une enclume autant de coups qu'il estait d'heures; là sont encore (en 1642) quelques-unes de ces figures et les montres qui font juger de la beauté et rareté de cette horloge. »

Du temps de François Ier, ces horloges mécaniques et à roues étaient fort rares, et on n'en citait qu'un petit nombre dont l'origine ne remontait pas à deux siècles ; car les horloges des anciens n'étaient, comme on sait, que des cadrans solaires et des clepsydres plus ou moins compliqués. On suppose, il est vrai, que les horloges de Charlemagne et de l'empereur Théophile, étaient des mécaniques mues par des roues, des poids ou des ressorts ; mais on n'a réellement à cet égard de notions authentiques que vers le XIVe siècle, et l'horloge célèbre de Jacques Dondis, placée au palais de Padoue, en 1345, est considérée comme la première et la merveille de ce siècle : outre les heures, elle marquait le cours annuel du soleil, suivant les douze signes du zodiaque, le cours des planètes, les phases de la lune, les mois et même les fêtes de l'année. L'usage des horloges se répandit rapidement, et nous voyons chez nous le savant Charles V faire exécuter par Henri de Vic, en 1370, la grosse horloge du Palais : celles du château de Montargis, de Sens et d'Auxerre, sont à peu près de la même époque, puis vient celle de Fontainebleau, enfin celle d'Anet qu'on admirait encore le siècle passé; on y voyait une meute de chiens qui couraient en aboyant, et un cerf dont les pieds frappaient les heures, tandis que dans celle de Médina del Campo, ville du royaume de Léon, ce sont deux béliers qui frappent les heures en se choquant la tête.

Le vaisseau de la chapelle, de 8 toises de longueur sur 3 de large, et 6 de hauteur, est terminé à ses extrémités par deux hémicycles, dont les arcs ou nervures, partant à plomb des colonnes, viennent se réunir en faisceau et butter sur le point culminant de la voûte en berceau qui couvre le reste de l'édifice; ces deux points sont marqués par des médaillons remplaçant les clefs pendantes des édifices gothiques : ils donnent un renseignement précieux; car on lit dans l'exergue : *Franciscus Francorum rex, anno domini* 1545, *absolvi curavit*. Dans l'un de ces disques, l'on voit la salamandre qui se retrouve ici partout, et qu'on sait être le corps de la devise de ce prince ; elle est surmontée de la couronne impériale, ainsi que l'autre médaillon qui offre les armes de France. A cet égard, on croit que c'est François Ier qui le premier adopta la couronne fermée, pour contre-carrer l'empereur Charles-Quint, et pour montrer qu'il était souverain d'un royaume qui ne relevait que de Dieu. Cependant il est question, dans le cérémonial français, d'une couronne au milieu de laquelle dominait une fleur de lys d'or, et que portait Louis XII comme empereur, lors de son entrée à Paris, en 1498 ; mais cela ne dit pas que cette couronne fût fermée, et dans les monnaies de ce prince la couronne ne consiste que dans un bandeau rehaussé de fleurs de lys d'or.

La voûte en berceau, terminée par deux hémicycles, est divisée en caissons carrés, et l'espace compris entre les deux arcs du milieu offre une grande partie octogone renfoncée, base de la lanterne de gresserie. Elle s'élevait, dit-on, à trente pieds, et se composait de deux étages de colonnes ; le premier avait deux toises de diamètre, et supportait une portion de calotte à pans ouverte de huit pieds de diamètre, et sur l'orbe de laquelle posait un autre rang de colonnes plus petites soutenant une coupole en voûte ; le tout flanqué en dehors par des pilastres ou colonnes du même ordre, sans aucun secours de bois, fer, plomb, ou autres matières, dit Gilbert, que l'admirable savoir de Sébastien Serlio de qui est cette chapelle, et qui, n'osant compter sur son heureuse tentative, s'enfuit sans en ôter les échafauds, et laissa à la postérité, un ouvrage digne d'être à jamais admiré.

Cette description emphatique, appuyée cependant par les dessins de Ducerceau et les récits du père Dan et d'autres auteurs, qui avaient le monument sous les yeux, offre plusieurs difficultés sur lesquelles nous n'insisterons pas: nous nous bornons à combattre l'opinion de Gilbert qui attribue, l'on ne sait sur quelle autorité, la construction de cette chapelle à Serlio, erreur qui s'est propagée jusqu'à nos jours. Cet artiste était en effet en France quelques années avant 1545, époque à laquelle cet édifice fut terminé; mais d'une part dans son projet de la salle de bal, nous avons vu qu'il parle de cette chapelle comme d'un édifice existant, et il empiète même sur son porche, ce qu'il n'aurait pas fait s'il était son propre ouvrage; d'ailleurs nous avons consulté à ce sujet, plusieurs savants architectes habitués à juger et à reconnaître les œuvres des divers artistes par la comparaison de leur style avec celui de leurs autres ouvrages authentiquement reconnus, et ils n'ont retrouvé ici aucun caractère de l'architecture de Serlio. Nous rejetons donc l'opinion de Gilbert, ainsi que le conte de la fuite de l'artiste, après la construction de l'énorme lanterne qui a fini en effet par écraser la voûte, et nous croyons qu'une aventure de Benvenuto Cellini, que nous rapporterons ailleurs, peut avoir donné lieu à ce bruit populaire.

Quoiqu'il en soit, à qui attribuerons-nous la construction de ce joli édifice, où l'art a déjà fait de très-grands progrès, si ce n'est à l'artiste auquel nous devons l'arc de triomphe à trois ouvertures situé de l'autre côté de la cour, c'est-à-dire à Philibert de l'Orme, qui a pris tant de part aux constructions de Fontainebleau et qui était en grande faveur à cette époque.

La chapelle Saint-Saturnin ne se faisait distinguer alors que par la beauté de ses proportions architectoniques, la hardiesse de sa voûte et de sa coupole, la pureté de ses profils et la délicatesse de ses ornements sculptés, qui enrichissent la simple pierre dont elle était construite. Nous verrons qu'Henri II altéra l'unité de son plan par la construction d'une vaste tribune, et qu'Henri IV la surchargea de peintures de bon goût, il est vrai, mais qui changent entièrement le caractère de décoration primitive.

L'intérieur de cet édifice sacré offre deux ordres superposés : le premier de pilastres doriques ; le second de colonnes de proportion corinthienne, mais dont l'entablement ressemble à celui de l'ordre ionique, ce qui a été pratiqué aussi par quelques artistes italiens. La base de ces colonnes repose sur le chapiteau des pilastres du premier ordre. Les chapiteaux de ces colonnes sont variés de dessin comme ceux de la cour du Donjon. Cependant cette diversité ne va pas jusqu'à la bizarrerie, et la plupart ont des rapports avec la destination de l'édifice. Leur contour extérieur a le galbe convenu du corinthien; mais au lieu de volutes et de feuilles d'acanthe, qu'un coup d'œil superficiel croirait y reconnaître, on voit ensuite se dessiner des têtes de vieillard à longue barbe, ou des séraphins abritant de leurs ailes déployées le calice et l'hostie consacrée; autour du rond-point, ce sont des enfants ailés, se prêtant avec grâce à la courbure du chapiteau, et qui semblent danser en se tenant par la main, au milieu des fleurs et des rosaces d'ornement. Un seul de ces chapiteaux offre des têtes de biches et de cerfs liés par des guirlandes de fruits dont un aigle soutient les retroussis avec son bec; on pourrait croire que ce chapiteau provient d'un monument plus ancien, si les mêmes attributs n'étaient répétés à l'extérieur de cet édifice. On ne peut s'étonner qu'il soit le seul de son espèce, car les autres se répètent symétriquement quatre par quatre; il est probable que l'un de ces chapiteaux ayant été brisé, lors de la restauration du monument par Henri IV, on l'a remplacé par celui-ci qui pouvait appartenir à la décoration extérieure du portail détruit par ce prince, tandis que les autres ont servi à compléter la galerie couverte qui entoure le reste de la cour du Donjon. Ce qui le ferait croire, c'est que le chapiteau repose sur un astragale dont le profil diffère entièrement de celui des autres chapiteaux. Au reste, il y a dans toutes ces sculptures, quoique peu terminées, un sentiment si juste des formes et du mouvement des figures, tant de richesse et de bon goût dans les ornements, qu'elles dénotent dans l'artiste une habileté peu commune en d'autres temps, mais qui se faisait alors remarquer en général dans tous les objets d'art.

Il est probable qu'originairement il n'existait pas de tribune pour les musiciens. Henri II en construisit une fort vaste, surmontée d'une balustrade en menuiserie de très-bon goût, et qu'on a fait disparaître pour y substituer une mesquine rampe de fer. Le plancher de cette tribune repose sur deux colonnes de marbre précieux, mais qui ne sont pas en rapport avec le style à la fois mâle et élégant du reste de cet intérieur(*), ce dont on s'aperçoit d'abord, indépen-

(*) Voir les détails, planche 12.

damment du soin qu'on a eu d'écrire en gros caractères sur la frise, et entre les deux indispensables croissants : *Henricus II, Dei gratia, Francorum rex christianus.*

Vers la fin du même siècle la plupart des bâtiments construits par François Ier, avaient déjà besoin de grandes réparations, et la chapelle St-Saturnin fut entièrement restaurée, repeinte et ornée de magnifiques tableaux par Henri IV, à l'époque de l'ambassade de Don Pedro de Tolède, que ce prince reçut à Fontainebleau avec une magnificence toute royale. L'ayant, dit un témoin oculaire, assez longuement promené, et fait voir les singularités de cette rare maison, désireux d'en savoir son sentiment, et jugeant bien que selon l'humeur de son pays, ou il n'en ferait pas l'estime qu'elle mérite, ou qu'il ne manquerait d'y trouver quelque chose à redire, il lui demanda ce qui lui en semblait : elle serait très-belle, Sire, dit-il, si Dieu y était logé aussi bien que V. M., paroles qui apprêtèrent fort à rire au roi, s'étant bien attendu à quelque pareil discours et rodomontade, notamment sur ce que la chapelle haute à laquelle les peintres travaillaient n'était pas encore achevée en ses enrichissements ; et dès lors, S. M. prit résolution de faire travailler et enrichir aussi sa grande chapelle, et l'église de la Sainte-Trinité du même château. Si ce que Fontenay

Mareuil (*) raconte de l'ambassadeur d'Espagne reçu à Fontainebleau, en 1608, se rapportait à la même circonstance, cela aurait excusé la mauvaise humeur du fier Castillan. « Le roi qui d'ailleurs n'aimait guère les Espagnols, et on sait pourquoi, et voulant néanmoins donner à cet envoyé une meilleure opinion de la majesté de la cour, donna la première audience à Fontainebleau. Il arriva lorsqu'on fut dans la chapelle, une rencontre assez plaisante et qui donna du divertissement à toute la compagnie : qui fut que l'ambassadeur d'Espagne et de Venise ayant eu, selon la coutume, leurs places gardées sur un même banc, ils se querellèrent tellement dès l'abord, et en se saluant pour les titres (l'Espagnol ne voulait point rendre d'excellence au Vénitien qui lui en avait donné), qu'ils en vinrent aux injures, aux coups de poings, et n'eussent point cessé, si on ne les eût bientôt séparés. »

Ce prince fit donc restaurer ce monument et c'est à lui qu'on doit la peinture et la dorure qui couvre entièrement les murs. Les pilastres du premier ordre semblent incrustés de marbre vert et rouge, et leurs chapiteaux, de marbre blanc rehaussé d'or et d'azur. Le fût des colonnes du second ordre, imite le por-

(*) *Mémoires*, 1er vol., p. 13.

phyre; les chapiteaux et les bases sont dorés en plein; les piédestaux offrent des panneaux et des ornements dorés sur un fond d'azur, comme ceux de l'entablement et de la frise; les caissons variés de couleur, renferment dans des cadres dorés, des chiffres, ou des têtes de chérubins. Partout on voit figurer les lettres initiales et les attributs, tels que le sceptre, la massue, et les insignes de Henri et de Marie de Médicis, ainsi que les armoiries mi-parties de France et de Toscane. (*Pl.* 14 *et* 15).

Cette magnifique décoration a dû nécessairement subir des modifications, lorsqu'en 1812, on a transformé cette chapelle en bibliothèque; en effet, on a ôté les tableaux, on a fait disparaître les deux rangs d'arcades derrière un parement carré de tablettes peintes ou réelles, ce qui travestit complètement l'ordonnance primitive : bien plus, l'édifice est coupé tout autour par deux galeries, la seconde étant accrochée au milieu du fût des colonnes dont la partie inférieure se cache dans l'ombre, que l'autre galerie projette sur les pilastres. Néanmoins, on jouit encore du jeu de l'entablement supérieur et des voûtes ornées de leurs anciens caissons. Le reste de la décoration a été respecté et même rafraîchi, et ce vaisseau offre toujours un bel aspect dont une description écrite ne peut donner une idée satisfaisante; ce que le dessin même ne peut rendre, c'est l'effet des couleurs et de la dorure, contrastées ou mariées avec un goût parfait, usage perpétué par les orientaux qui sculptent les objets d'ornement, et ensuite les dorent, les bronzent ou les peignent avec des couleurs indélébiles pour leur donner l'aspect pompeux qui convient à la maison de Dieu et aux palais des rois ; car la simplicité que nous affichons aujourd'hui ressemble assez à l'indigence, en comparaison des moindres édifices des siècles passés, construits en matériaux communs, mais qui offraient l'apparence des marbres et des matériaux les plus précieux. Il paraît que le maître-autel, qui devait être magnifique si l'on doit en juger par les ornements des chapelles latérales, n'existait déjà plus lorsque M. Robit a fait sa restauration ; au moins n'en donne-t-il pas la plus légère idée dans ses élévations. On croit qu'il était isolé au centre du rond-point. Mais, quelle était sa décoration ? et à quelle époque appartenait-elle ? Nous ne pouvons répondre qu'au moyen de conjectures. Il est question dans la description de cette chapelle, par le père Dan, d'une copie en bronze de l'image de Notre-Dame de Piété moulée sur celle de Michel-Ange, et dont le célèbre original en marbre se trouve à St-Pierre de Rome, dans la chapelle de la Vierge. Ce groupe admirable, considéré par Michel-Ange lui-même comme son meilleur ouvrage, car c'est le seul auquel il ait apposé son nom (*), ne pouvait orner que le maître-autel; en effet, les chapelles dont les plus grandes n'ont pas plus d'une toise et demie de largeur et de hauteur, n'auraient pu le contenir. On s'en formera une idée par l'ajustement du grand autel de Notre-Dame de Paris, où l'on voit le même sujet sculpté par Coustou l'aîné. Cependant l'autel de saint Saturnin était, suivant une autre description plus moderne, décoré d'une copie de la sainte famille de Raphaël, faite par ses élèves et sous les yeux du maître. Il faut donc que le premier autel, exécuté du temps de François Ier, fût autre que celui qu'on y voyait sous Henri IV, et tous deux convenaient sans doute à la décoration du reste de l'édifice dont nous avons signalé la différence à ces deux époques; mais que sont devenues ces décorations architectoniques et les copies des chefs-d'œuvre de Michel-Ange et de Raphaël? Nous devons également regretter ces six grands tableaux faits pour la place par les Dubois,

---

(*) Vasari nous transmet à cet égard une anecdote qui pourrait fournir un piquant sujet de tableau : l'artiste entrant dans la chapelle où l'on avait placé son ouvrage, la trouva remplie d'étrangers, particulièrement de Lombards, qui ne tarissaient pas sur les éloges que méritait ce beau groupe; un d'entre eux demanda quel en était l'auteur? Ce ne peut être que notre bossu de Milan (Christophro Solari, dit le Gobbo, sculpteur en effet très-habile de cette contrée) : Michel-Ange, piqué de voir son œuvre attribuée à un autre, ne dit mot; mais il revint pendant la nuit et grava son nom sur la ceinture de la Vierge.

et autres habiles peintres du XVIe siècle, et qui remplissaient si convenablement le vide des grandes arcades. Reléguées d'abord dans les garde-meubles du château, en 1812, ces peintures sont peut-être à cette heure entassées dans les greniers du Louvre avec tant d'autres précieux objets d'art, condamnées, pour ainsi dire, à une prison perpétuelle, ou si elles se sont échappées de ces oubliettes, c'est pour terminer misérablement leur carrière dans quelque obscure église de village. Tel est au reste le sort de presque toutes les peintures, sur panneaux amovibles, tandis que celles qui ont été exécutées sur place et sur des enduits solides, soit à fresque, en détrempe ou à l'huile, existent encore en partie et ne périront qu'avec le monument auquel leur sort est attaché. C'est ainsi qu'ont été conservés, la riche décoration de la voûte de cette chapelle et même les beaux concerts d'anges qui ornaient les niches de l'hémicycle, au-dessus de la tribune, malgré les escaliers qu'on a construits dans le vide de ces niches. Le peu qu'on voit de ces peintures, fait vivement regretter le sacrifice qu'on en a fait. Nous aurons encore occasion de renouveler nos doléances en parcourant ce château si souvent remodernisé.

On remarque à l'extérieur de ce monument l'application de l'ingénieux système des contre-forts ornés (*). On sait l'emploi qu'on en faisait dans les églises gothiques, où ils prenaient la forme de tourelles, d'arcs-boutants, de clochetons évidés, etc. Ici on a employé les ordres antiques avec une adresse et une convenance extrême. Le premier ordre, comme cela devait être, offre un aspect plus solide qu'élégant; ce sont de simples éperons ornés de pilastres dont les chapiteaux profilent en retour sur les trois faces. Ils supportent carrément un corps de maçonnerie plein, divisé au tiers de sa hauteur par un bandeau architravé et couronné d'une corniche sur laquelle reposent de légères colonnes dont le fût est détaché de la masse de l'éperon supérieur : elles s'y lient par leur entablement à trois rangs de ressauts, destiné à allégir l'aspect sans nuire à la solidité, et à obvier à la poussée des voûtes. Le large soubassement qui se trouve entre les deux ordres n'était orné, dans son milieu, que par un médaillon renfermant autrefois la salamandre couronnée.

A cet égard, on raconte une anecdote qui fait honneur à un individu de la classe ouvrière, et que nous rapporterons, bien quelle soit de nature à faire sourire de pitié quelques-uns de nos lecteurs.

Dans le temps malheureux où l'on était parvenu à

(*) Voir l'élévation géométrale et la vue perspective, *planches* 16 et 17.

soulever toutes les passions haineuses contre la royauté, à tel point, que malgré la vénération du peuple pour le seul roi, disait-on, dont le pauvre ait conservé la mémoire, on parvint, en violentant l'opinion publique, à détruire la statue vénérée du bon Henri: les ordres les plus absolus furent donnés pour faire disparaître tous les insignes et emblèmes de la royauté, et même ceux de la religion. Nous pourrions citer, à cette occasion, plusieurs faits qui honorent les habitants de Fontainebleau, ville royale, qui ne vivait que des bienfaits de la cour.

Un pauvre et honnête maçon fut chargé de raser les armoiries, les devises, les fleurs de lys et autres emblèmes qui tapissaient les murs du château. C'est avec peine qu'il se chargea de cette besogne qui répugnait au sentiment de respect inné chez les Français pour leurs souverains. Cependant, il fallait gagner le pain arrosé de ses sueurs, et qui nourrissait sa nombreuse famille. Il se met tristement à l'ouvrage; sous son ciseau tremblant, tombent tour à tour les couronnes, les fleurs de lys, les chiffres de François Ier, ceux de ses fils, les lettres initiales de Henri enlacées, les uns avec les croissants de Diane, les autres avec le sceptre et les lauriers de la victoire; il ne restait plus, sur l'extérieur du chevet de la chapelle St-Saturnin, qu'un médaillon rempli par une salamandre à la tête couronnée, et vomissant des tourbillons de flammes. Le bon tailleur de pierres va terminer sa triste tâche; il arrase la salamandre et même la couronne; mais il ne va pas au delà, et son ciseau s'arrête subitement et tombe de ses mains à l'aspect de la croix posée sur le globe qui surmontait la couronne impériale. Les sentiments religieux qui lui ont été inculqués, dès son enfance, se réveillent avec force dans son âme timorée, et il tremble de faire un sacrilége. Il s'est fait déjà violence en détruisant les emblèmes de la royauté, mais il ne veut pas outrager le signe sacré de notre rédemption. Au risque de tout ce qui peut lui arriver, il descend de son échafaud pour n'y plus remonter, et va porter en pleurant à sa famille, le prix d'une criminelle faiblesse. Rassure-toi, âme simple et pieuse tu as trouvé grâce devant la divinité. Cette action doit être consignée dans le livre de miséricorde, et sera appréciée à sa juste valeur au jour terrible de la rétribution !

La sphère, surmontée de la croix, existe intacte au-dessus du médaillon qui renfermait la salamandre, dont la trace est même encore visible.

VII.

Artistes Français

ANTÉRIEURS AUX ITALIENS.

> . . . . Voltò gli occhi in giro,
> E vide loco in qual si vede raro,
> Di gran fabbrica e bella e bene intesa;
> Nè a privato uom convenia tanta spesa.
> . . . .
> Lungo sarà, se tutti vi disegno
> Gli ornati alloggiamenti della corte.
> (Ariosto, c. XLII).

Le nom glorieux de François Ier rappelle la restauration des lettres, des sciences et des arts en France; c'est ainsi qu'Alexandre, Périclès, Auguste et les Médicis ont illustré leur siècle en donnant une vive et généreuse impression aux esprits qui, poussés vers le beau, le grand et l'utile, ont parcouru spontanément toutes les routes du génie.

On pourrait même avancer que les éléments de fécondité se trouvent tout formés dans la nature, et qu'il ne s'agit que d'une circonstance favorable pour en développer les germes, comme celui de certaines plantes qui ne se reproduisent fortuitement sur le même terrain, qu'à des époques très-éloignées les unes des autres.

De même on croirait que ces ères glorieuses pour l'espèce humaine ne sont pas des créations nouvelles, mais plutôt des *renaissances*, terme appliqué au siècle des Médicis en Italie, parce que, après un long sommeil, il réveilla l'idée d'une époque antérieure ; celle d'Auguste plus fertile encore en grands talents. Enfin les siècles de Périclès et d'Alexandre ne furent peut-être aussi qu'une sorte de réminiscence des temps héroïques et mythologiques, souvenir confus d'une période qui avait jeté un prodigieux éclat, dont la trace était restée dans la mémoire des hommes.

A notre tour, nous pouvons nommer renaissance le siècle de François Ier ; les arts ayant eu déjà leur apogée en France sous les Romains, peut-être même sous Charlemagne.

Quoiqu'il en soit, nous ne ferons remonter la gloire de nos arts régénérés qu'au XVIe siècle. C'est alors que des palais, de magnifiques édifices sacrés s'élèvent de toutes parts. On y voit le clinquant gothique lutter encore avec l'aurore du bon goût et produire un genre mixte qui n'est pas la rénovation du style antique, et qui vaut mieux qu'une servile imitation de la manière italienne.

C'est là qu'on doit chercher avec raison, le vrai caractère du goût français ; car plus tard, et par une fatalité qui nous rend toujours tributaires de l'Italie, cette empreinte d'originalité s'efface et nous redevenons des copistes.

On doit attribuer cette chute au peu de considération accordée anciennement aux artistes nationaux ; cette indifférence fut poussée au point que nous connaissons à peine le nom de quelques *maîtres des œuvres et imagiers,* architectes et sculpteurs, tout aussi habiles néanmoins que les artistes italiens de la même époque. En effet, à part la prévention et quelque défaveur que les historiens d'Italie, beaucoup trop exclusifs, ont cherché à jeter sur la France ; nous ne craindrions pas d'opposer les noms de Robert de Luzarches, Pierre Montereau, Eudes de Montreuil et Raimont du Temple, à ceux de Buschetto, Diotisalvi et Arnolfo Dilapo. Peut-être même, dans l'opinion contemporaine, nos artistes étaient-ils sur la même ligne, s'ils ne valaient pas mieux : une circonstance fort remarquable, avouée par les écrivains italiens, le prouverait: c'est l'appel fait en 1388 à un architecte ingénieur de Paris, nommé Nicolas Bonaventure, pour la fondation de la célèbre cathédrale de Milan (*).

Cependant, peu soigneuse de notre propre gloire, l'opinion commune, et nous avouerons l'avoir nous-même longtemps partagée, a été de croire les Italiens nos maîtres en tout, parce que dans quelques parties ils ont jeté un éclat qui a fait pâlir les autres réputations. Il ne faut pas néanmoins passer aisément condamnation sur ce point, et le regarder comme définitivement jugé; la France pouvant opposer à l'Italie des noms qui ne seraient pas d'un léger poids dans la balance; aussi n'attribuons-nous pas tout le mérite de notre renaissance aux étrangers que François Ier appella autour de son trône pour en rehausser l'éclat.

Ce sont eux néanmoins dont les noms ont été proclamés, tandis que nos propres artistes sont restés dans l'oubli; les premiers trouvaient de leur temps et dans leur pays des historiens et des poëtes qui, enthousiastes des merveilles des arts, les chantèrent et exaltèrent le nom de leurs auteurs. Il n'en est pas ainsi

---

(*) Tiraboschi, *Stor.* 7e vol., pa. 2, p. 651 et Gittlini, *Hist. du Dôme de Milan.*

de la France, et par une fatalité singulière, notre histoire ne fit entendre que les clameurs de la politique ou les sons de la trompette guerrière; la poésie ne chanta que les amours ou les louanges du pouvoir et des grandeurs : ni l'une ni l'autre ne songea aux arts, dont la glorieuse trace serait effacée, si les monuments ne parlaient plus haut que l'histoire. Recherchons donc les preuves écrites sur la pierre, le marbre et le bronze; nous y lirons quelques faits, et des noms que notre insouciance a plongés dans l'oubli; et c'est même en feuilletant les fastes des arts en Italie que nous retrouverons quelques faibles traces de nos propres annales.

Quoique sous Charles VII et sous Louis XII l'on ait déjà appelé des artistes étrangers, ce n'est pas à dire que nous fussions plongés dans la barbarie, et une foule de monuments, construits à ces époques, et qui ne tiennent en rien du goût italien, nous prouvent l'habile originalité de nos propres artistes. Pourquoi, dira-t-on alors, avoir fait venir à grands frais des étrangers, si nous possédions chez nous des gens aussi habiles?

Un mot répondra à cette question captieuse : ce fut l'amour de la nouveauté, l'engoûment de la mode qui s'empara de nos princes, séduits par le clinquant ultramontain, et bientôt, à leur retour du pays des merveilles, ils voulurent en quelque sorte revêtir leur patrie de cette brillante parure.

Il n'en est pas moins vrai que chez nous la renaissance des arts avait déjà marché parallèlement avec l'Italie. Commençant par l'utile, avant d'arriver au beau et au gracieux, les arts d'une nécessité positive précédèrent ceux qui n'étaient qu'agréables, et l'architecture dut se perfectionner avant la sculpture et la peinture; procédant en cela comme dans toute filiation d'idées, du connu à l'inconnu ou du palpable à l'immatériel; car il tombe plutôt sous les sens d'imiter une forme matérielle avec une autre matière, qu'avec des lignes et des couleurs.

Nous voyons en effet le dôme de Pise et celui de St-Marc, s'élever avant qu'il soit question de bonne peinture; et Jean de Pise faisait déjà de l'excellente sculpture avant que Cimabué eût esquissé ces figures aux yeux hagards, *spiritati*, et aux pieds étendus géométralement.

Il n'est donc pas étonnant que nous ayons eu des architectes et des sculpteurs habiles, et d'assez mauvais peintres avant François Ier, et que ce prince éclairé, charmé des chefs-d'œuvre que Milan, Florence et Rome lui offraient, surtout dans la peinture, n'ait désiré exciter l'émulation de nos artistes, en attirant à sa cour des maîtres étrangers déjà célèbres.

Et remarquons bien que c'étaient des peintres, des stucateurs et des ornemanistes dont il avait besoin pour décorer les palais que déjà il avait fait construire.

Le premier de tous ces artistes est le célèbre Léonard de Vinci; ce génie universel qui dans les sciences et les arts, et particulièrement dans ceux du dessin, surpassa tous ses devanciers, fut l'émule de Michel-Ange, le précurseur de Raphaël, et l'on pourrait dire l'ami du plus grand roi de la chrétienté qui l'assista dans ses derniers moments et reçut son dernier soupir. Michel-Ange lui-même refusa, à ce qu'il paraît, de venir en France, et trois mille écus qu'on lui offrit, seulement pour les frais de la route. (Tiraboschi, 7 vol. p. 1614). Vient ensuite André del Sarto, dont le beau talent et le gracieux pinceau font oublier la faiblesse et l'ingratitude envers son confiant protecteur. Puis maître Roux (il Rosso), florentin, élève de Michel-Ange, dont il nous retraça la grande manière; sa mort violente et prématurée fit passer ses travaux imparfaits entre les mains du Primatice, son élève, qui créa plus tard la fameuse école de Fontainebleau. Dans le même temps, apparurent aussi Augustin della Robbia, neveu du fameux Luca della Robbia (¹), inventeur de la *majolica* dont les faïences

---

(1) Nous avons donné sur cet artiste et ses ouvrages, d'amples renseignements dans nos Lettres sur l'Italie.

peintes ont brillé jusqu'à nos jours sur les murs du château de Madrid, dans le bois de Boulogne, et l'orfèvre Benvenuto Cellini, dont les mémoires nous fourniront de curieux renseignements sur cette époque. Quant à Vignole, il vint en France, moins comme architecte que comme fondeur. Enfin Sébastien Serlio est le premier architecte en titre que François Ier appela en France.

Mais comme nous l'avons déjà dit, la plupart des maisons de plaisance de nos rois étaient déja construites avant cette époque par des artistes français, et les châteaux de Blois, de Madrid, de Chambord, de Chenonceaux, ainsi que toute la décoration de celui de St-Germain en Laye, doivent être considérés comme les types du véritable goût français à cette époque, et peut-être aurait-il mieux valu nous en tenir là et persévérer dans un genre, certes fort agréable et d'un aspect original, que de vouloir transporter dans un climat bien différent les toits plats, les loges et les colonnades ouvertes d'Italie.

L'on reconnaît dans l'architecture du château de Fontainebleau deux styles et deux caractères bien distincts, quoique de la même époque; le goût français impreigné pour ainsi dire d'une légère teinte gothique qui lui sied assez bien et lui donne le piquant de l'originalité. Le second caractère appartient à la manière italienne. C'est le fruit d'un talent plus mûr, plus classique, et se rapprochant beaucoup plus de l'antique; mais par cela même moins approprié à nos mœurs, à nos habitudes et aux exigences de notre climat.

Le château de Philippe-Auguste devait se borner, avons-nous déjà dit, à l'enceinte de la cour ovale entourée de bâtiments construits sur des axes différents et partant du pavillon de St-Louis qui en formait le noyau originaire. Il paraît que François Ier commença par régulariser, autant que possible, les anciennes bâtisses, en les revêtissant d'une décoration à peu près uniforme. Mais bientôt il fallut à un monarque dont la cour devint la plus brillante de l'Europe, un plus vaste développement de constructions; et sans renoncer à l'antique manoir de ses aïeux, il voulut l'embellir et l'agrandir en le liant à un palais plus magnifique et plus en rapport avec le développement de la pompe souveraine et des fêtes qu'il se proposait de donner dans sa royale demeure.

Je reviendrai sur cette espèce de révolution de l'architecture en France qui, en s'appliquant au château de Fontainebleau, séjour ordinaire du souverain, s'étendit bientôt à tout le royaume.

VIII.

État du Château

AU MOMENT DE SA RESTAURATION PAR FRANÇOIS Ier.

> Beaux et grands monuments d'éternelle structure,
> Superbes de matière et d'ouvrages divers,
> Où le plus digne roi qui soit dans l'univers
> Aux miracles de l'art fait céder la nature.
> (MALHERBE, *stances sur Font.*)

DANS les mémoires contemporains et dans les anciennes descriptions rien ne nous retrace, d'une manière satisfaisante, l'aspect du vieux manoir que Louis le Jeune avait bâti au centre de notre forêt; nous n'aurions même qu'une idée confuse de ce château embelli et presque doublé par François Ier, si l'on ne retrouvait adhérente aux murailles de la galerie construite par ce monarque et qui porte encore son nom, une peinture de cette époque offrant l'aspect authentique de cette résidence royale. Cette vue est exécutée avec un sentiment de vérité, de couleur, d'entente de dessin et de perspective très-satisfaisante; mais à ces qualités, ce tableau joint surtout un intérêt historique qui peut nous être d'un grand secours. Combien d'autres tableaux et dessins de ce genre qu'on sait avoir existé et dont nous avons à déplorer la perte! Tels étaient les grands plans à vol d'oiseau des diverses résidences royales que Henri IV avait fait peindre sur les parois de la galerie des Cerfs. Depuis Henri IV, les plans et les vues ne nous manquent pas et nous en ferons usage.

Pour ce qui précède, il nous reste, il est vrai, de volumineux ouvrages, publiés et gravés par des artistes, mais ils se sont presque toujours contentés de la représentation des monuments; le texte est extrêmement concis, accompagné de peu de réflexions et surtout dénué de faits qui nous seraient maintenant si précieux.

Il est cependant intéressant de réunir ce que ces livres peuvent nous fournir sur une époque de notre histoire des arts, dont l'éclat résulte moins de documents certains que de vagues souvenirs.

Les Mémoires de Benvenuto Cellini nous fourniront des détails, aussi curieux que piquants, sur la cour de François Ier, où il fit un assez long séjour, et sur les arts et les artistes de cette époque.

Le bel ouvrage de Sébastien Serlio, architecte de Fontainebleau sous le même prince, nous donne moins de renseignements qu'on ne serait en droit de l'attendre ; car il ne parle de ce palais, où il a tant travaillé, que d'une manière indirecte. Cependant il fait quelques aveux que lui arrache le sentiment pénible de sa situation et de l'injuste animadversion dont il se croit l'objet : nous prendrons acte de ses aveux qui nous mettent sur la voie de plus d'une découverte.

Serlio était un tout autre homme que Cellini : autant l'un est emporté, irascible et querelleur, autant l'autre est posé, timide et mélancolique. Tous deux, peut-être par leur faute, ont à se plaindre des hommes ; mais l'un brave l'adversité, l'autre y succombe. Ils en appellent également à la postérité qui, en effet, a justement apprécié leurs talents ; néanmoins Serlio a été le plus malheureux, parce qu'il s'est moins vanté ; et si Cellini a fait moins qu'il ne dit, Serlio n'a pas même dit ce qu'il a fait, et on ne connaît positivement de lui que des projets restés pour la plupart sans exécution.

Une chose qui fait honneur aux deux artistes, c'est leur respect profond, leur reconnaissance, leur enthousiasme pour le grand roi qui les employait. On s'aperçoit à leurs expressions que son beau caractère, son inépuisable bonté, la hauteur de ses idées, étaient en harmonie avec la sublimité de l'art; et si cet illustre prince n'avait pas été circonvenu par des maîtresses et des courtisans, et surtout tourmenté sans cesse par les événements politiques et la pénurie d'argent, il aurait couvert la France entière de chefs-d'œuvre de tout genre, qu'il savait mieux apprécier qu'aucun de ses contemporains.

Le recueil d'Androuet Ducerceau nous offrira les plans, les élévations du château vers cette époque, et une description malheureusement trop concise.

Philibert de l'Orme, qui a travaillé à Fontainebleau, nous fournira quelques renseignements.

Enfin Brantôme, Sully et de Thou, quoique un peu postérieurs, ajouteront quelques nouveaux traits à notre tableau.

Mais commençons par décrire la plus ancienne représentation graphique du château. Cette peinture est d'autant plus précieuse qu'elle nous servira de point de départ pour redescendre aux époques modernes, et même pour rétrograder vers les temps antérieurs. Elle remplira ainsi un vide considérable dans l'histoire de ce palais qui se lie si intimement avec celle des arts en France (*Planche* 18).

Ce tableau, de un pied sur quatorze pouces et demi dans œuvre, exécuté avec autant de finesse que d'intelligence, est peint sur place ou encastré dans la muraille. Il fait partie de la décoration intérieure de la galerie conçue et exécutée par maître Roux (il Rosso) et par le Primatice. La bordure de deux pouces et demi de largeur est en stuc et richement sculptée comme le reste des trumeaux, et l'on peut croire qu'elle était rehaussée d'or.

Cette peinture est à fresque ou en détrempe; elle a été restaurée ou plutôt gâtée par une main maladroite, avec des couleurs à l'huile, sous lesquelles plusieurs parties du travail ont disparu; il en reste néanmoins assez pour prouver que celui qui l'exécuta primitivement avait une grande intelligence de la perspective, du dessin et de l'architecture; les figures même, ainsi que les animaux, sont touchées avec esprit. Ce rare échantillon de l'art du paysage mériterait d'être restauré et conservé, avec le plus grand soin, comme l'un des feuillets les plus précieux de l'histoire de ce temps.

Remarquons ici que la peinture du paysage proprement dite était devenue déjà un genre particulier, qu'on faisait servir à la décoration des panneaux des appartements; on en faisait même des tableaux portatifs ornés de figures; l'on connaît en effet les beaux paysages du Titien et de quelques autres célèbres artistes du commencement du XVIe siècle. Le tableau, dont il est ici question, exciterait bien plus la curiosité si l'on y reconnaissait le pinceau de Vignole qui était peintre avant de devenir architecte, et qui traça les fonds des tableaux de la galerie d'Ulysse composés par le Primatice. On sait d'ailleurs qu'il excellait dans le tracé de la perspective dont il a laissé un traité. Bernard de Palissy nous fait aussi connaître un maître Charles, peintre de paysages fort excellent. « Du temps, dit-il, que l'on voulait ériger la gabelle au pays de la Guyenne, le sieur la Trimouille et le général Boyer l'envoyèrent pour remarquer les paysages : ledit peintre apporta figure certaine et au vrai des bourgs et villages. » Palissy lui-même fut employé à pareille besogne en Saintonge. Cela eut lieu sous François Ier, en 1545, ce qui répond assez à l'époque de l'exécution de la vue du château de Fontainebleau.

Le point de vue choisi par l'artiste est pris du milieu de l'étang dont les eaux forment le premier plan du tableau; elles baignent le pied du mur de terrasse qui règne devant le palais et qui est parallèle avec la galerie de François Ier : à droite, elles sont retenues par la chaussée déjà construite et qui venait d'être plantée de quatre rangs de jeunes arbres. Cette jetée mène à la porte dorée que le ton de couleur indique comme une construction neuve. Sur la droite, on distingue une petite porte d'entrée percée dans le mur d'enceinte du parterre. Cette porte, indiquée dans le plan de Ducerceau, existait encore du temps de Henri IV. Toujours à droite de la porte dorée, on voit d'anciennes constructions qu'on abattit peu de temps après pour fonder la salle de bal. Elles sont dominées par un gros pavillon carré appartenant à l'autre côté de la cour ovale et qui est flanqué de tours rondes semblables à celles qui entouraient le pavillon de St-Louis. A gauche, le pavillon de la porte dorée se lie immédiatement avec le château de St-Louis déjà restauré et flanqué d'une grosse tour ronde, derrière laquelle, et en retour, on aperçoit la sommité d'une autre tour ou d'un pavillon plus élevé. Il se trouvait à l'angle de la cour de la Fontaine et se rattachait avec la nouvelle galerie que François Ier venait de faire construire en retraite sur une terrasse soutenue par douze arcades plein-cintre qui semblent avoir été enterrées lorsqu'on a relevé le sol de cette cour au dessus du niveau des eaux de l'étang.

Cette construction, qui paraît fort ancienne, était sans doute destinée, dans l'origine, à garantir le château et le bourg situé derrière de la crue des eaux qui venaient baigner la base du château et les faire refluer dans les fossés qui l'entouraient.

La décoration de la façade de la galerie de François Ier, bâtie sur cette ancienne chaussée formant terrasse est, à peu de chose près, semblable à celle qu'on voit aujourd'hui et telle que la donnent Ducerceau et Israël Silvestre. Elle se lie à gauche avec un gros pavillon carré et d'autres constructions qui retournent d'équerre et ferment la cour de la Fontaine de ce côté; mais on ne peut juger jusqu'où elles s'étendent et quel était leur plan du côté de la cour du Cheval Blanc, construite plus tard.

Tel est le château de François Ier, bâti par des artistes français; au moins devons-nous le supposer, avant 1540; quoique ces travaux fussent déjà immenses, cette résidence royale était loin d'avoir reçu tout son développement et son embellissement que ce prince y ajouta les années suivantes; car dans ce tableau, on ne voit ni la belle fontaine qui a donné le nom à cette cour, ni la galerie ou salle de fête, ni même la chapelle St-Saturnin telle qu'on la voit aujourd'hui.

L'intention de l'artiste qui a exécuté ce tableau a été sans doute d'offrir l'image exacte du château, sous le point de vue le plus propre à en donner une idée avantageuse, et certes on ne pourrait pas même aujourd'hui choisir un aspect plus favorable et plus caractéristique. Nous pouvons supposer aussi que le château se bornait à ce qui entre dans le champ de cette peinture, et que ce qui est en dehors du cadre, considéré seulement comme dépendances, peut être supposé aisément au moyen du plan de Ducerceau; tels sont les bâtiments de l'avant-cour que Henri IV détruisit pour construire la vaste cour des cuisines, et l'église de la Trinité bâtie par saint Louis, et qui allait être restaurée et enclavée dans la nouvelle façade de la cour du Cheval Blanc.

On peut donc inférer de cette peinture plusieurs faits et en déduire des conséquences qui jetteront quelque clarté sur l'origine incertaine du château, et sur ses diverses vicissitudes. Il s'agit ici d'aller du connu à l'inconnu par voie d'élimination, et, en effet, en relevant d'abord le plan des édifices retracés dans cette peinture, et en retranchant les constructions nouvelles qu'il est aisé de reconnaître par le ton de couleur, et dont la date est d'ailleurs bien constatée, il doit nous rester le noyau de l'antique château tel qu'il était au commencement du XVIe siècle. Puis en opérant toujours par déduction ou réduction sur les édifices construits dans le siècle précédent, nous arriverons en quelque sorte à la plus simple expression de ce château, c'est-à-dire au modeste et massif pavillon carré, flanqué de tourelles, qui devait être la demeure de Louis le Jeune et de Philippe-Auguste.

Mais en suivant la marche contraire, il nous sera encore plus facile d'ajouter au plan des premières constructions de François Ier, celles qui sont postérieures à la peinture en question, afin d'arriver progressivement à l'état actuel en marquant les augmentations opérées par Henri II et surtout par Henri IV; car depuis, le château, au lieu de gagner en étendue et en magnificence, n'a fait que décroître; et peu s'en est fallu qu'il ne fût entièrement détruit par les révolutions politiques qui de nos jours ont couvert la France de ruines.

Les deux plans que nous joignons ici (*Planches* 19 et 20), serviront à faire comprendre l'importance des travaux de François Ier. Dans le premier, se voit le château, comme nous le supposons, du temps de saint Louis, c'est-à-dire se bornant à la cour du Donjon, fortifiée par des tours et entourée d'un fossé rempli d'eau vive et communiquant à une petite cour extérieure, par un pont-levis. De l'autre côté du château, on voit l'église de la Trinité et le couvent des Mathurins, que ce roi pieux avait ramenés de la terre sainte. Quelques petites maisons dispersées autour du château, du côté du nord, indiquent la fondation du bourg de Fontainebleau. Nous avons marqué d'une teinte plus obscure, ce que nous présumons appartenir au château de Louis le Jeune et de Philippe-Auguste.

Dans le second plan, se développent les nouveaux bâtiments construits par François Ier et Henri II et qui forment deux cours nouvelles : celles de la Fontaine, ouverte sur le grand étang, et la cour basse, nommée depuis cour du Cheval Blanc, dont on ne voit ici qu'un peu plus de la moitié. Nous avons aussi teinté plus fortement que le reste la portion des édifices compris dans le champ du tableau de la galerie de François Ier. On voit ici le fossé porté à une plus grande distance du château et entourant un jardin particulier ; celui de l'Orangerie bordé plus tard par Henri IV de magnifiques galeries. Ce fossé tourne autour du couvent et de l'enclos des Mathurins ; il vient traverser la cour du Cheval Blanc le long de la façade du château et passe sous la grande galerie d'Ulysse, pour se réunir à l'étang dont les eaux sont retenues par la longue chaussée plantée d'arbres qui mène à la porte dorée et qui sert de limite de ce côté au parterre. Cette chaussée qui retient les eaux de l'étang les forçait à s'écouler par le fossé qui entourait alors le château d'où elles allaient alimenter les canaux et les bassins du parterre.

La comparaison de ces plans avec ceux des temps plus modernes, particulièrement avec celui qui a été dressé par Francini sous Henri IV, peut faire juger des accroissements successifs, des constructions, des jardins et dépendances d'un château que nos rois n'ont cessé d'embellir jusqu'au commencement du XVIIIe siècle; mais passé cette époque, nous aurons à regretter les effets du mauvais goût et d'une fatale incurie qui a fait sacrifier, l'un après l'autre, une multitude de chefs-d'œuvre du grand siècle, dont nous avons cherché à conserver au moins le souvenir. Enfin chose déplorable, et qu'on aura peine à croire, plusieurs des objets qui forment la matière de nos descriptions, et que nous avons dessinés d'après nature, n'existent même plus que dans les gravures que nous avons faites sur ces dessins.

Mais rétrogradons vers cette époque glorieuse du XVIe siècle, où s'opéra la transformation de l'antique manoir de saint Louis en une véritable résidence royale, digne du plus grand prince de la chrétienté, qui voulait faire de sa demeure le musée des arts antiques et modernes.

Il faut insister encore ici sur les changements qui s'opérèrent dans les mœurs, les idées et sur l'influence que les arts en reçurent. Il semble que tout à coup on renonça à cette sombre méfiance qui faisait que toute habitation était une forteresse où le jour pénétrait à peine par d'étroites fenêtres semblables à des meurtrières et à des barbacanes, pour y substituer des loges ou galeries ouvertes, de larges balcons ou des terrasses.

On ne peut également se dissimuler que l'impulsion nouvelle donnée aux arts et à l'industrie par ce changement dans les mœurs, n'ait été activée par nos relations avec l'Italie. Déjà plusieurs de nos souverains avaient parcouru en vainqueurs cette contrée ; étant à même d'en admirer les merveilles, ils ramenèrent avec eux des artistes de tout genre pour enrichir la France du luxe des arts : les croisés avaient déjà rapporté de l'Orient l'architecture du Bas-Empire et le goût arabesque ; de même les guerres d'Italie, du temps de Charles VIII, de Louis XII et de François Ier, nous ramenèrent l'entier développement de la renaissance dans tous les arts du dessin. Il en résulta particulièrement en architecture un goût mixte, tel qu'il devait être pour s'accorder avec nos besoins et notre climat et qui s'enrichit de tout ce qu'il y avait de gracieux et d'utile dans les divers pays que nous avions parcourus en conquérants, et où nous avions trouvé nos maîtres en architecture. Dans le genre nouveau de bâtisse, le gothique se fondit en quelque sorte avec la réminiscence des monuments grecs et romains, on vit la multiplicité des ornements s'allier à la légèreté sans nuire à la solidité et à la symétrie : nous n'eûmes pas même besoin pour cela du concours des architectes italiens, car nous possédions déjà un grand nombre d'habiles artistes français qui, stimulés par le changement de goût et peut-être ayant accompagné nos souverains au delà des Alpes, avaient déjà opéré cette espèce de révolution dans l'architecture, longtemps avant l'arrivée des Vignole et des Serlio, qui transplantèrent en France le style ultramontain plus pur peut-être, mais que nous ne regretterons pas moins de voir substituer à celui qu'on pouvait nommer le goût français. En effet, cette architecture de la renaissance, dont nous avons de si beaux modèles, pouvait devenir, en se perfectionnant, un type consacré dont on n'aurait plus dû s'écarter, et c'est alors que nous aurions pu dire avec quelque raison, et nous aussi nous avons une architecture.

C'est particulièrement dans les plus anciens bâtiments du château restaurés ou reconstruits par François Ier, que l'on doit chercher les traces de cette architecture française régénérée. La cour du Donjon va nous en offrir les plus beaux exemples.

IX.

Cour du Donjon,

DITE COUR OVALE OU DE L'OVALE.

Ce préau est appelé la cour du Donjon, nom qu'elle porte de toute ancienneté pour montrer, dit le Père Dan, que c'a toujours été le lieu fort destiné pour les personnes du roi et de la reine; aussi je trouve, ajoute-t-il, qu'auparavant que François Ier y fît travailler, elle était environnée de fossés (a).

(a) Suivant Borel, le donjon était le lieu le plus fort et le plus élevé du château (*domionus*). On peut voir, dans les Mémoires de l'Acad. des Inscriptions, les débats élevés entre Falconet, Fenet et Freret, relativement à la signification de ce mot qu'on fait venir du celtique *Dunum*, et qui forme la termi-

La seconde dénomination vient-elle de sa forme, qui, en effet, sur le plan de Ducerceau, a quelque rapport avec un ovoïde imparfait, puisqu'il est composé de lignes droites brisées, ou bien dérive-t-elle d'un grand vestibule ovale qui, suivant Ducerceau, formait l'entrée principale de cette cour? Quoiqu'il en soit, il paraît positif que les bâtiments qui l'entourent encore formaient autrefois toute l'étendue du château de Philippe-Auguste et même de Louis XII. Il est vrai qu'on en a détruit une partie, et ce qui reste d'antique, est revêtu de décorations architectoniques qui ne remontent guère qu'aux premières années du XVIe siècle; c'est l'histoire de ces changements successifs que je vais entreprendre, en décrivant les diverses parties de ces bâtiments.

Plaçons-nous au pied de l'antique tourelle, seul vestige apparent du pavillon de saint Louis, et sous cette fenêtre, d'où le galant François Ier, après avoir vu la jeune et belle d'Heilly à sa toilette, lui adressa la pièce de vers suivante, que Marot n'eût pas désavouée :

> Étant seulet auprès d'une fenestre,
> Par un matin, comme le jour poignait,
> Je regardais Aurore à main senestre

naison d'une foule de noms de villes. Au reste, ce que dit le Père Dan que la cour du Donjon était entourée de fossés fortifiés, est aussi l'opinion que nous avons déjà émise; elle est indiquée dans notre plan du château sous saint Louis.

> Qui à Phœbus le chemin enseignait,
> Et d'autre part, ma mie qui peignait
> Son chef doré, et vis ses luisans yeux
> Dont un jeta un trait si gracieux,
> Qu'à haute voix je fus contraint de dire :
> Dieux immortels, rentrés dedans vos cieux,
> Car la beauté de ceste vous empire.

Cette favorite, depuis duchesse d'Etampes, dont Benvenuto Cellini eut tant à se plaindre, partageait tous les goûts du roi; elle présidait aux tournois qu'il donnait en son honneur, le suivait à cheval dans ses longues parties de chasse, où elle se faisait distinguer par sa légèreté et son adresse; enfin elle rassemblait autour d'elle les gens de lettres qui, charmés de son goût délicat et sûr, et comblés de ses bienfaits, l'appelaient, dans leur enthousiasme, la plus belle des savantes et la plus savante des belles.

Du point de vue que nous avons choisi, la cour ovale ou du Donjon offre un aspect aussi riche qu'imposant (*Planche* 21). C'est bien une cour d'honneur, où l'appareil de la puissance souveraine peut se développer avec éclat. En effet, de simple rendez-vous de chasse elle devint successivement le théâtre des fêtes et des tournois de la cour galante et polie de François Ier et de Henri II, de la sombre étiquette de Charles IX, des chevaleresques réjouissances de Henri IV, et de la pompeuse et sévère magnificence de Louis XIV; depuis, elle n'a pas changé d'aspect ni de caractère, et dans cet ancien cadre, on pourrait tracer le tableau vivant des principales scènes dramatiques de ces grandes époques, sans commettre un anachronisme.

Le pavillon de saint Louis, noyau de l'ancienne demeure de nos rois, et qui n'a pas cessé de l'être de tous leurs successeurs, est encore flanqué de l'une de ces tourelles qui étaient jadis les insignes des manoirs féodaux. C'est l'unique reste de la construction primitive et d'une époque antérieure à François Ier qui, sous une décoration plus ou moins régulière, voulut depuis faire disparaître les traces de la vétusté et du gothicisme.

Dans ces antiques et massives murailles de deux et jusqu'à trois toises d'épaisseur, on a creusé, comme dans une carrière, des cabinets de toutes formes ; on a pratiqué des couloirs, des escaliers, surtout au premier étage, et en confrontant les plans du rez-de-chaussée, où ces murs ont conservé presque leur ancienne épaisseur, avec ceux de l'étage supérieur, on jugera de cet évidement singulier ressemblant à celui de certaines grottes habitées par des hermites qui, dans les longues heures de leurs solitaires loisirs, s'amusaient à travailler dans le rocher, comme les taupes le font sous terre. Mais ce qu'il y a de plus singulier, le massif entier reparaît au second étage, et écrase, de son énorme masse, les vides multipliés qui se trouvent au-dessous. Il semble qu'on aurait pu s'éviter cet immense travail, en reconstruisant en entier cet édifice; mais il existait, à cette époque, un respect profond, inviolable pour le toit paternel; ce sentiment louable, pieux et qui s'est perpétué de générations en générations jusqu'à nos jours, n'a pas permis à nos souverains de répudier un local peu commode et même assez triste, et les a fait persister à loger dans cette chambre, qui ne reçoit du jour que par une fenêtre percée dans un mur de dix pieds d'épaisseur. On ne pénètre pas en effet dans ce lieu, en quelque sorte consacré, sans éprouver un frémissement religieux. Il semble qu'on voit errer autour de soi les mânes d'une longue succession de rois : c'est là, que gisant sur sa modeste couche et croyant être au terme de sa vie, le vertueux Louis IX prononçait les paroles mémorables qui devaient servir d'enseignement et de gouverne à son fils et à ses descendants, dont plusieurs commencèrent et finirent leur existence entre ces épaisses murailles.

De chaque côté du pavillon de saint Louis, se développent des bâtiments décorés du même ordre d'architecture, c'est-à-dire de pilastres disposés entre les croisées, quoique espacés très-irrégulièrement; d'autres fenêtres plus petites, aussi ornées de pilastres et couronnées de frontons triangulaires, s'élèvent au-dessus de la corniche; engagées dans les toitures, elles en dissimulent et en élargissent l'énorme escarpement.

Sur la droite, nous voyons s'étendre, depuis la porte dorée et la cour du Donjon, une façade d'un style sévère, à deux rangs d'arcades dominées par les campanilles de la chapelle St-Saturnin, seul indice qui reste de son ancien portique. Un pavillon carré, surmonté d'un toit pyramidal, termine cette ligne de bâtiments et se lie avec une terrasse transversale, au milieu de laquelle domine la construction élégante et caractéristique connue sous le nom de Baptistère de Louis XIII, ou de Porte Dauphine, que nous décrirons plus tard avec les autres édifices de la même époque.

Quelques constructions plus éloignées, et dont on n'aperçoit que les hautes toitures, annoncent une seconde et vaste cour, bâtie par Henri IV.

A gauche du spectateur, une autre ligne de bâtiments plus anciens, s'étend sur une longueur de trente et une toises et va rejoindre le pavillon de saint Louis; les consoles qui saillent entre les croisées du rez-de-chaussée, étaient sans doute destinées autrefois à supporter un balcon en fer qui régnait le long de ces façades; on assure qu'il était très-richement ouvragé et doré. Ces consoles offrent une extrême variété d'ornements ; taillées, refouillées avec une grande habileté et sur divers dessins, elles prouvent le talent et le goût du sculpteur. Par la suite, elles sont devenues inutiles par la construction d'une galerie supportée par des colonnes et qui permet de communiquer plus facilement d'un appartement à l'autre.

Vers le milieu de cette façade, un péristyle à deux étages et à trois ouvertures, présente sa masse imposante qui rappelle moins les arcs de triomphes antiques, que les portiques des anciennes églises d'Italie. Il offre quelques particularités remarquables, telles que l'arcade du milieu, beaucoup plus large que les deux autres, quoique de la même hauteur; les clefs de ces arcades sont en forme de consoles ; mais par une étrange fantaisie du sculpteur, elles sont renversées. Pareille chose se voit dans l'escalier en fer à cheval de la cour du Cheval Blanc.

On remarque aussi dans le péristyle en question, des pilastres saillants dont la face antérieure est arrasée sans nul ornement ni chapiteau ; peut-être était-elle destinée à servir de fond à une cariatide taillée dans la masse ou appliquée sur la face unie de ce pied-droit. Les chapiteaux, tant des pilastres que des colonnes du second ordre, se font aussi distinguer par la variété de leurs ornements qui offrent des figures de satyres et des harpies, des cornes d'abondance, des guirlandes de fruits groupées avec des feuilles d'acanthe. La lettre F, initiale du nom du fondateur, y paraît seule (*Planche* 22). Ce portique donnait entrée à un grand escalier qui s'élevait sur l'axe des arcades latérales pour arriver au premier étage. L'arcade du milieu servait d'entrée au vestibule du rez-de-chaussée ; il était sans doute orné de sculptures et peut-être de peintures que la lourde décoration du vestibule moderne doit faire regretter.

Ce péristyle a beaucoup de rapport pour le style de construction avec ce qui nous reste de la chapelle St-Saturnin, et semble être de la même époque et le fruit de la même pensée ; il était sans doute destiné à faire pendant avec la façade de cette chapelle, située à peu près de l'autre côté de la cour, et dont nous ne pouvons prendre qu'une faible idée par un très-petit croquis de Ducerceau. Le chevet, qui seul existe encore, doit nous faire regretter la destruction de ce porche, opérée du temps de Henri IV.

Quoiqu'il en soit, ces deux monuments peuvent être considérés comme de précieux échantillons du véritable goût français, avant l'arrivée des artistes italiens et entre autres de Serlio, qui n'a pas assez rendu justice aux efforts que faisaient nos artistes pour se rapprocher des beaux modèles que leur offrait l'Italie, sans pour cela perdre leur originalité.

En effet, ces deux monuments ne ressemblent en rien pour le style aux constructions attenantes, et ont beaucoup plus de rapport avec le goût italien que ces dernières dont la décoration porte un caractère plus mâle et plus sévère. La nature de la pierre ne paraît pas la même, et l'ordre d'architecture du portique ne se raccorde en rien avec celui du bâtiment sur lequel il est appliqué, et dont les pilastres, les bandeaux, ainsi que l'entablement, ne sont pas à la même hauteur (*).

On a cru que ce portique, ainsi que la chapelle, pouvait être de Serlio; mais rien ne prouve cette assertion que nous discuterons plus tard, en faisant la part des artistes italiens et en cherchant à restituer à la France, maint ouvrage qu'on leur attribue injustement.

Nous ne quitterons pas ce côté de la cour ovale sans parler d'une étrange aberration de Ducerceau, qu'on ne pourrait expliquer que par un bouleversement complet de tous ces bâtiments, à une époque trop rapprochée de nous, pour qu'on n'en ait pas conservé la mémoire.

(*) Comme on ne peut douter que ce portique n'ait été construit du temps de François Ier, la décoration du reste des bâtiments sur lesquels il est appliqué, et même celle du pavillon de saint Louis, serait alors antérieure au règne de ce prince.

La façade dont le vestibule occupe le milieu, et qui s'étend depuis le pavillon de saint Louis jusqu'au pavillon carré de l'entrée de la cour, offre une ligne droite ; tandis que dans les plans et les élévations en perspective cavalière de Ducerceau, cette même façade est brisée et forme les trois côtés d'un pentagone irrégulier, dont les axes sont différents ; le premier, règne depuis le pavillon de saint Louis jusqu'au péristyle, qui lui-même offre un biais encore plus marqué dans les bâtiments qui s'y rattachent ; leur prolongement va rejoindre le grand pavillon carré qui fermait autrefois cette cour, et l'autre façade également reployée en trois parties, lui donnait une forme qui se rapprochait de l'ovale (*).

Il est difficile d'expliquer cette étrange différence dans le plan d'édifices visiblement construits à la même époque, c'est-à-dire du temps de François Ier, et qui portent en effet tous les caractères et insignes du temps. On ne peut supposer qu'il ait été aussi facile en exécution de redresser ou de reconstruire avec les mêmes matériaux une aussi longue façade, qu'à Ducerceau de retracer un plan fautif. Croyons donc qu'il s'est trompé dans une chose aussi essentielle, quoique cela paraisse singulier, lorsqu'on voit

---

(*). Voir les plans du château, chapitre précédent. Nous y avons suivi la disposition de Ducerceau.

avec quelle exactitude il a retracé d'autres parties de ces mêmes plans et élévations (ª).

D'ailleurs, ces changements n'auraient pu avoir lieu que du temps de Henri IV, en supposant à la rigueur qu'on ait démoli et reconstruit avec les mêmes éléments la portion de cette façade, comprise entre le portique et le pavillon qu'il a terminé; mais alors on aurait au moins rectifié les fautes contre la symétrie qu'on remarque de l'autre côté. Bien plus, comment concevoir que le portique, dont l'appareil est si compliqué, ait pu être déposé et reconstruit pour le faire reculer de quelques pieds seulement et l'aligner avec les autres constructions? D'ailleurs, l'escalier à double rampe, construit dans l'axe des deux portes latérales, et qui pénétrait dans le corps des bâtiments d'habitation, ne peut avoir été changé, et il existait encore sous Louis XIV. Enfin, ce qui prouve que toute cette façade n'a varié ni en plan ni en élévation, c'est la difficulté qu'on a eue de raccorder la galerie couverte avec le portique; car l'on a été forcé de briser l'entablement pour le lier avec cette der-

---

(ª) Des fouilles, d'une grande profondeur, faites tout nouvellement à travers cette cour, dans un terrain vierge, ont prouvé qu'il n'avait pas existé de bâtiments dans la direction indiquée par le plan de Ducerceau. On n'a pas plus trouvé la moindre trace du gros pavillon qui, selon lui, occupait l'entrée de la cour, quoiqu'on ait reconnu les fondations de l'ancien fossé sur lesquelles le Baptistère de Louis XIII a été construit.

nière construction; d'ailleurs, dans tout ce qui a été fait sous Henri IV, indépendamment du style qui est fort différent, on a eu soin, lorsqu'on a voulu se raccorder avec les anciennes constructions et en continuer la masse, d'en avertir en quelque sorte en en diversifiant les détails; c'est ce que l'on verra dans la suite du compte que nous allons rendre des principaux édifices, qui entourent la cour ovale, commencés par François Ier et terminés par Henri IV.

X.

La Salle des Fêtes.

Nous allons parler de ce beau vaisseau construit par François Ier, dans son château de Fontainebleau, pour servir de théâtre aux fêtes, aux bals et aux représentations scéniques en usage à cette époque.

On trouverait difficilement ailleurs un monument aussi complet et d'un aussi beau caractère, et à l'exception de la salle du Palais Vieux à Florence, de celle de Padoue, de la loge de la Villa-Madame, décorée par Jules Romain, etc. L'Italie même ne nous offrirait pas un intérieur d'un style plus grandiose, décoré avec plus de goût, et où la peinture monumentale se déploie avec plus de pompe et de dignité (*Planche* 23).

Cet édifice est même ici le seul de ce genre qui soit resté debout, ou n'ait pas été complètement travesti. En effet, une œuvre de destruction commença, dans les premières années du XVIIIe siècle, par la grande galerie d'Ulysse décorée de peintures, que Vasari voulait qu'on recouvrit de magnifiques rideaux pour les préserver du contact de l'air, et dont le comte Algarotti arrêta à prix d'argent la destruction pendant quelques heures, pour en admirer les derniers fragments. Bientôt après, la galerie des Chevreuils, gracieux monument de la fin du grand siècle, fut coupée et distribuée en petits appartements, et les peintures en furent badigeonnées ou recouvertes de boiseries.

La galerie des Cerfs fut également détruite, et celle de François Ier n'échappa point à la mode du jour. Son beau plafond de noyer poli et rehaussé d'or fut peint en blanc et bleu de ciel, et les boiseries, si riches de sculptures et de dorures, disparurent sous une épaisse couche de peinture à l'huile, maintenant jaunie et tombant par écailles.

On juge bien que les fureurs révolutionnaires ont encore multiplié la dévastation : la plupart des insignes de la religion, de la royauté; les bustes, les portraits de nos souverains ont disparu sous le fer ou dans les flammes; enfin de nos jours, nous avons vu tomber par morceaux les excellentes peintures de la galerie de Diane.

Il ne nous reste plus que la salle de bal : son aspect toujours imposant, semble avoir intimidé les dévastateurs, et nul n'a osé porter une main profane sur ces admirables peintures.

Cette galerie, connue sous les dénominations de salle de bal de Henri II, ou des gardes, occupe l'un des côtés de la cour ovale ou du Donjon. Cette façade s'étend en ligne droite, depuis et compris la cour du Donjon, jusqu'au pavillon d'angle qui complète le fer à cheval qui a remplacé la forme plus arrondie que ce préau affectait avant Henri IV.

La tour du Donjon, qui se rattache tant bien que mal avec la porte dorée, car les lignes d'architecture ne sont pas à la même hauteur, est bâtie sur un plan carré s'élevant à trois étages, et surmonté par un toit pyramidal, sur la face duquel on distingue encore un médaillon avec le chiffre de François Ier. Cette tour contient un escalier en vis, dont la structure gothique annoncerait une époque plus ancienne.

En effet, la façade du côté de la cour ovale, décorée, sans aucun doute, en même temps que les bâtiments voisins, semble avoir appartenu à une ancienne tour ronde dont on a applati ou plutôt tranché la circonférence de ce côté, au point que le mur n'a plus que dix-huit pouces d'épaisseur, tandis que dans les autres parties engagées dans le massif des constructions environnantes, il a plus d'une toise. La manière biaisée dont on arrive à l'escalier, et les lignes de corniches qui passent devant le vide de ces croisées, nous le prouvent encore.

Au reste, cet escalier est peu digne de la magnifique salle à laquelle il conduit même indirectement. Un coup d'œil sur le plan fait voir le peu de régularité, la confusion même des constructions nouvelles avec les anciennes et la peine qu'on a eue pour les raccorder ensemble.

Quant à la façade extérieure de la salle de bal, on sait positivement, par l'aveu même de Serlio, qu'elle est l'ouvrage d'artistes français, ainsi que le reste de la décoration de cette cour commencée par François Ier et finie par Henri IV. Il ne s'agit plus que de démêler ce qui appartient à ces deux grandes époques de l'architecture en France.

Nous avons vu que le pavillon de saint Louis et les bâtiments qui s'y rattachent avaient été revêtus d'une décoration régulière au commencement du XVI⁰ siècle ; mais le pavillon de la porte dorée avait été construit sur d'antiques fondations, ce qui motiva sans doute le biais de son plan et le peu d'accord qui existe entre les lignes de l'architecture, et la hauteur des planchers avec ceux des constructions voisines.

En effet, dans l'ancien tableau que nous avons déjà cité, on voit une partie de ces vieilles bâtisses encore existantes, et sur lesquelles on construisit bientôt après la salle des fêtes.

Cette façade septentrionale de la cour du Donjon se compose de deux étages, chacun de neuf arcades plein-cintre qu'on pourrait croire, au premier coup d'œil, avoir été érigées toutes à la même époque. Mais François Ier n'en construisit que cinq, à partir de la tour du Donjon jusqu'au portique de la chapelle St-Saturnin, encore existant sous Charles IX, comme on peut s'en convaincre par les plans et la vue cavalière de Ducerceau.

Ce n'est même que du temps de Henri IV que ce porche fut abbatu, et qu'on y substitua les quatre autres arcades qui vont se lier avec le pavillon carré de l'angle de cette cour, formant ainsi une sorte de galerie d'un caractère uniforme et complet (voir le plan et la vue perspective de la cour du Donjon *Planches* 23 et 24), tandis que du côté opposé, vers le parterre, cette façade est interrompue par la saillie du chevet de la même chapelle qui vient couper irrégulièrement une arcade. Néanmoins, on doit savoir gré à l'architecte d'avoir respecté ce précieux morceau d'architecture, et l'on peut croire que la nécessité seule a fait sacrifier la façade opposée.

Au reste, le temps a imprimé sur ces divers bâtiments une teinte rembrunie si uniforme, qu'il serait fort difficile à présent de se rendre compte de la différence des époques, si l'architecte n'avait pas eu soin de placer au point de suture de l'ancien bâtiment et du nouveau, un chapiteau offrant les lettres initiales des noms de Henri et de Marie de Médicis.

Néanmoins, dans toutes ces restaurations et reconstructions, on voit un manque d'unité et de symétrie qu'on n'a pu faire disparaître ou qu'on a laissé subsister volontairement, soit dans l'espoir de faire mieux, ou seulement pour le plaisir de faire autrement.

Il nous aurait semblé plus naturel de répéter, sur le pavillon de gauche de cette façade, le même ordre qui existe sur celui de la tour du Donjon, où l'on a obtenu le même nombre d'étages en faisant adroitement profiler les corniches à travers le vide des croisées. Nous ne pouvons excuser cette irrégularité choquante, qu'en supposant que le gros pavillon d'angle de cette cour est antérieur à Henri IV, et qu'il a été seulement décoré à l'extérieur de pilastres ornés de chapiteaux, sur lesquels on remarque, en effet, les insignes de ce prince, et les dauphins répétés dans le baptistère de Louis XIII.

L'architecte qui a construit la salle de bal avait bien moins de raison de se raccorder du côté du jardin avec le pavillon de la porte dorée, puisqu'il n'est ni sur la même ligne, ni sur le même axe; néanmoins, il a su sauver habilement cette irrégularité qui choque d'autant moins, qu'il existe un grand vide entre ces deux bâtiments.

Ces deux façades sont du même ordre d'architecture; mais celle du côté du jardin n'offre, sur un simple soubassement, percé de petites croisées, qu'un seul rang d'arcades, tandis que du côté de la cour, il y a deux rangs superposés.

Les arcades sont plein-cintre, les pieds-droits qui les séparent sont ornés dans leur milieu de pilastres, dont le rang inférieur supporte l'entablement, tandis que les pilastres du premier étage ne s'élèvent qu'à la hauteur de l'imposte qui supporte la retombée des arcs. Le vide laissé par ces derniers est rempli par des médaillons qui renfermaient des têtes de rois, des chiffres et attributs, particulièrement ceux de la salamandre, que l'on s'est efforcé de faire disparaître, mais dont on reconnaît encore la trace. La corniche supérieure est couronnée d'une galerie à jour en attique, qui enrichit et dissimule le rampant du toit d'ailleurs infiniment moins élevé que les autres.

Cette façade n'est peut-être pas d'un style aussi correct que celle que Serlio avait projetée et qu'il donne dans son ouvrage; mais elle nous semble d'un caractère bien plus grandiose, qui nous rappelle certains édifices de Florence, érigés au XIVe et XVe siècles par les Brunelleschi et Jean-Baptiste Alberti, particulièrement dans la belle façade latérale de l'église de St-François de Rimini, construite par ce dernier architecte (*) (Voyez Dagincourt, p. 51), et dont le goût semi-gothique, mais créateur, a sans doute plus d'originalité que le style plus pur, calqué sur l'antique, sans nul égard aux convenances et à la diversité des habitudes modernes.

Si nous attribuons l'architecture de ces façades et des autres décorations de la cour ovale à des artistes français antérieurs à Serlio, ce n'est point sans preuves; car indépendamment de la différence de style, l'artiste italien même va nous les fournir. Écoutons-le s'expliquer à ce sujet avec le ton de jalousie et de jactance ultramontaine commune à tous les

---

(*) *Hist. de l'Art par les monuments*; Paris, Treuttel et Würtz.

écrivains italiens de cette époque, car il ne néglige aucune occasion, pas plus que ne le fait Benvenuto Cellini dans ses Mémoires, de déprécier les artistes français (*).

« Le magnifique château de Fontainebleau, dit-il, a été construit en divers temps et composé d'édifices différents les uns des autres.

« Dans la seconde cour, en face des appartements du roi, on a érigé une loge ou galerie dont une façade est sur la cour et l'autre sur un vaste jardin. Cette galerie est comprise entre les appartements des princes et une chapelle ; en voici la disposition :

« Elle a cinq arcades de douze pieds de largeur, et les pilastres (pieds-droits) de six pieds d'épaisseur ; cependant, je ne saurais trop dire à quel ordre appartient cette architecture ; ce que je puis seulement affirmer, c'est que le vaisseau a trente pieds de largeur, et à peu près seize pieds de hauteur. Les planchers sont en charpentes, quoiqu'on eût d'abord projeté de voûter la galerie supérieure. Les consoles et les impostes de pierre étaient déjà posées lorsqu'il survint un homme important (uomo d'autorita), et de plus de bon sens que le *maçon* qui avait la conduite de cet édifice. *Il fit enlever les con-*

(*) Sébastien Serlio, 7e livre, chap. 40 (édition de 1617), intitulé : *D'uno accidente accaduto in fatto sopra i casi d'architettura.*

soles de pierre, et donna l'ordre qu'on substituât à la voûte un plafond en bois, et c'est ainsi que fut terminée cette loge sur une autre loge.

« Cependant, continue Serlio, j'étais sur les lieux nommé architecte du château avec une pension du grand roi François, et on ne daigna pas me consulter. En conséquence, j'ai pris la résolution de faire aussi mon projet d'une loge, comme s'il m'avait été demandé et que l'on m'eût chargé d'une pareille entreprise, et cela pour faire connaître aux âges futurs la différence de l'un à l'autre de ces projets, si l'on est à même de les comparer, et que l'on sache bien que quant à ce plan déjà exécuté, je n'en suis pas responsable (*).

« Suivant moi, le pavé de la loge serait élevé de trois marches au-dessus de la cour. Cette vaste pièce aurait eu trente pieds de largeur, les arcades douze pieds, et chaque pied-droit six pieds de face et neuf pieds d'épaisseur; la muraille du côté du jardin ayant cette même épaisseur.

« J'ai ménagé, dans cette salle, un grand nombre de niches de différentes formes pour placer les statues que le roi François a fait venir de Rome. Dans les quatre plus grandes, on aurait mis le Laocoon, le Tibre, le Nil et la Cléopâtre; et dans le milieu j'au-

(*) Io non mi muoro.

rais ouvert une fenêtre du côté du jardin. Comme l'élévation est tracée avec assez de soin, je serai bref dans ma description :

« La face du pilier a six pieds, les pilastres trois pieds, la hauteur de l'arc vingt-quatre pieds qui sera la hauteur de la voûte; les arcs du premier étage n'auront que vingt pieds et l'entablement quatre pieds, ce qui donne la même hauteur de vingt-quatre pieds; les pilastres n'auront que deux pieds de largeur et dix-huit pieds de hauteur, leurs piédestaux ont quatre pieds. L'architrave, la frise et la corniche ont le quart de la hauteur du pilastre suivant, et leur modinature est celle de l'ordre dorique. Sur la corniche règne un parapet à balustres, parce que la muraille est si épaisse, que la charpente du comble peut être restreinte et laisser un large chaîneau sur la crête du mur, et servant de corridor pour communiquer d'un pavillon à l'autre. Les piliers du premier étage sont aussi percés dans leur épaisseur, afin que lors des bals et des fêtes qui ont lieu dans le milieu de la salle, on puisse circuler autour sans empêchement. »

Nous avons cru devoir rapporter en entier cette description du projet de Serlio, parce qu'elle contient quelques faits curieux et d'importants aveux propres à éclaircir ce point de l'histoire de l'art.

Il en résulte deux faits principaux : 1° que la salle de bal était déjà en construction à cette époque; 2° qu'elle était l'ouvrage d'artistes français.

En effet, nous voyons que l'on allait voûter cette cette salle, lorsqu'un homme influent décida qu'on ferait un plafond plat. Cet homme important ne pouvait être qu'un artiste, et nous n'avons guère qu'à choisir entre le Primatice, alors surintendant des bâtiments royaux, et Philibert de l'Orme qui lui succéda en cette qualité; (*) ce qui prouverait au reste, que cette salle est d'un autre architecte inconnu, et déjà peu estimé, sans doute parce qu'il appartenait à l'ancienne école française dont le goût est fort différent de celui des écoles d'Italie qui était sur le point de prévaloir.

Nous ne déciderons pas si l'adoption d'un plafond carré est une innovation plus heureuse. Nous avons vu une restauration de M. Percier, de chacun de ces projets, et il nous paraît que celui qui offrait des voûtes ou arceaux surbaissés et supportés par les consoles richement sculptées et dorées, qui n'ont pas été détruites, comme le dit Serlio, et nous en verrons plus bas la cause, devait produire un plus

---

(*) Tout nous porte à croire qu'il en est ainsi, quoique M. de Clarac dise le contraire, et qu'il ne suppose le Primatice, surintendant des bâtiments qu'après la mort de de l'Orme.

vaste développement, un aspect plus varié et susceptible de grands effets de clair obscur. A cet égard, on peut avoir la conscience de ces deux manières de couvrir les édifices, par la comparaison des églises voûtées avec celles qui sont terminées par des plafonds.

Nous avons déjà remarqué que dans ce projet, Serlio empiétait sur le porche de la chapelle en construisant, pour terminer sa façade et à la suite des cinq arcades, un pavillon à trois étages, faisant pendant avec celui du Donjon qu'il décorait aussi d'un ordre régulier. Il agrandissait également la salle aux dépens de la chapelle et des autres vieilles constructions de l'autre côté, en y ajoutant aux deux extrémités des hémicycles garnis de gradins. Enfin, il pratiquait dans le mur du rez-de-chaussée, du côté du jardin, de larges niches pour placer les copies en bronze de quelques statues antiques dont plusieurs existent encore, et d'autres bustes et statues en pied, première idée d'un musée en France.

Il résulte de ce qui précède, qu'au commencement du XVIe siècle, il existait des architectes français de quelque mérite, quoique Serlio, dans sa mauvaise humeur, les nomme des maçons, et qu'il ne sache comment qualifier le genre d'architecture qu'ils avaient employé. Certes, les artistes qui ont érigé la galerie en question ne se sont pas astreints, comme Serlio et Vignole, aux règles établies par Vitruve, ils les ont peut-être violées sciemment ; néanmoins, on ne peut échapper à l'impression forte et agréable en même temps que produit l'aspect de ces deux façades.

Sans doute le projet qu'offrait Serlio est plus savamment combiné, et dans les proportions requises ; mais aurait-il produit un ensemble aussi imposant, nous dirons même aussi grandiose ; cela est fort douteux.

Ce qui ne l'est pas, c'est qu'il existait en France, à cette époque, un genre d'architecture que l'on pourrait nommer éminemment français, avantage que nous avons perdu par la fréquentation d'artistes étrangers, quelque chose que nous y ayons gagné d'ailleurs.

Benvenuto Cellini parle et se moque de ce goût français, et Serlio, dans beaucoup d'endroits de son ouvrage, déplore l'obligation où il est de se conformer *al modo francese*.

Quoiqu'il en soit, nous devons vivement regretter de ne pas connaître les maîtres maçons auxquels on refusait le titre d'architecte, et qui cependant ont construit les châteaux de Chambord, de Blois, de Chenonceaux, et les grandioses fabriques de Fontainebleau. Quelle indifférence coupable de nos historiens et de nos chroniqueurs qui nous ont transmis une multitude de noms insignifiants, et n'ont considéré nos artistes que comme de simples ouvriers, indignes de leur attention.

En Italie, c'est sur les ailes de Raphaël que se sont élevés et soutenus les noms et les images mêmes des donataires de ses tableaux. Ici, c'est le contraire; on a dit : tel abbé, tel évêque a fait construire une église, un couvent, et on a ajouté, sur ses propres dessins, laissant dans l'oubli le nom du véritable auteur qui, pour alimenter sa misérable existence, faisait le sacrifice de sa réputation et de tout son avenir.

Qui croirait, dit un judicieux écrivain moderne (*), que nous ignorons le nom des maîtres qui ont construit et décoré le grand portail de l'église de Notre-Dame de Paris ; ceux à qui nous devons le portail septentrional et ses beaux bas-reliefs ne sont pas mieux connus.

Suger, qui décrit avec tant de soin les embellissements opérés, sous son administration, dans l'église de St-Denis, ne nomme aucun des artistes employés à ces grands ouvrages. Peut-être le souvenir d'Eudes

---

(*) M. Éméric-David, *Essai historique sur la Sculpture Française*, p. 37.

de Montreuil se serait-il effacé, si lui-même il n'eût sculpté son portrait sur le tombeau qu'il s'éleva de son vivant, dans l'église des Cordeliers de Paris qu'il avait fait construire. A peine, un Français l'avoue à regret, à peine connaissons-nous le lieu de naissance de Jean Juste et de Jean Goujon.

Toutefois, il paraîtrait assez probable que, depuis les temps les plus reculés du moyen âge jusqu'au XVIᵉ siècle, la France n'a jamais cessé de produire de notables ouvrages d'architecture et de sculpture; il suffit de quelques monuments de toutes les époques pour prouver cette assertion.

XI.

La Salle des Fêtes.

(SUITE).

Achevons de décrire cette belle galerie commencée par François Ier, et dont l'intérieur ne fut terminé que par Henri II, comme on le voit par ses chiffres et insignes partout où il a été possible de les placer. Bâtie par des architectes français, et peinte par Nicolo del Abbate, cette salle devait être voûtée;

mais du temps même de Serlio, comme nous l'avons vu, on changea d'avis, et on exécuta le plafond décoré à caissons qui existe encore et dont on pourrait attribuer le dessin à cet habile architecte, s'il ne parlait avec tant de dédain de ce monument.

Au reste, ce plafond exécuté tout entier en bois sculpté, orné de caissons, d'armoiries, de devises qui rappellent toutes le bon goût qui régnait en France sous Henri II, est aussi un modèle de perfection de travail comme menuiserie (*Planche* 25).

Un revêtement de panneaux aussi de menuiserie, fait le tour de la salle à la hauteur de huit pieds, et profile dans l'épaisseur des murs; il est orné de pilastres cannelés et d'encadrements (*Planche* 26).

Cette boiserie, comme la plupart de celles de ce temps, était en noyer ou en chêne, rehaussé de dorures qui ont toutes disparu sous une épaisse couche de peinture brune uniforme, rechampie d'un jaune clair qui ne remplace pas, à beaucoup près, et fait regretter l'ancienne et riche décoration.

Combien ce barbouillage (qu'on me passe le terme) des anciennes boiseries a fait perdre de charmants arabesques qui, sous prétexte qu'ils avaient perdu un peu de leur fraîcheur qu'on leur aurait si aisément restituée, ou plutôt parce que le goût a changé, ont été recouverts par une couche uniforme de peinture à l'huile qu'on devrait bien trouver le moyen de faire disparaître à son tour, pour retrouver les chefs-d'œuvre d'élégance et de bon goût.

Ici, au milieu des grands panneaux, on voit dans des cartels les armes de France ou les trois croissants entrelacés de Diane de Poitiers. Partout, dans les frises, entre les pilastres, dans les sculptures et les peintures, surtout dans le beau plafond qui couronne cette salle, on remarque ces mêmes croissants et les attributs de Diane; enfin, à gauche de la cheminée, un tableau très-dégradé représente une femme nue, assise sur un tertre verdoyant, quoique entouré de flammes qui sembleraient annoncer l'entrée du Tartare; car derrière la figure, on voit Cerbère enchaîné et à la triple gueule. La tête de la figure est surmontée du croissant, et nous ne nous expliquons pas le sens de l'allégorie, d'autant plus qu'on croit reconnaître, ici, le portrait fidèle de la célèbre maîtresse d'Henri II.

En effet, ce tableau est plus terminé que les autres; la tête semble faite d'après nature et avoir moins de ce caractère italien, un peu de convention, qu'on remarque partout ailleurs. Ce qui confirmerait encore cette tradition, c'est que la tête semble avoir été biffée à dessein par les détracteurs de cette femme célèbre; peut-être par les protestants qui ne l'aimaient pas, tandis que les autres figures n'ont souffert que des outrages du temps.

Au-dessus de ce tableau, et sous le rampant de l'arc surbaissé de la voûte dont les tympans sont remplis par des renommées assises et ailées, on a représenté un homme presque nu qui terrasse et perce de sa lance un sanglier; du côté opposé, c'est un chasseur qui va hardiment à l'encontre d'un énorme loup, et qui s'apprête à le percer de son épée; ce chasseur est vêtu d'un justaucorps bleu ou d'une légère cuirasse et d'un pantalon serré blanc. Une arquebuse est passée en bandouillère sur son épaule, sa tête est nue et coiffée seulement de cheveux courts et bouclés; mais dans un dessin fait anciennement, il avait une toque avec de longues plumes flottantes.

Il existait encore, en 1804 (*), dans le château de Bussy Rabutin, un tableau de famille qui donne l'explication de celui de Fontainebleau. Ce tableau représente Sébastien de Rabutin; on y lit cette inscription : Seb. de Rabutin, seigneur de Sévigné, donné (bâtard) de frère Hugues de Rabutin, chevalier de Malte, et commandant de Pontaubert qui

---

(*) Millin, *Voyage dans le Midi*, 1er vol. p. 217.

fut huissier de la chambre du roi Henri II et tua cette bête (une louve) qui épouvantait tous le pays. Cette action plut si fort au roi, qu'il fit peindre ledit Sébastien dans la salle des Suisses à Fontainebleau. Thevet, dans sa cosmographie, dit que ledit Sébastien lui a raconté cette action faite en 1548.

Ces deux peintures bien composées, sont médiocres d'exécution, et ne paraissent pas de la même main que les autres; peut-être ont-elles été gâtées par une maladroite restauration, ainsi que les trophées d'armes peints sur la face des pieds-droits.

On remarque moins de retouches dans les grands tableaux, soit que le respect qu'ils inspiraient ait arrêté l'artiste inhabile, mais qui reconnaissait son insuffisance, soit que n'ayant pas voulu livrer cette tâche délicate à des ignorants, on n'ait pas pu faire les frais nécessaires pour en charger un homme habile.

Quoiqu'il en soit, nous voyons par une lettre du Poussin, sous Louis XIII, qu'il fit exprès le voyage de Fontainebleau, relativement à la restauration de ces peintures qu'il reconnaît être déjà dans un état déplorable. Ce qui infirmerait le témoignage de Gilbert qui dit que Henri IV chargea Dubreuil de rétblir les peintures de la salle de bal et de la galerie d'Ulysse.

La cheminée de cette galerie est visiblement d'un autre goût que le reste de la salle, construite comme nous l'avons dit, sous François Ier, au moins vingt ans auparavant; tandis que la cheminée l'a été visiblement sous Henri II. C'est donc un monument à part que nous chercherons à apprécier dans l'étude suivante et qui nous fournira, par son rapprochement avec les autres cheminées du château de Fontainebleau, l'un des traits caractéristiques de l'architecture de cette époque remarquable.

En face de ce monument, et à l'autre extrémité de la salle, est une tribune en bois, richement sculptée et supportée par d'élégantes consoles. Heureusement, l'on a pas recouvert les sculptures délicates de cette tribune, non plus que celles du plafond d'une couche de couleur à l'huile, et l'on y voit encore les traces des anciennes dorures qui les enrichissaient.

Les consoles en pierre qui devaient supporter la retombée des voûtes existent encore, quoique Serlio dise qu'elles ont été détruites de son temps. Elles offrent dans leur caractère fantasque les restes du style gothique qui régnait encore vers le commencement de ce siècle. Elles se composent de deux culs de lampe portant chacun deux figures contrastées et accroupies, et dont quelques-unes du milieu se confondent de manière à offrir deux corps se réunissant sous une seule tête. On ne peut rien voir de plus bizarrement horrible de face que ces figures connues sous le nom de gnômes. Tantôt ce sont des satyres ou des corps de bêtes fantastiques, ailleurs des oiseaux, des harpies, des sirènes, des enfants. Toutes ces figures ont des ailes au lieu de bras, et sont entremêlées avec des feuilles d'acanthe, des palmettes, des mascarons, des paquets de fruits, et soutenues par des culots d'ornements ou par des têtes de chérubins.

Qu'on me permette à cet égard une observation sur la variété des dessins de ces consoles, comme sur celle des chapiteaux des façades extérieures, variété qui s'étend sur tous les ornements architectoniques de la cour du Donjon. Ces sculptures multipliées semblent avoir été conçues dans le même esprit et exécutées par la même main, quoiqu'elles soient, dit-on, d'époques différentes.

On doit surtout admirer la fertilité d'imagination de l'artiste dans la composition des chapiteaux des colonnes supportant la galerie qui règne sur les trois côtés de la cour ovale. Peut-être même les colonnes proviennent-elles de la démolition d'un monument antérieur à François Ier, et lorsque Serlio, immédiatement après son projet de façade de la salle de bal, propose divers moyens d'employer d'anciennes colonnes dans sa décoration de nouveaux édifices, entendait-il parler de celles-là qui restèrent sans emploi jusqu'au règne de Henri IV. Quoiqu'il en soit, les chapiteaux offrent, au premier coup d'œil, la masse et le galbe corinthien, quoique tous variés de motifs et d'accessoires. Ce sont des têtes de biches, de cerfs, de chiens de chasse, de lions et des mascarons, ou têtes grotesques qui remplacent les volutes, et s'ajustent avec des feuilles d'acanthe, des rinceaux d'ornements, ou des touffes de fruit, et des cornes d'abondance. Tous ces motifs arrêtent l'attention, amusent la pensée, et sont dignes d'exercer le crayon des artistes.

Je ne sais jusqu'à quel point cette licence des anciens architectes peut être tolérée; mais elle a été employée avec succès dans le meilleur temps de l'architecture, et particulièrement par Michel Ange dans la chapelle des Médicis à St-Laurent (*); les Romains eux-mêmes nous en ont laissé maint exemple.

Quoiqu'il en soit, cette dissemblance dans les membres de l'architecture qui existait moins dans la masse que dans les détails, est l'un des traits

---

(*) Dagincourt, arch., p. 60, et Ruggierri, *Scelta di arch. di Firenze*, tom. 2, pl. 7.

caractéristiques de l'architecture française antérieure à la renaissance, et se fait remarquer surtout dans les monuments gothiques.

Il a été reconnu bien plus tard en principe, qu'un édifice doit être uniforme et symétrique dans la distribution, et jusque dans ses moindres détails. Cette règle dérivée de l'unité n'a pas été violée dans les monuments grecs qui sont les types de notre architecture moderne. Néanmoins, il est des cas où l'on pourrait peut-être s'en écarter sans un grave inconvénient, et quoique nous soyons loin de le conseiller, nous sommes tentés d'excuser la variété des chapiteaux dont il est ici question, et bien d'autres irrégularités que nous ferons remarquer ailleurs, et qui, loin de nuire à l'ensemble, y ajoutent une abondance, une richesse d'ornements qui n'est nullement choquante, et qui offre au sculpteur le moyen de faire briller son goût et son talent d'exécution.

Quant aux consoles de la salle des fêtes, conservées par le Primatice, elles lui ont donné le motif d'un nouveau genre de décoration employé depuis avec succès, et cependant proscrit plus tard. Je veux parler de la prétention qu'ont eue quelques peintres de considérer leurs figures comme si elles étaient de ronde bosse ou de bas-relief tout en conservant les couleurs naturelles, et de les disposer alors comme on aurait fait de figures sculptées. En effet, que l'on considère les compositions du Primatice (*Planche* 27) sous ce rapport, l'on verra que ses principales figures sont posées sur les consoles, comme sur une base, ou assises sur le bord de l'archivolte des arcs. Les grands cartels qui surmontent ces arcs, bien que peints aussi, devaient, dans l'origine, avoir assez de saillie pour produire l'effet du relief. Enfin ces consoles, qui maintenant sont un hors-d'œuvre ridicule, devaient se lier avec l'ensemble de ces peintures, lorsqu'elles offraient une vigueur de ton qui leur donnait un grand relief, et les mettait en harmonie avec les parties sculptées.

La construction du plafond a permis au Primatice de donner plus de développement à ses compositions; elles occupent tout l'espace compris au-dessus des pieds-droits et entre les arcades. L'épaisseur de ces pieds-droits et les voussures des arcades sont divisées en panneaux, composés chacun d'une ou plusieurs figures assises et groupées avec un grand art, et très-variées de motifs.

Les trophées peints, immédiatement sous les consoles, offrent un curieux mélange de toutes les armes offensives et défensives du temps, couvertes d'ornements du meilleur goût. On y remarque l'un de ces trophées composé de canons, d'affûts, de boulets et de tonneaux de poudre.

Quant aux tableaux et aux autres peintures exécutées par Nicolo del Abbate, sous la direction du Primatice, on ne saurait trop les louer. Leur description qui nous mènerait trop loin, se retrouve dans plusieurs autres ouvrages. Elles ont été assez mal gravées à la vérité, quoique à une époque déjà ancienne, et à laquelle ces peintures n'avaient subi que de légères altérations. On en trouve aussi les croquis dans l'ouvrage de M. Baltard; mais on pourra en prendre une idée aussi complète que satisfaisante, dans les beaux dessins coloriés sur place par M. Percier.

Après avoir pris la défense des architectes français contre la prévention italienne, la justice nous porte à réhabiliter la mémoire d'un italien trop longtemps méconnu (Nicolo del Abbate), sacrifié à un de ses compatriotes naturalisé en France; ce fut ce dernier qui, par des talents variés, il est vrai, et aussi par un esprit souple et insinuant, parvint à éclipser tous ses concurrents. Je veux parler du Primatice, abbé de St-Martin, le favori de la duchesse d'Estampes, puis de Diane de Poitiers, et qui fut comblé des faveurs de plusieurs souverains.

Chargé de la direction d'une multitude de travaux importants, et qu'il ne pouvait exécuter seul, ou même avec l'aide de ses propres élèves, il s'adjoignit plusieurs artistes consommés dans ces sortes de travaux; mais il eut soin de les écarter ensuite, ou de les tenir dans une telle dépendance, qu'il a passé pour le seul auteur de tous les objets d'art exécutés à cette époque.

Devenu en quelque sorte le roi des peintres, comme Philibert de l'Orme était appelé par ses contemporains le prince des maçons (*), il écrasa de l'éclat de sa renommée tous ses collaborateurs, et acquit alors la même influence que le Brun usurpa sous le règne de Louis XIV.

C'est ainsi que François Salviati, célèbre peintre florentin appelé en France, ne put y séjourner que vingt mois, et retourna dans sa patrie parce qu'on n'appréciait pas son talent, et qu'il n'était pas assez récompensé.

Nicolo del Abbate, bien plus habile mais plus modeste, ou peut-être mieux apprécié, resta en France. Depuis, plusieurs historiens en ont inféré qu'il était élève du Primatice, auquel on attribuait ainsi tout l'honneur des belles peintures, qui, en

---

(*) Voir dans l'œuvre de Bernard de Palissy.

effet, appartiennent entièrement à son collègue, comme nous allons chercher à le prouver.

L'idée de l'ingratitude et de l'inique prévention des hommes contre certains individus, est un des sentiments les plus pénibles à supporter, et depuis le *sic vos non vobis* de Virgile, nous pourrions citer, dans tous les siècles, des exemples révoltants d'injustice, de coupable oubli, et de dépréciation des choses et des talents.

Il est de fait que Nicolo Degli Abati (ª), d'une bonne famille de Modène encore existante, âgé de quarante ans lorsqu'il vint en France, avait déjà produit tant et de si beaux ouvrages en Italie (ᵇ), qu'Augustin Carrache, dans un sonnet qui nous a été conservé, cite cet artiste comme réunissant à lui seul, toutes les parties de l'art, et possédant les qualités qui constituent le peintre parfait (ᶜ). Est-il donc probable qu'un homme aussi justement célèbre, et dont

---

(ª) Di ciò è nata la favola che egli fosse scolare del Primaticcio, e prendesse da lui il cognome dell'Abate quand'egli trasse quel casato della propria famiglia.

(LAUZI, *Scuola Modenèse*, p. 39).

(ᵇ) Voir Tiraboschi et les auteurs qu'il cite à cet égard.

(ᶜ)   O alma in cui riluce il casto saggio
     Secolo, quando Europa ancor non s'era
     Contaminata del moderno oltragio
     Schendesti a far qu'aggiu matino a sera
     Perchè non sia tra noi spento ogni raggio
     Del far antico, e Nicolin i non pera.

le talent reconnu était une forte garantie pour l'exécution des grands travaux entrepris par le Primatice, se bornât au rôle d'un simple élève, d'un apprenti? Comprenons mieux la position de Nicolo Degli Abati, et la participation qu'il eut aux peintures de Fontainebleau, et particulièrement dans la salle des fêtes. Il a pu s'entendre avec le Primatice sur la direction, la disposition, le sujet des tableaux, mais il les aura sans doute composés, exécutés avec la verve, l'indépendance et la liberté de touche qui conviennent si bien au génie.

Effectivement, un examen attentif des diverses peintures de cette époque de la galerie de François Ier, de la salle des fêtes et du vestibule de la porte dorée, puisque nous ne pouvons plus juger de celles de la galerie d'Ulysse, nous fait voir la part qui doit revenir au Primatice dans ces travaux.

La galerie de François Ier n'était point terminée à la mort tragique de maître Roux; on sait qu'elle le fut par le Primatice, ce qu'on reconnaît à la différence de style de ces peintures, aussi bien que dans celles du vestibule de la porte dorée.

Or ces peintures sont assez faciles à distinguer de celles de maître Roux et leur sont inférieures; ce qui n'est pas étonnant, car le Primatice, venu en France comme stucateur et ornemaniste, dessinait facilement, au dire de Benuvento Cellini, et n'était pas pour lors habile peintre (ᵃ).

Au reste, on reconnaît dans ces peintures, le goût maniéré, copie affaiblie du style un peu sauvage de Jules Romain et de Michel-Ange, goût qui a prévalu chez tous les peintres de l'école florentine, et qui a toujours été en dégénérant jusqu'aux Carrache, qui n'ont fait qu'arrêter un moment la décadence de la peinture en Italie.

Eh bien, nous reconnaissons dans les tableaux de la salle des fêtes un style plus ferme, plus grandiose, une couleur plus simple, plus harmonieuse, des mouvements et des pauses moins contrastées, et même une certaine grâce que n'ont pas les autres ouvrages du Primatice, nous croyons donc devoir les restituer en entier à Nicolo del Abbate qui tenait de plus près aux grands maîtres de l'art *ressuscité*, c'est-à-dire à Léonard de Vinci, à Raphaël, au Titien et à André del Sarto, et il est pénible de penser que la gloire de Nicolo aurait égalé celle de ces

---

(ᵃ) « Sera messo inordine concerti lavoranti i quali serano fatti sotto la disciplina del Rosso, veramenti miraviliosissimo valentuomo, e cio che costui faceva di buono l'aveva preso dalla mirabil maniera del detto Rosso. » Ce jugement de Cellini pourrait être suspecté de partialité, car on sait que le Primatice était son ennemi ; mais il n'avait pas davantage à se louer du Rosso, qui avait refusé de le servir lors de son premier voyage en France ; cependant il lui rend ici un témoignage aussi éclatant que désintéressé, puisque maître Roux n'existait plus lorsqu'il écrivait ses Mémoires.

grands maîtres, s'il n'était pas venu en France confondre son génie avec celui de son adroit collaborateur qui ne lui a laissé que le triste avantage de passer pour le copiste, en exécutant les idées d'autrui.

Quelques autres peintres Italiens (ᵃ) subirent le même sort en venant aider le Primatice, tels que Ruggiero Ruggieri, François Caccianemici, Jean-Baptiste da Bagnacavallo, fils de Bartholomeo, élève de Raphaël. Enfin Prospero Fontana, de Bologne, qui acquit plus tard beaucoup de réputation en Italie, et fut le maître de Louis et d'Augustin Carrache; mais il est difficile de démêler la part qu'ils eurent aux travaux de Fontainebleau.

On voyait à cette époque, dans les ateliers des peintres de renom, une foule d'élèves, souvent fort habiles, qui se faisaient honneur d'aider leur maître dans les grandes entreprises dont il n'aurait pu se charger seul. Imitateurs fidèles de son style, de sa manière, de sa touche, de sa couleur, imbus des principes qu'ils avaient puisés à la même source, ils travaillaient sur les dessins, ébauchaient sur les esquisses peintes et sous les yeux du maître qui se bornait à corriger les défauts, et à donner la dernière touche à un travail déjà si avancé.

(ᵃ) Voir Tiraboschi.

Tels étaient même le respect et la vénération que les élèves avaient pour le chef d'école, qu'on a vu Jules Romain ne signer aucun de ses propres ouvrages du vivant de Raphaël, et il a été loin de revendiquer la part immense qu'il a eue à l'exécution des fresques du Vatican, et surtout de la fameuse bataille de Constantin qui est presque entièrement son ouvrage.

C'est à ces élèves consciencieux que nous devons ces répétitions de célèbres originaux ou ces *Pastiche* qui ne sont faits que sur de simples croquis, et qui, possédant néanmoins toutes les qualités du maître, passent pour de véritables originaux.

Le Primatice, comblé des faveurs de plusieurs de nos rois, et qu'on nous représente comme une puissance dans les arts, était entouré d'un grand nombre de pareils élèves, la plupart français ; et c'est là l'origine de l'école de Fontainebleau qui eut une influence si marquée sur le sort des arts en France.

Considérons maintenant la salle des fêtes sous le rapport indiqué par cette dénomination ; rétablissons par la pensée ces peintures dans tout leur éclat, ces boiseries de noyer sculptées et polies, resplendissant d'or, d'azur et de vermillon ; ces grandes fenêtres, composées de petits carreaux de verre, il est vrai, mais disposées par compartiments imitant *l'opus reticulatum,* et peut-être enrichis par des bordures de couleur, rappelant ces entre-lacs et ces méandres des antiques pavés en mosaïque.

Ce beau vaisseau a quinze toises sur cinq, dans œuvre. Les dix arcades qui ont deux toises de largeur sur dix pieds et demi d'un côté, et de l'autre seulement neuf pieds de profondeur, ajoutent beaucoup à la superficie de cette salle, et procuraient, dans les jours de fête ou d'assemblée, le moyen de placer un grand nombre de spectateurs, sans que le développement des cérémonies, des ballets et des actions théâtrales qu'on y représentait, en fût gêné.

Dans le projet de Serlio, ces pieds-droits, qui ont une toise d'épaisseur, étaient percés de part en part d'une ouverture qui permettait de communiquer d'une arcade dans l'autre, sans passer dans la salle, ce qui favorisait la circulation des spectateurs pendant les fêtes dont le milieu de la salle était le théâtre.

Nous ignorons si ces issues existent derrière la boiserie; elles ne sont point indiquées dans les plans.

Quoiqu'il en soit, nul local, avons-nous déjà dit, n'était mieux disposé pour le développement de grandes cérémonies; les autres galeries, beaucoup plus étroites, d'une longueur demesurée, et servant de communication entre les divers corps de logis, n'étaient que des promenoirs.

Il est douteux cependant que la salle dont nous parlons, construite par François Ier pour donner des fêtes, ait servi à cet usage même sous Henri II. Ce n'est guère que sous François II, et en 1560, qu'on y tint une assemblée de notables, lorsque le chancelier de l'Hospital, effrayé des troubles qui se préparaient, se flatta de rapprocher ainsi les protestants et les catholiques par des concessions réciproques.

Mais dans l'hiver de 1563 à 1564, la cour se transporta à Fontainebleau; on y donna des fêtes superbes, et on y joua une tragi-comédie surchargée d'événements extraordinaires et de catastrophes imprévues.

Pour concevoir l'idée de ces amusements, empruntons le style naïf et pittoresque de Michel de Castelnau (*), témoin et acteur dans ces fêtes : « Or le roi Charles IX se fâchant du séjour de Paris et de plusieurs affaires, et rompements de tête qui sont toujours plus grands en cette ville qu'en autre lieu, résolut d'aller à Fontainebleau sur le commencement

---

(*) Sous Charles IX et Henri III.

de l'année 1564, tant pour y avoir l'air plus commode, que pour y recevoir les ambassadeurs du pape, de l'empereur, du roi d'Espagne, du duc de Savoye et autres princes catholiques amis et alliés de la couronne. Ils envoyaient visiter Sa Majesté comme par un commun accord ; la prier de faire observer par toute la France les articles et décrets du concile de Trente, et l'exhorter à demeurer ferme en la religion catholique, comme avaient fait tous ses prédécesseurs très-chrétiens dont il portait le nom, et ne se laisser ébranler aux hérésies de son royaume.

« Or, quittant ce discours plus sérieux, puisque j'ai commencé à parler du lieu et du séjour de Fontainebleau, je parlerai en passant des festins magnifiques, courses de bagues et combats de barrière qui s'y firent. Le roi et le duc d'Anjou, son frère, depuis roi, firent plusieurs parties auxquelles le prince de Condé fut des tenants; il fit tout ce qui se peut désirer, non-seulement d'un prince vaillant et courageux, mais du plus adroit cavalier du monde, ne s'épargnant en aucune chose pour donner plaisir au roi, et faire connaître à L. M. et à toute la cour qu'il ne lui demeurait point d'aigreur dans le cœur.

« La reine, mère du roi qui n'en voulut pas être exempte, fit aussi de très-rares et excellents festins, accompagnés par une parfaite musique, par des syrènes fort bien représentées ès canaux du jardin, avec plusieurs autres gentilles et agréables inventions pour l'amour et pour les armes.

« Il y eut aussi un fort beau combat de douze Grecs et douze Troyens, lesquels avaient de longtemps une grande dispute pour l'amour et sur la beauté d'une dame. N'ayant encore pu trouver l'occasion de combattre pour telle querelle, laquelle ils désiraient terminer en présence de grands princes, seigneurs, chevaliers et de belles dames, pour être témoins et juges de la victoire; sachant qu'en ce festin il y avait des personnes de ces qualités pour décider ce point dignement, ils envoyèrent demander le combat au roi par hérauts d'armes, accompagnés aussi de trois excellentes voix; ils présentèrent et récitèrent les cartels et plusieurs belles pièces avec les noms et actes belliqueux des Grecs et des Troyens qui devaient combattre avec des dards et de grands pavois où étaient dépeintes les devises de chaque combattant. J'étais de ce combat sous le nom d'un chevalier nommé *Glaucus*, comme aussi des autres tournois et parties qui se firent à Fontainebleau, et semblablement d'une tragi-comédie que la reine, mère du roi, fit jouer en son festin; c'était la plus belle pièce et aussi bien et artistement représentée que l'on pourrait imaginer, et de laquelle le duc d'Anjou voulut être, et avec lui, Marguerite de France, sa sœur, et plusieurs princes et princesses, comme le prince de Condé, Henri de Lorraine, duc de Guise, la duchesse de Nevers, la duchesse d'Uzès, le duc de Retz, Villequier et quelques autres seigneurs de la cour. Après la comédie, qui fut admirée d'un chacun, je fus choisi pour réciter en la grande salle, devant le roi, le fruit qui se peut tirer des tragédies esquelles sont représentées les actions des empereurs, rois, princes, bergers et toutes sortes de gens qui vivent en la terre, le théâtre commun où les hommes sont les acteurs, et la fortune est bien souvent maîtresse de la scène et de la vie; car tel représente aujourd'hui le personnage d'un grand prince, demain joue celui d'un bouffon, aussi bien sur le grand théâtre que sur le petit.

« Le lendemain, pour clore le pas à tous ces plaisirs, le roi et le duc son frère, se promenant au jardin, aperçurent une grande tour enchantée, en laquelle étaient détenues plusieurs belles dames gardées par des furies infernales. Deux géants, d'admirable grandeur, étaient les portiers de cette tour. Ils ne pouvaient être vaincus, ni les enchantements défaits que par deux grands princes de la plus noble et illustre maison du monde. Lors, le roi et le duc son frère, après s'être armés secrètement, allèrent combattre les deux géants qu'ils vainquirent, et de là entrèrent dans la tour où ils firent quelques autres combats dont ils remportèrent aussi la victoire, et mirent fin aux enchantements; au moyen de quoi ils délivrèrent les dames et les tirèrent de là, et au même temps, la tour, artificiellement faite, devint toute en feu. »

Nous pourrions citer une foule d'autres divertissements dont la salle de bal et les jardins de Fontainebleau furent le théâtre à des époques postérieures; mais ce n'est point ici une histoire, et nous devons nous borner, dans cette courte notice, à indiquer l'origine et à faire la description sommaire d'un monument qui offre en quelque sorte le type complet de la renaissance et du rapide perfectionnement de l'art en France.

Nous croyons que ces peintures, quelque dégradées qu'elles soient en apparence, ne sont pas dans un tel état de vétusté qu'il ne soit possible de les restaurer; pour cela, il faudrait que cette tâche honorable, fût confiée à un homme qui connût toute l'importance d'un pareil travail, qui enthousiaste des reliques du grand siècle, n'y touchât pour ainsi dire qu'en tremblant, et avec ce respect religieux, qu'inspirent aux véritables artistes les chefs-d'œuvre antiques. Au moment où j'achève cette description, la restauration de cette galerie est entreprise avec autant de goût que de respect pour les compositions des maîtres anciens à qui on devait cette magnifique décoration, et tout annonce que la salle des fêtes va, sous l'habile pinceau de M. Abel de Pujol, renaître brillante de l'éclat et de la magnificence que François Ier lui avait donnée.

XII.

Cheminées au 16ᵉ siècle.

CHEMINÉE DE LA SALLE DES FÊTES ET AUTRES DU CHATEAU
DE FONTAINEBLEAU.

Il est à présumer que les anciens avaient des cheminées construites à peu près comme les nôtres, pour la préparation des aliments et pour l'usage de quelques professions manuelles. Mais les Grecs et les Romains ne chauffaient guère leurs maisons qu'au moyen de *l'hypocaustum*, sorte de poêle souterrain qui distribuait la chaleur dans divers appartements par des tuyaux pratiqués à cet effet dans l'épaisseur des murs.

Au reste, sous le rapport moral, le foyer était un asile sacré, c'était auprès de l'âtre que l'on plaçait les dieux Pénates, et ce lieu vénéré était réservé aux vieux chefs de la famille.

Il ne paraît pas cependant qu'on ait songé à décorer ces cheminées avec un certain luxe, et les recherches qui ont été faites à cet égard dans les ruines d'Herculanum et de Pompéi, n'ont rien fait découvrir de semblable à nos cheminées ornées.

Ce n'est donc, je pense, que dans le moyen âge, et surtout dans les contrées septentrionales, qu'on construisit dans les châteaux et dans les palais, de vastes cheminées où l'on brûlait d'énormes troncs d'arbres, appuyés sur des chenets de fer d'une lourdeur extrême; du reste, décorées de dessins capricieux, ou offrant des images plus ou moins bien sculptées d'animaux et même de figures humaines. L'ouverture du foyer était ornée suivant le rang et la fortune des individus. En effet, depuis le simple et grossier manteau de la cheminée du villageois, où sont suspendues l'antique pertuisane et la houlette héréditaire, jusqu'au foyer du gentilhomme chasseur, où l'on appendait les dépouilles des animaux forestiers, ou les trophées d'armes et d'instruments de chasse, et depuis le poêle allemand, bâtisse pyramidale où se groupent par étage tous les membres de la famille, jusqu'à la cheminée enrichie de bronzes et de marbres précieux, qui brillait dans les palais des grands et les châteaux royaux, nous pourrions décrire une série de monuments qui ne seraient pas sans intérêt pour l'histoire de l'art, et pour constater les diverses modifications du goût.

Bornons-nous à une seule époque, et prenons pour exemple quelques cheminées du XVIe siècle, qu'on voit encore dans le château royal de Fontainebleau. Ce siècle, celui de François Ier, où l'on retrouve l'art dans toute sa verdeur et en voie ascendante de progrès, nous fournit en effet, dans tous les genres, les types du vrai goût, régénéré de l'antique, quoique approprié aux usages modernes. Le style particulier de cette renaissance ne se soutient pas longtemps à la même hauteur, et déjà vers la fin du même siècle on le voit dégénérer.

Les cheminées, dont nous allons parler, appartiennent au meilleur temps de la renaissance; ce sont de petits monuments composés par des architectes et des sculpteurs d'un grand mérite, et nous voyons dans leurs œuvres gravées, le dessin de cheminées ajustées suivant les règles appliquées aux divers ordres d'architecture; c'est ainsi que Serlio donne pour chaque ordre, une colonne, un frontispice (porte ou fenêtre), et une cheminée. On poussait même la recherche jusqu'aux tuyaux d'où s'échappe la fumée, et qui s'élèvent au-dessus de la toiture en formes de tourelles, de vases, de cénotaphes; il en était même, où l'on semblait avoir eu l'intention d'imiter certains tombeaux pyramidaux, et les septizones des anciens. Serlio en donne des exemples, en ayant soin de les approprier aux édifices français, ou à ceux d'Italie, à raison de la diversité des toitures. Quant aux chambranles des cheminées, dans l'intérieur des appartements, ils étaient souvent ornés avec magnificence, de figures de ronde-bosse en marbre ou en bronze et de tableaux peints à fresque ou à l'huile, et même, comme au château de Madrid, dans le bois de Boulogne, de peintures en émail, et de carreaux de *majolica* ou faïence.

On juge par là de l'importance qu'on mettait à ces monuments, qui étaient pendant les longs jours d'hiver, le point de réunion de la famille et de la société, le but de tous les regards, et parfois le sujet de la conversation, soit qu'on y vît le portrait d'un ancêtre, soit qu'il offrît la représentation de quelque scène historique, d'un fait d'armes consigné dans les archives de la famille, ou conservé par la tradition. Combien de choses pourraient nous redire ces antiques foyers refroidis depuis des siècles, et qui n'existent plus que dans de vieux manoirs féodaux abandonnés, ou dans les châteaux royaux presque aussi solitaires? Là, se sont passées une multitude de scènes de galanterie, de joyeuse ivresse, de douleurs cuisantes, successivement théâtre de jeux animés, ou de scènes de deuil et d'effroi. Combien de conférences secrètes, de confidences intimes ont eu lieu sous le manteau de ces vastes cheminées, et à la lueur de la flamme qui vacillait dans l'âtre comme la foi ou la parole des courtisans et des ambitieux, ou s'évaporait en fumée comme les serments de l'amour.

Le bon goût du décor des cheminées ne survit pas au XVIe siècle, la dégénération est sensible sous Louis XIV, elle est complète sous son successeur, et de nos jours, où l'on se contente de la simple apparence du luxe, les cheminées de marbre réduites aux lignes droites de la scie, n'offrent plus que des formes banales et sans aucune variété. Ce n'est plus la cheminée que l'on considère, ce sont les pendules et autres colifichets, dont on surcharge la tablette, ou bien les glaces plus ou moins belles qui la surmontent.

A cet égard la mode des glaces est peu ancienne ; elles étaient très-rares au XVIe siècle, car nous avons vu encore à Fontainebleau un petit miroir de Venise, de moins d'un pied de hauteur, encastré comme une chose précieuse sur l'une des cheminées du château, tandis qu'à cette heure, le plus mince bourgeois se pavane devant une glace qui a autant de pieds en superficie que le miroir royal avait de pouces.

Observons aussi que la mode des glaces, qui d'ailleurs a bien son prix pour doubler, quadrupler l'espace de nos mesquins appartements, a néanmoins fait le plus grand tort aux arts en privant les artistes, peintres, statuaires et architectes, des plus belles places que leurs ouvrages auraient occupées et décorées plus dignement. Jadis on aurait groupé un élégant trophée d'armes, ou pratiqué une niche pour une statue, ou bien placé un tableau historique ou chevaleresque dans ces panneaux occupés maintenant par une glace qui ne servira tout au plus qu'à répéter les figures, rarement historiques et chevaleresques, du maître du logis et de ses nombreux amis. Revenons à nos antiques cheminées du château de Fontainebleau qui forment en quelque sorte le type de toutes celles de la même époque, bien qu'elles soient variées de motifs. Peut-être par cette raison même, elles nous fourniront les divers genres d'une espèce unique, presque toujours la même pour la proportion et qui ne varie que dans ses accessoires. Effectivement, dans l'une, c'est la sculpture et la peinture qui dominent, l'autre ne brille que par ses formes architecturales taillées dans une pierre homogène, ailleurs les ornements et les membres d'architecture bien plus étudiés prennent l'apparence des marbres et des métaux précieux.

La première et la plus ancienne cheminée du château, paraît être celle de l'appartement du roi ; c'est aussi celle où l'on a prodigué le plus d'ornements sculptés, peints, et dorés : l'exécution en est d'un goût parfait et d'une rare élégance, mais sa composition architectonique est nulle, et s'éloigne de toutes règles reçues ; ou plutôt on n'a pas eu la prétention d'en faire un monument d'architecture, mais l'un de ces meubles décoratifs qu'on voyait pour lors dans les appartements et qui servaient aux divers usages de la vie (*Planche* 28).

L'ouverture du foyer a une toise de hauteur sur sept pieds de largeur, le chambranle formant corniche est supporté par deux colonnes d'une étrange proportion ; car élevées sur un piédestal carré d'un pied neuf pouces de hauteur, le fût entre la base et le chapiteau n'a pas trois pieds, à peine quatre diamètres; tandis que ce chapiteau, à lui seul, a un diamètre et demi ; cependant il a toutes les proportions et le galbe affectés plutôt au composite romain qu'au corinthien ; ses ornements sont groupés, exécutés et refouillés avec un talent remarquable ; de belles têtes de chevaux forment les volutes ; un buste posé sur une tablette saillante remplace la fleur du tailloir, et les petites volutes ou hélices. Il n'y a que quatre grandes feuilles d'acanthe ; l'intervalle est rempli par des branches de laurier croisées autour d'un médaillon ovale ; la base est celle de l'ionique à deux simples tores. Quant à la traverse du chambranle, elle se compose d'une corniche et d'une frise sans ornements et d'un bandeau architravé.

Au-dessus s'élève un massif de neuf pieds de hauteur, où l'on a épuisé tout ce que la peinture et la sculpture pouvaient fournir d'ornements multipliés. Deux chimères, accroupies sur l'angle saillant de la tablette du chambranle, profilent sur le retour, de manière à offrir un buste se terminant par deux corps, d'ailleurs bien proportionnés et visiblement imités de l'antique. Une table saillante occupe le milieu de la cheminée, son encadrement, qu'il serait fort difficile de décrire, offre des mascarons, des guirlandes de fruits, des cartels, des têtes de lion, de bouc, des taureaux combattant des serpents, enfin la salamandre, corps de la devise de François Ier. Le tableau carré contient un médaillon peint, dont les angles sont occupés par quatre génies portant les attributs de la chasse; le sujet, sorte d'apothéose, se détachant sur un fond noir, ressemble, pour le style, le goût de composition, et même le coloris, aux peintures antiques de Pompéi; au-dessous, l'on a encastré un médaillon sculpté sur albâtre oriental, qu'on prendrait aussi volontiers pour un bas-relief du siècle des Antonins.

La corniche dont la frise et l'architrave hors d'aplomb, sur une ligne biaise rentrante, est supportée aux angles par quatre figures de satyres de trois pieds de hauteur, deux figures de femmes ailées, de la même proportion, sont couchées sur la saillie de la table du milieu : entre ces deux figures, il existe un cartel qui devait contenir une inscription ou quelque objet précieux, qui en a été arraché.

Les figures et les ornements de relief se détachent en blanc sur le fond doré ou peint en arabesques. Les chapiteaux et les bases des colonnes sont dorés en plein.

L'époque de l'érection de cette cheminée n'est pas douteuse, c'est le commencement du XVIe siècle, elle est même antérieure, croyons-nous, aux belles portes de stuc de la salle d'Alexandre dont on a fait un escalier; ces dernières sont d'un goût florentin plus prononcé et d'un travail moins consciencieux. N'ayant aucune notion sur l'auteur des sculptures de cette cheminée, ne pourrions-nous pas y voir l'une de ces capricieuses compositions que Benvenuto Cellini, modelait en se jouant et pour se délasser des immenses travaux qu'il avait entrepris pour l'ornement de cette même résidence royale? Il exécutait, en effet alors, l'admirable porte de bronze dont il ne reste plus que le bas-relief représentant la nymphe de la fontaine Belle Eau, la statue de Jupiter en argent qui est perdue et le modèle de la figure colossale de François Ier, dont la tête dépassait les murs crénelés de l'hôtel de Nesles et qui faisait l'admiration et le sujet des contes superstitieux des bons bourgeois de Paris. Nous trouvons, en effet, dans les sculptures de cette cheminée, tous les éléments des ouvrages d'orfévrerie du sculpteur florentin, tels que chimères, satyres, animaux divers, qu'il excellait à modeler, et en réduisant ces objets à une petite proportion, on pourrait y reconnaître les meubles, plus précieux encore par le travail que par la richesse de la matière, et dont on ornait la table et les cabinets des plus opulents connaisseurs. Si cette supposition gratuite était une réalité, combien cette cheminée n'acquérerait-elle pas de prix aux yeux des amateurs de nos jours? Mais que cette hypothèse serve au moins à faire remarquer ce monument dans lequel on trouvera, sans aucun doute, autant de nerf et de pureté dans le dessin, que de goût et de style dans la pose et l'ajustement des figures; les animaux et les autres objets d'ornements sont aussi groupés et ciselés, pour ainsi dire, avec une extrême intelligence. Enfin si l'on ne doit pas trouver ici le propre travail du maître, au moins devons-nous reconnaître un grand mérite dans celui qui était chargé de traduire sa pensée, mérite qui alors n'était pas rare et que l'on retrouve partout, jusque dans les moindres objets d'ornements, exécutés cependant par de simples praticiens.

Nous avons dit qu'on n'avait attaché ici nulle importance aux lignes et aux proportions architectoniques; il semble en effet qu'on se soit borné à revêtir et à tailler de riches monuments dans le lourd massif d'une cheminée, qui remontait peut-être au temps de saint Louis, dont ce bâtiment conserve encore le nom, et que ses descendants, par respect pour le toit paternel, n'ont jamais cessé d'habiter.

Au reste, nous devons regretter que l'on ait pris à tâche de faire disparaître les chiffres ou les caractères qu'on avait tracés jadis dans le cartel situé au-dessus de la salamandre, nous y aurions vu comme ailleurs le nom du fondateur, et la date de la construction. Peut-être même François Ier avait-il fait, dans cette circonstance, comme Henri IV le fit plus tard en restaurant la chapelle supérieure St-Saturnin, car il respecta les dates anciennes et le nom de François Ier, son fondateur.

(*Planche* 29). La seconde cheminée dont nous allons parler, et qui depuis deux siècles était cachée derrière une cloison de plâtre, contraste de tout point avec la précédente : elle offre un tout autre goût, un style plus simple et plus sévère, et ne brille que par la pureté d'exécution de ses lignes architecturales. Elle se trouve au fond d'une grande salle du rez-de-chaussée, et située immédiatement au-dessous de la galerie des fêtes. Dans le projet non exécuté de Serlio, relativement à cette bâtisse, il profitait de cette salle *terrena*, qu'on me passe le terme, pour en faire un musée, où il avait disposé, dit-il, des niches de différentes grandeurs, pour recevoir l'Apollon, le Laocoon et les autres statues antiques, que François Ier avait fait mouler et couler en bronze sur les originaux et sous la direction de Vignole. Quoique cette salle n'ait jamais servi à cet usage, il n'est pas douteux qu'elle n'ait été conçue dans l'origine pour en faire une seule et grande pièce décorée, si ce n'est avec magnificence, au moins avec une noble simplicité ; la manière régulière dont sont écarries les poutres du plafond, supportées par des consoles à trigliphes et surtout la belle cheminée qui occupait le milieu de l'une des extrémités de cet immense vaisseau, lui donnait un caractère mâle, sévère et d'un grand effet, et qui pouvait assez convenir à une salle de gardes.

Je n'ai point aperçu de traces de peintures, quoique les murs paraissent avoir été recouverts d'un enduit ; les entrevous du plafond ne paraissent pas avoir été décorés de caissons ; la porte de la salle, en face de la cheminée était fort petite et sans ornements, si toutefois elle existait dans l'origine ; peut-être même n'y parvenait-on que par l'une des grandes arcades latérales du côté de la cour du Donjon, car sur le jardin il n'y avait que des fenêtres carrées beaucoup plus petites.

Quoiqu'il en soit, cette salle fut plus tard, peut-être même lorsque Henri IV termina la cour du Donjon, sacrifiée à des convenances particulières : on la coupa dans le sens de sa hauteur par un plancher pour former un entre-sol, et on la distribua en plusieurs appartements pour le concierge et les employés du château ; c'est alors que la grande cheminée qu'on vient de retrouver, étant devenue sans objet, on chercha à la dissimuler et à la faire disparaître derrière une couche de plâtre, et à cet effet, on en arrasa presque toutes les saillies sculptées ; cependant, par un heureux hasard, la corniche supérieure et une partie des chapiteaux des pilastres ont été respectés, et malgré les mutilations nombreuses que ce monument a subies, nous avons pu en saisir l'ensemble et en restituer à peu près les accessoires.

Cette cheminée est d'un tout autre goût que celle que nous venons de décrire; c'est un véritable travail d'architecture d'ailleurs très-simple et qui consiste, au-dessus de l'ouverture du foyer ou chambranle, en deux ordres de pilastres superposés, et deux par deux, entre lesquels on a pratiqué une niche qui ne pouvait contenir qu'une figure de petite proportion, puisqu'elle n'a que quatre pieds et demi de hauteur. Les profils des membres de cet ordre d'architecture ne ressemblent en rien à ceux qui sont consacrés par les maîtres de l'art. Cependant les proportions et l'aspect de celui-ci a quelque rapport avec le dorique, mais les moulures de l'entablement et du chapiteau s'éloignent beaucoup des règles reçues ; la corniche se compose de deux filets carrés en retraite, et d'un cavet qui remplace le larmier, et au-dessous duquel il existe une forte cymaise supportée par un autre filet et un petit cavet. Le chapiteau des pilastres offre, au lieu de l'ove, une doucine et une baguette ronde; quant aux moulures des autres membres, autres que celles dont nous venons de parler, elles ont été supprimées, arrasées et recouvertes d'une couche de plâtre, ainsi que les ornements en relief qui consistaient en deux H entrelacées avec le croissant aux deux côtés de la niche et au-dessus, une fleur de lys accompagnée de deux enroulements fleuronnés; leur contour extérieur est encore visible.

Quant au chambranle de l'ouverture du foyer, il est entièrement fracturé, et ce n'est que d'une manière conjecturale que nous l'avons restitué; trois tables saillantes qui se trouvent au-dessus de la niche et entre les pilastres d'angle, sont bien dressées et appareillées, mais sans nulle trace de relief; les avait-on réservées comme pierres d'attente pour être sculptées ou peintes; et Henri II, s'appropriant ce monument (*), construit sans doute par François Ier, se serait-il borné à apposer son chiffre?

(*Planche* 30). La troisième cheminée, celle de la salle des fêtes, est peut-être le monument de ce genre, le plus important de cette époque; au moins n'en con-

---

(*) C'est avec chagrin que nous voyons cette galerie coupée dans le sens de sa largeur par un mur de refend, précisément du côté des cinq arcades qui lui donnaient un si beau caractère, pour y pratiquer un corridor de six pieds de largeur, uniquement pour communiquer de la cour des cuisines au reste du château; quant à la cheminée, elle n'existe déjà plus.

naissons-nous pas de plus complet dans son ordonnance générale, comme de plus élégant dans ses détails, surtout si l'on veut se rendre compte de ce qu'il était, et lui restituer sa forme originelle.

Ce monument porte tous les insignes de Henri II et de Diane de Poitiers : il s'élève jusqu'au soffite du plafond, et occupe le tiers de la largeur du vaisseau. Il se compose de deux ordres superposés, le premier dorique, le second ionique ; on remarque dans le style et l'arrangement des moulures et des divers membres de ces ordres, et dans la pureté de leurs proportions, les rapides progrès que l'art avait faits dans l'espace de quelques années. Du reste, on a cherché à raccorder le mieux que l'on a pu cette construction avec le reste de la décoration de la salle, dont le genre est plus sévère, mais sans y parvenir complètement.

Quoique cette composition offre dans ses profils quelque similitude avec celles de Serlio, nous ne l'attribuerons pas à cet architecte, et il est remarquable qu'elle ne ressemble en rien aux nombreuses cheminées qu'il donne dans son ouvrage ; celle-ci nous paraît même plus simple de lignes, d'un meilleur goût, et surtout d'un ensemble moins contourné ; nous serions plutôt de l'avis de Gilbert, qui l'attribue à Philibert de l'Orme, pour lors surintendant des bâtiments du roi.

Mais pour bien juger de cette cheminée, il faut restituer deux figures de satyres en bronze qui supportaient le premier entablement dorique, et qui existaient encore au temps de la révolution. Enlevées à cette époque de destruction (*), elles ont été remplacées plus tard par deux grosses colonnes qui ôtent à ce joli monument tout son caractère ; dans sa belle restauration, M. Percier n'a pas manqué de rétablir les satyres, et il a fait usage de deux figures existantes à Rome. Qu'on nous permette d'essayer de les remplacer par celles que Benvenuto Cellini avait faites pour la décoration de la porte dorée, où elles n'ont jamais été placées ; et voici sur quoi je me fonde. La tradition attribue à Philibert de l'Orme la composition de cette cheminée ; or, comme on sait que cet habile architecte avait employé le célèbre bas-relief cintré, représentant la Fontaine Belle-Eau, dans la décoration du château d'Anet, il est probable qu'il aura fait usage ici des figures cariatides qui étaient restées sans emploi ; au reste, leur proportion présumée s'arrange bien

---

(*) Ces figures sont portées sur l'état des bronzes du château, rédigé à cette époque.

avec celle de la cheminée, mieux peut-être que les satyres antiques qui avaient des jambes de bouc, tandis que ceux de Cellini, n'avaient des satyres que le masque et deux petites cornes.

Le vide laissé entre ces figures est rempli par le corps même de la cheminée, supporté par deux petits pilastres avec chambranle, surmonté d'une table sculptée, où l'on remarque deux grands croissants enlacés par des branches de laurier. L'H et les trois fleurs de lys sont en or, les croissants en argent, et le feuillage en vert bronze. L'attique du premier ordre, offre les H et les D enlacés de palmes croisées; les initiales sont d'or, et les palmes de bronze; les trois croissants d'argent groupés occupent le cartel du milieu.

Le second ordre se compose de pilastres ioniques cannelés, supportant un entablement dont la frise est enrichie de l'ornement dit poste fleuronné. Entre les pilastres, on a sculpté de légers trophées d'arcs, de flèches et de carquois. Le tableau carré du milieu, porte les armes de France, surmontées du croissant et accompagnées d'enroulements de guirlandes abondantes de fleurs et de fruits.

On monte à la cheminée par trois marches dont la dernière forme palier ou estrade qui occupe un espace assez entendu. Il est probable que cette plate-forme a été entourée d'une balustrade comme l'était le lit de parade royale. Cette enceinte était réservée pour le roi, sa famille et quelques grands dignitaires ; la foule des courtisans occupait le bas des marches et le reste de la salle. C'était aussi du haut de cette estrade que la cour devait assister aux fêtes et représentations théâtrales qui avaient lieu à l'autre extrémité et au-dessous de la tribune des musiciens. Ce qu'il y a de sûr, c'est que ces marches sont nécessaires, s'accordent bien avec la proportion de la cheminée, et ne pourraient en être distraites sans lui ôter toute sa grâce. D'ailleurs elles sont fondées sur l'extrados ou sur l'aire du plancher inférieur.

Henri IV avait fait construire une autre cheminée suivant le même système et dans une autre immense salle, (elle a vingt toises sur cinq), destinée plus particulièrement aux représentations théâtrales. On la nommait la *belle cheminée;* en effet, elle réunissait tous les genres de décoration : colonnes de marbre rare, bas-reliefs, figures de ronde bosse, ornements peints, sculptés, bronzes ciselés et dorés, enfin la statue équestre en marbre blanc, de grandeur naturelle, du bon roi ; tout contribuait en effet à confirmer et à propager la dénomination qu'on donnait à cette cheminée; cependant, elle ne trouva point grâce au XVIII⁰ siècle, lors de la décadence des arts en France; et pendant que l'on détruisait la grande galerie où le Primatice et Nicolo del Abbate, avaient si admirablement retracé tous les sujets grandioses de l'Odyssée, que l'on distribuait en petits appartements la galerie des Cerfs et celle des Chevreuils, on démolit la belle cheminée, et l'on convertit ce vaste vaisseau en une mesquine salle de spectacle, décorée avec tout le clinquant du mauvais goût qui était celui de l'époque.

Les fragments de cette cheminée, entassés sans ordre dans un magasin, ont été retrouvés de nos jours; malheureusement ils sont incomplets, d'ailleurs les descriptions qui nous restent de ce monument, quelque détaillées qu'elles soient, sont insuffisantes pour en opérer la restauration qu'un simple croquis nous aurait révélée. C'est en vain qu'on a essayé de réunir ces fragments et d'en composer un seul tout; il paraît qu'on va les faire servir à la décoration des cheminées de deux salles du château.

Nous devons aussi déplorer la perte de plusieurs autres anciennes cheminées et en particulier celle qui, suivant le père Dan, était fort enrichie de figures, les unes de relief, les autres en basse-taille avec diverses moresques et grotesques, elle était située dans un cabinet construit en saillie, sur le milieu de la façade de la galerie de François Ier, du côté du jardin de l'Orangerie; ce cabinet a été détruit au commencement du siècle dernier, lorsqu'on a adossé à cette galerie, le nouveau corps de logis qu'on y voit à cette heure.

Il ne nous reste plus qu'un mot à dire sur des objets auxquels on n'a guère songé jusqu'à présent, et qui néanmoins peuvent donner une idée du goût de dessin et d'ornement des différentes époques. Je veux parler de ces plaques de fer fondu que l'on voit encore au fond de nos cheminées, et qui, à travers une croûte de suie ou un nuage de cendres, laissent parfois reconnaître les traits à peine visibles d'un écusson d'armoiries, de figures d'animaux symboliques, ou d'ornements de tout genre plus ou moins bien tracés. Une de ces plaques semble exécutée au meilleur temps de la sculpture en France. Si cette charmante composition était moulée en plâtre, on pourrait la confondre avec les empreintes prises sur les bas-reliefs antiques, tant elle s'en rapproche pour le style, le bon goût, je dirai même la similitude d'arrangement de certains objets, qu'on retrouve fréquemment dans l'antique. Sur une toise de largeur qui est celle de l'ouverture de la cheminée, ce bas-relief, qui paraît avoir été composé et destiné à un tout autre usage, offre la masse d'un édicule ou frontispice d'une fontaine, dont les eaux se versent dans plusieurs vasques qui ornent le soubassement ; un fronton brisé, qui rappelle le couronnement de quelques tombeaux, repose sur un entablement porté lui-même par deux massifs ornés de cariatides d'un excellent dessin ; ce sont deux femmes et deux hommes en buste, et sortant de gaînes carrées entourées de pampres et de lierre ; chacune des figures, a un bras reployé et portant divers attributs d'agriculture, l'autre étendu, et supportant le poids d'un grand panier rempli de raisins et de fruits, de treillages en losange, qui indiquent un berceau de vigne avec ses pampres et ses fruits ; témoignage de l'ancienne renommée du chasselas de Fontainebleau. La frise à trigliphes, en forme de console, montre dans ses métopes les chiffres de Henri et de Diane de Poitiers : le couronnement qui figure un toit à deux rampants, est remarquable par sa ressemblance avec celui du vieux Louvre, construit par l'abbé de Clugny, en même temps que Philibert de l'Orme fondait les Tuileries ; on y retrouve cet ornement dentelé et découpé à jour, composé de mascarons, liés par des guirlandes qui règnent le long du faîte de l'édifice, et l'on y voit aussi le même feston de grandes feuilles d'eau et de glands, qui rampaient pour l'ordinaire, le long des arêtes des combles couverts en ardoises. Les attributs de Diane, les trois croissants, les flambeaux, l'arc et les flèches, répondent au bas-relief carré placé en amortissement, et qui offre une figure de cette déesse jouant avec un Cerf. Enfin la grande table du milieu présente tous les attributs de la chasse, groupés à la manière antique ; des lances croisées, supportant des peaux d'animaux forestiers, elles sont liées par un baudrier ; un cor de chasse, des cornets en forme de vase à boire y sont suspendus, et de beaux chiens se reposent aux deux côtés d'une grande coupe élevée sur un piédouche, et qui contient une hure de sanglier.

Certes, une pareille composition exécutée sur une plus grande échelle, ne déparerait pas la façade de quelque fontaine, ou château d'eau ; et pourrait servir de perspective à l'extrémité de l'allée d'une *Villa* d'Italie.

Une autre plaque de cheminée, portant pour inscription *Fontainebleau* 1520, offre un trophée d'armes ou écusson, portant la salamandre et la devise ; il est accompagné de deux figures de femmes ailées, assises et appuyées sur un arc ; des lévriers sont couchés à leurs pieds.

Plus tard, sous Louis XV, l'intérieur des cheminées était aussi revêtu de plaques en fonte; mais l'on y voyait sculpté en relief, les mêmes objets dont on décorait les boiseries des salons, c'est-à-dire, des bergers de Vatteau et de Boucher, des singes et des magots de la Chine, entourés de guirlandes de fleurs.

De nos jours, on a presque renoncé à ce luxe utile; et la sculpture n'enrichit plus avec la même profusion l'âtre de nos cheminées, les plaques ne sont souvent que de fer brut; mais parfois, si on les dépose, on est surpris de retrouver au revers les armes de France, ou les écussons des grandes familles proscrites, ainsi que les fleurs de lys et les armoiries aux époques révolutionnaires. C'est ainsi que plusieurs objets d'art précieux ont échappé aux recherches des modernes iconoclastes.

Les chenets, également en fer, étaient aussi au XVIᵉ siècle de véritables chefs-d'œuvre de sculpture, dans lesquels l'artiste se livrait aux caprices de son imagination; plusieurs ouvriers se sont illustrés en Italie, par leurs travaux de serrurerie, sculptés avec une extrême délicatesse; Vasari en fait mention à l'occasion des *Lumières*, porte-flambeaux, qu'on voit à l'extérieur de quelques palais de Florence. Dans le siècle dernier, on a fait dans ce genre l'amalgame des objets les plus disparates et les moins propres à la place qu'ils occupaient, et dans lesquels la richesse apparente de la matière et la délicatesse infinie de la ciselure ne rachetaient pas le mauvais goût de ces conceptions.

C'est avec raison que l'on recherche avec soin les moindres objets qui portent l'admirable cachet de l'art antique. Ne devons-nous pas aussi conserver, avec le même soin, tout ce qui se rapporte à notre siècle de renaissance, également empreint d'un goût pur, abondant, facile, et qui, à toute la naïveté d'une brillante et gracieuse jeunesse, joint la fécondité, la force et la maturité du talent; on ne me saura donc pas mauvais gré, de ne pas dédaigner les moindres témoignages de ce goût perfectionné, qui, dans le XVI° siècle, s'attachait en se jouant aux objets les plus communs en apparence, et même aux productions de tous les arts industriels.

XIII.

Benvenuto Cellini.

> Questa mia vita travagliata io scrivo,
> Per ringraziar lo dio dalla natura
> Che me die lalma e poi ne ha avuto cura,
> Alte e diverse imprese ho fatto, e vivo.
> . . . .
>
> (*Sonetto di* Benv. Cellini).

Il serait difficile de trouver ailleurs que dans les Mémoires de Benvenuto Cellini, le point de vue sous lequel, en France, on envisageait les arts du temps de François Ier, et du cas qu'on faisait alors des artistes doués d'un vrai talent. Cellini n'a travaillé que pour le château de Fontainebleau, et a souvent habité cette résidence royale, devenue pour lors le théâtre de plusieurs scènes pleines de mouvement, de vie et d'intérêt, que notre auteur retrace avec une verve, un abandon et une naïveté un peu fanfaronne, mais très-saisissante.

Ces récits deviennent en quelque sorte un épisode de la vie de François Ier, trait piquant et caractéristique qui a échappé à ses historiens, et qui fait connaître ce prince sous un aspect nouveau et très-attachant. On le voit agir, on l'entend parler, se *gausser* avec gaieté de ses courtisans; entouré de sa cour, de ses maîtresses et de ses artistes, dont il se plaisait à suivre les travaux, et qu'il encourageait de sa présence et de ses éloges, encore plus que par des récompenses; car il aimait non-seulement les arts en connaisseur, mais il les cultivait lui-même, comme nous l'assure un autre écrivain de cette époque (*); ce qui est confirmé par Benvenuto Cellini.

On pense bien que nous n'entreprendrons pas le récit des événements extraordinaires de la vie de cet homme singulier, ni même de traduire littéralement, tout ce qui a rapport à notre sujet. Contentons-nous

---

(*) Paul Lamozzo, liv. 1, p. 20, *si legge ch'l re Francisco 1º, di Francia motte volte si dilettava di prendere lo stilo in mano e effercitarsi nel dissagnare e dipingere;* et il ajoute : comme ont fait beaucoup d'autres souverains anciens et modernes, et particulièrement Emmanuel de Savoie.

d'un extrait fort succint, dans lequel néanmoins, en laissant parler Benvenuto lui-même, nous connaîtrons mieux son caractère, son étrange manière d'être, ses qualités supérieures comme artiste, et ses bizarres défauts comme homme.

Né avec ce siècle si fertile en vicissitudes, il en partagea toutes les idées superstitieuses, et participa à toutes ses révolutions. D'une famille noble, mais tombée dans l'indigence, il devint tour à tour orfévre, musicien, graveur, statuaire, ingénieur, poëte, soldat et moine. Relevé de ses vœux, il se maria, et ne laissa que des enfants naturels. Travaillant les métaux et les pierres précieuses, le bronze et le marbre, frappant des monnaies et des médailles, entreprenant des colosses et fortifiant des villes, il parcourut successivement l'Italie et la France; appelé par plusieurs papes, par les ducs de Toscane et les princes de Ferrare, par François Ier et Charles-Quint; accueilli avec empressement, partout, il laissa de beaux ouvrages et une réputation équivoque; il avait cependant des qualités essentielles : franc, bon ami, généreux, prêt à rendre service; mais la moindre contrariété l'exaltait jusqu'au délire. Adroit, ingénieux, entreprenant, il ne trouvait rien d'impossible. Brave, mais encore plus hâbleur, il se vante de ses prouesses, aussi bien que de ses turpitudes; ayant à se reprocher plusieurs meurtres, il demande l'absolution au pape, de ses crimes anciens, et de ceux qu'il pourrait commettre par la suite. Cependant, après une vie aussi agitée que coupable, il paraît qu'il mourut dans de bons sentiments et avec quelque repentir.

> Sol mi duol grandemente, er che io conosco
> Quel caro tempo in vanita perduto,
> Nostri fragil pensier seu porta il vento.
> Poiche il pentie non val, staro contento,
> . . . .

Il fut regretté de tous ses contemporains, parmi lesquels on peut compter les hommes les plus célèbres, tels que Varchi, Vecchietti, Bronzino, il Lasca, et surtout Vasari, juste appréciateur de ses talents variés.

Benvenuto Cellini avait fait un premier voyage en France, en 1536 ou 1537; il comptait sur l'assistance de Maître Roux, chargé des embellissements des maisons royales, et auquel il avait rendu à Rome un signalé service, en le sauvant des mains des élèves de Raphaël, dont il avait dédaigné les ouvrages. Mais le *Rosso*, craignant sans doute l'esprit remuant et ambitieux de Cellini, lui refusa son appui; d'ailleurs, les circonstances n'étaient point favorables à ses projets; aussi se décida-t-il à retourner en Italie. Ce fut cependant alors qu'il fit connaissance avec le célèbre cardinal de Ferrare, qui lui commanda une aiguière d'argent ciselée, devint ensuite son protecteur, et dont il se plaint néanmoins fort amèrement.

A peine arrivé à Rome, Cellini reçoit une lettre de ce cardinal qui le rappelle au nom de François Ier. Sur ces entrefaites, dénoncé par un ennemi, (et il en avait beaucoup), il est mis en prison au château St-Ange, sous prétexte qu'il avait volé les joyaux du Saint Père, lors du pillage de Rome par les Allemands; malgré son innocence et la tentative qu'il fait pour se sauver, sa captivité dure plusieurs années, et ne cesse qu'à la sollicitation de l'ambassadeur de France et du cardinal de Ferrare, qui le réclamèrent comme étant au service du roi. Il partit aussitôt, au commencement de 1540, accompagné de Paul et d'Ascagne, ses deux élèves. Nous allons maintenant le laisser parler.

« A mon arrivée, je trouvai la cour à Fontainebleau, et me rendis chez mon protecteur, le cardinal de Ferrare, qui nous fit donner un logement. Le lendemain, mes bagages m'étant parvenus, et le roi demandant à me voir, j'y allai, lui portant l'aiguière en question. Arrivé en sa présence, je m'inclinai et embrassai ses genoux; le roi m'accueillit gracieusement, alors je le remerciai de m'avoir tiré de ma prison, et lui présentai le vase sculpté ; il le prit, l'examina avec attention et s'écria : Vraiment, je crois que les anciens et les modernes, n'ont rien fait de plus beau et qui me plaise autant ; puis se tournant vers moi, il dit en italien : *Benvenuto, passatevi tempo lietamente qualche giorno; in tanto noi penseremo di darvi buona comodità al poterci fare qualche bell'opera.* Divertissez-vous pendant quelques jours, puis nous vous chargerons de travaux importants.

« Nous accompagnâmes pendant quelque temps la cour qui changeait continuellement de lieu. C'était une tribulation pour moi, car la suite que le roi traîne après lui, n'est pas moins de douze mille chevaux, et parfois de dix-huit mille ([a]) ; aussi étions-nous réduits à coucher en plein air, ou tout au plus à camper sous la tente comme des Bohémiens.

« Je ne cessais de solliciter le cardinal pour qu'il me mît à même de travailler, car cette vie errante

---

([a]) Ceci paraît fort exagéré, et on pourrait croire à une faute d'impression, mais ce nombre est écrit en toutes lettres ; d'ailleurs à une époque où la France était encore remplie de grands vassaux qui étaient autant de petits souverains d'un esprit remuant, toujours en armes, se faisant la guerre entre eux, et se rendant redoutables même à l'état, il était assez naturel que le roi s'entourât d'une force militaire imposante, toujours sur pied et qui l'accompagnait partout. Nous voyons qu'en 1560, lorsque François II partit de Fontainebleau pour tenir les états à Orléans, il avait avec lui mille lances *qui avaient accoutumé de l'accompagner*, et deux régiments de vieux soldats.

(Davila, *Hist. des Guer.*, liv. 2).

me déplaisait fort. Il en parla un jour au monarque, puis il me fit appeler, et me dit qu'avant que je me misse à l'œuvre, le roi voulait m'assurer un traitement, et qu'il pensait que trois cents écus..... Je ne le laissai pas achever, étonné, confondu et ne pouvant maîtriser mon indignation, je m'écriai : croyez-vous lorsqu'on m'a proposé de venir en France que je me serais décidé à quitter mon pays et d'importants travaux pour une misérable somme, si peu digne d'être offerte par un aussi puissant monarque..... Je ne serais pas même venu pour six cents écus..... et je n'aurais pas éprouvé une aussi grande mortification.

« Furieux, je quitte le cardinal, cours à la hâte à mon logement, conte ma mésaventure à Paul et à Ascagne, mes deux élèves, leur distribue tout mon argent et mes effets pour qu'ils puissent retourner en Italie, et ne me réservant que cinquante ducats, deux chemises et un diamant qui m'avait été donné par le duc de Ferrare, je monte à cheval et pique des deux, ordonnant à mes jeunes gens éplorés de ne pas me suivre.

« La tête perdue, voulant aller me confiner dans une profonde solitude, où je ne m'occuperais plus que de l'exécution d'un grand crucifix dont j'avais l'esprit frappé (*). Je m'étais enfoncé dans la forêt et me croyais déjà bien loin, lorsque j'entendis derrière moi un bruit de chevaux; malgré mes efforts on finit par m'atteindre; c'était le bon Ascagne et un messager qui m'arrêta au nom du roi. Je voulus d'abord faire résistance, mais l'officier me dit qu'il avait l'ordre et le pouvoir de requérir main forte, et que si je ne le suivais de bonne grâce, il me ferait enchaîner et jeter en prison; Ascagne suppliant ajouta que, lorsque cet ordre venait du roi, il n'était révoqué que plusieurs années après. J'avoue que le mot de prison, qui me rappelait ce que j'avais souffert au château St-Ange, m'épouvanta si fort que je tournai bride, et suivis en silence mon conducteur. Avant d'arriver à la demeure du roi, nous passâmes devant celle du cardinal qui m'attendait sous le vestibule. Aussitôt qu'il m'aperçut, il m'appela et me dit : notre roi très-chrétien de son propre mouvement, vous accorde le même

---

(ª) A la mort de Benvenuto Cellini, on trouva dans son atelier un grand nombre de modèles de crucifix de différentes matières, il en termina un en marbre blanc de grandeur naturelle, qui, au dire de Vasari, était un chef-d'œuvre. Il le destinait à l'ornement de la chapelle qui devait lui servir de tombeau; mais ayant éprouvé quelques difficultés à cet égard, il en fit don au grand duc Cosme de Médicis : on croit que ce bel ouvrage a été depuis transporté en Espagne (Voir la préface du *Traité d'Orfévrerie* de Cellini, édition de 1731).

traitement qu'avait Léonard de Vinci, c'est-à-dire sept cents écus ; de plus, il vous payera tous les ouvrages que vous ferez à son service; enfin, il vous gratifie encore pour tous les frais de votre voyage, de cinq cents écus d'or. — Parlez-moi de cela, dis-je, voilà des offres dignes d'un grand roi.....

« Le lendemain, j'allai remercier S. M. qui m'ordonna de lui faire douze statues de dieux et de déesses en argent, pour placer autour de sa table en guise de candélabres. Ces figures devaient être grandes comme nature et *justement de la taille de S. M.;* puis il demanda à son trésorier de l'épargne, s'il m'avait donné cinq cents écus. Sur sa réponse qu'il n'en avait pas reçu l'ordre, le roi répliqua : Je sais mauvais gré au cardinal de ne l'avoir pas transmis, et il ajouta en se tournant vers moi, allez à Paris, et choisissez un local qui convienne à vos travaux et je vous le ferai donner.

« J'exécutai aussitôt les petits modèles de demi-brasse (près de onze pouces de hauteur), de Jupiter, Junon, Apollon et Vulcain, et le roi étant revenu dans la capitale, je lui portai ces figures dont il fut très-content, et il m'ordonna de travailler à la statue de Jupiter de la grandeur convenue. Alors je lui présentai mes deux élèves qu'il prit à son service, me demandant ce qu'il leur fallait pour leur entretien.

Je demandai cent écus d'or pour chacun, puis je l'informai que j'avais trouvé un lieu convenable pour y établir ma fonderie et mes ateliers : c'était l'hôtel de Nesles, petit château triangulaire attenant au mur d'enceinte de Paris et sur le bord de la Seine (*). »

Nous supprimons ici les longs débats qu'il eut a soutenir pour entrer en possession de cet hôtel, et la manière un peu cavalière dont s'y prit notre artiste spadassin pour en chasser les habitants. Néanmoins, avant d'en venir aux derniers expédients, pour ne pas trop se compromettre, il alla chez le roi et le pria de lui donner un autre local, celui-ci étant contesté. Qui êtes-vous? lui dit le facétieux monarque, avec un sérieux affecté, et quel est votre nom? Je restai abasourdi (disanimato) et ne savais ce qu'il me voulait ; ne répondant pas, le roi répéta sa question. Sire, je suis Benvenuto..... Oh! si vous êtes ce Benvenuto dont on m'a tant parlé, faites à votre guise, je vous en donne pleine licence..... (aussi en usa-t-il largement, car il jeta par les fenêtres gens et effets.)

(*) Il y avait trois hôtels de Nesles ou Néelle dans Paris. Celui-ci était situé à l'extrémité du pont des Arts, sur le terrain où l'on a construit depuis la Monnaie et le collége des Quatre Nations. Le second a été rebâti par Catherine de Médicis et nommé l'hôtel de la Reine, c'est maintenant la halle aux blés. Le troisième tenait à l'hôtel St-Paul, faubourg St-Antoine (Sauval, II, 180; Félibien et Lobineau, liv. XI, 522).

« Toutes mes affaires et le local étant disposés, j'exécutai les modèles en grand de Jupiter, Vulcain et Mars; ils étaient en terre sur de bonnes armatures en fer..... cela fait, le roi me fit donner (si bien je m'en rappelle), trois cents livres d'argent pour l'exécution de ces figures.....

« Cependant je terminai l'aiguière que je fis dorer, l'ayant portée au cardinal de Ferrare, il s'en fit honneur, sans m'en rien dire, auprès du roi, qui en fut si content, qu'il lui fit présent d'une abbaye de sept mille écus de rente. Sa Majesté avait aussi l'intention de me faire un cadeau, mais le cardinal l'en dissuada, lui faisant entendre qu'il me ferait lui-même sur cette abbaye, une pension dont je n'entendis jamais parler..... »

Il faut lire dans l'original, le récit d'une visite imprévue du roi à l'hôtel de Nesles, dans les ateliers de Benvenuto avec la duchesse d'Estampes, le cardinal de Lorraine, le roi de Navarre, le Dauphin, la Dauphine, et plusieurs seigneurs de la cour. Benvenuto, entouré de tous ses élèves, façonnait à grands coups de marteau une vaste plaque d'argent, dont il faisait le torse de Jupiter; c'était un bruit à ne pas s'entendre lorsque le roi entra.....

Un autre jour, allant faire sa cour, Sa Majesté lui demanda une salière pour accompagner son aiguière, et ordonna qu'on lui donnât mille écus d'or vieux, et de bon poids pour la confectionner. Il raconte d'une façon piquante, le guet-apens dont il faillit être la victime en revenant avec son or de chez le trésorier, et dont il se tira avec autant d'adresse que de vaillance.

Nous trouvons ici un renseignement précieux qui prouve que Cellini contribua, par son grand talent, à l'amélioration de l'art en France, au moins en ce qui concerne l'orfévrerie. Il fit, en effet, de nombreux élèves, français et allemands; il les mettait à l'épreuve, et ne les gardait que lorsqu'ils annonçaient de grandes dispositions. Il voulut aussi se servir de quelques vieux maîtres de Paris, pour faire couler en bronze sa figure de Jupiter. Il entrait de la malice dans cette sorte de déférence, car la fonte de Jupiter manqua complétement, tandis que celle de deux grands bustes qu'il s'était réservée, réussit très-bien. Ce triomphe qu'il avait prévu, augmenta sa réputation, et la faveur dont il jouissait auprès du roi; sa propre confiance dans ses procédés s'en accrut, au point de lui faire concevoir les plus gigantesques projets.

Il rapporte ensuite, à sa manière, comment le roi lui octroya des lettres de naturalisation : « Elles me furent portées, dit-il, par l'un des secrétaires de Sa Majesté, il me les remit en grande cérémonie, me disant que cette faveur extraordinaire du monarque devait accroître mon dévouement pour son service..... après l'avoir beaucoup remercié, j'ajoutai : dites-moi, je vous prie, franchement à quoi cela peut me servir? Le secrétaire ne put s'empêcher de rire de ma question, puis il reprit avec un grand sérieux: ces lettres de naturalisation sont pour un étranger la plus grande faveur qu'on puisse lui accorder, et cela vaut mieux que d'être créé gentilhomme vénitien. Il me salua, partit et alla rendre compte au roi de notre conversation qui amusa fort Sa Majesté. Allez, dit-elle, je veux, pour qu'il apprécie mieux la grâce que je lui fais, l'investir de la seigneurie du château de Nesles qu'il habite ; et on m'en expédia en effet les lettres patentes, que je porte partout avec moi et conserverai précieusement toute ma vie.

« Sur ces entrefaites, je jetai en bronze la base de mon Jupiter ; elle était très-riche en ornements, avec des bas-reliefs dont l'un représentait le rapt de Ganimède, et l'autre Léda avec le cygne. J'en fis un autre à peu près semblable pour la statue de Junon. Le Jupiter était terminé, ainsi que la salière d'or, les têtes de bronze et quelques petits ouvrages pour le cardinal de Ferrare et autres seigneurs italiens. Enfin j'exécutai un vase d'argent chargé de ciselures et que je destinais à la duchesse d'Estampes.

« Le roi étant de retour à Paris, ne tarda pas à venir visiter mon atelier avec cette dame. Il fut question de travaux pour embellir *sa chère fontaine belle eau*. Je m'engageai à lui faire un modèle où j'emploierais tout ce que mon génie pourrait m'inspirer de plus magnifique, sachant que ce lieu était de tout son royaume celui qui lui plaisait le plus. »

XIV.

Benvenuto Cellini.

(SUITE).

> Gli archi che fan coperchio alle gran porte;
> E ciascun due colonne ha per sostegno,
> Altre di bronzo, altre di pietra forte.
> . . . .
> Fatta da mastro diligente e dotto
> La fonte era con molta e suttil opra.
> . . . .
>
> (ARIOSTO, 42).

« Un mois après, je me présentai avec mes modèles, et quoique le roi fût occupé désagréablement de ses démêlés avec l'empereur, il me reçut. Je découvris d'abord le modèle de la nouvelle décoration de la porte d'entrée du château de Fontainebleau, composée de manière à n'altérer en rien l'ordonnance de cette porte qui était à la fois grande et mesquine et du goût maniéré français (*). »

Remarquons ici avec quel dédain les Italiens parlent des artistes français qu'ils regardent comme indignes d'entrer en comparaison avec eux ; en effet, les largesses et les honneurs dont on comblait des étrangers au détriment des nationaux, étaient bien faits pour inspirer aux uns une vanité exagérée, et plonger les autres dans un découragement qui, néanmoins, n'a pas empêché la France de produire, à cette époque même, des artistes fort habiles. Nous aurons souvent occasion de renouveler cette observation qui serait humiliante pour notre pays, si malgré le dédain de l'autorité et même de l'opinion publique, nos artistes n'avaient su se réhabiliter dans l'esprit des nations, s'élever, rivaliser même avec les Italiens et se soutenir à une hauteur respectable, lorsque ceux que l'on considérait comme nos maîtres tombaient en effet dans la manière et arrivaient rapidement à la décadence.

Revenons à la description de la porte de Fontainebleau : « Elle était carrée, dit Benvenuto, surmontée

---

(*) *Grande e nana, di quella lor maniera franciosa.*

d'un arc de cercle aplati en guise *d'anse de panier ;* je rétablis la forme régulière d'un demi-cercle dans laquelle je représentai la nymphe Belle-Eau. La retombée de l'arc était supportée de chaque côté, non par des colonnes, mais par des figures de satyres presque de ronde bosse. D'un bras relevé, ils soutenaient l'architrave, l'autre tenait un bâton noueux ou un fouet (sferza), à l'extrémité duquel pendaient trois boules liées par des chaînes (ª) ; ces figures n'avaient du satyre que l'expression du visage et de très-petites cornes. Dans la partie cintrée, on voyait la nymphe assise gracieusement et embrassant le cou d'un grand cerf, l'une des insignes (*impressa*) du roi (ᵇ). Les angles du cintre offraient d'un côté des chevreuils, des sangliers et autres bêtes sauvages ; et de l'autre des chiens braques et lévriers de plusieurs espèces, toutes choses qui caractérisent la belle forêt où jaillit la fontaine. Dans les angles du carré ou voussoires, j'avais sculpté deux victoires tenant des palmes ou des rameaux dans le genre antique. Le tout était couronné de la Salamandre, corps de la devise du Roi, (*propria impressa*) et d'autres ornements appropriés à l'ordre d'architecture

---

(ª) Nous ignorons quel peut être cet attribut.
(ᵇ) On voit des têtes de cerfs ou de biches dans les chapiteaux de presque tous les monuments de cette époque, l'F et la Salamandre sont, comme on sait, les autres insignes caractéristiques de François Iᵉʳ.

(ionique) que j'avais suivi pour les proportions. Le roi me paraissant très-satisfait de ce modèle, je découvris aussitôt celui de la fontaine. Il ne s'y attendait nullement. »

Avant de passer à ce second projet, l'un des plus extraordinaires qu'on ait jamais conçus, il est bon de reconnaître le local que devait occuper une porte décorée avec tant de soin, et qui n'a pas été terminée sur les dessins de Benvenuto Cellini.

Du temps de François Ier, il n'y avait que trois portes au château de Fontainebleau : celle de la cour du cheval blanc, celle de la cour ovale du côté du levant, enfin la porte dorée. les deux premières n'existent plus, du reste elles étaient construites par Serlio ou par Vignole. Reste la porte dorée qui est bien positivement l'ouvrage de ces architectes français si dédaignés et que Cellini dit être grande et mesquine, entendant par là que relativement à la masse du bâtiment, cette porte est trop petite. La critique a quelque fondement, mais l'aspect général de l'édifice n'est pas sans caractère (*Planche* 31). C'est un pavillon dont la façade de cinquante-deux pieds de largeur est en hauteur de proportion *diagonée* (expression concise du temps), c'est-à-dire offrant en hauteur la mesure diagonale du carré, proportion la plus agréable à l'œil. Cette hauteur est partagée en trois parties égales et subdivisée aussi en trois en largeur, par des pilastres de grès à chapiteaux composites, offrant les insignes ou la lettre initiale de François Ier. La partie du milieu est percée de grandes arcades superposées ; la retombée de leurs arcs repose sur des colonnes. Celle du bas sert de porte avec un vestibule ouvert ; les deux autres étaient également ouvertes comme les loges italiennes ; depuis qu'on les a vitrées, l'édifice a perdu son caractère monumental, a pris l'aspect d'un pavillon d'habitation, et les fenêtres ornées de pilastres et de frontons situés sur les côtés, en sont devenues ridiculement petites. D'ailleurs le sol s'étant élevé de beaucoup, le soubassement se trouve enterré, et la porte a perdu ses proportions primitives. Au reste, telle qu'elle était, cette façade méritait d'autant moins la critique de Benvenuto, qu'elle devait lui rappeler la disposition de l'une des portes de sa ville natale, Florence. Il est vrai que nos grands toits pyramidaux et nos longues cheminées, caractère particulier de notre architecture, devaient choquer les regards d'un Italien habitué aux toits plats ou aux terrasses et aux loges percées à jour, qui couronnent dans son pays les édifices d'une manière si pittoresque ; mais abstraction faite des combles, allégés néanmoins par des fenêtres dont le système de construction a été gâté par Mansard, nous persistons à dire que cette *élévation*, malgré son goût semi-gothique, offrait une masse imposante et dénotait dans ses détails un style assez pur et surtout une facilité d'exécution qui semble se jouer de la matière, et exprime la forme des objets avec autant de simplicité que de hardiesse.

C'est ce qu'on remarque surtout dans la décoration de l'espèce de péristyle ouvert, sous le renfoncement duquel la porte est placée ; il est carré, avec quatre colonnes aux angles qui supportent la retombée des arcs qui s'élèvent jusqu'au plafond qui est carré.

On ne peut guère juger quelle était la décoration primitive de cette porte longue, lorsque Benvenuto conçut son projet ; il est à croire qu'il n'aurait pas respecté les colonnes du fond, et qu'il les aurait remplacées par les figures de satyres dont il parle ; quoi qu'il en soit, cette première décoration doit être attribuée aux architectes français, et nous aurions à regretter l'une de ces colonnes qui porte la date en chiffres arabes de 1528, gravée sur l'un des chapiteaux ornés de trophées d'armes, sculptés avec une grande délicatesse ; ces ornements rappellent un chapiteau composite romain, donné par Piranési. Les figures de stuc qu'on voit encore sur l'imposte, doivent être postérieures au départ de Cellini pour l'Italie : leur style est celui des autres ornements sculptés en stuc que l'on voit ailleurs dans le château ; les peintures qui couvrent le plafond, et les parois de ce vestibule et de celui qui occupe le reste de l'épaisseur du pavillon, complètent la décoration de ce rez-de-chaussée qu'on attribue à juste titre au Primatice, le souple favori de la duchesse d'Estampes et qui, par son aide, parvint à supplanter Benvenuto Cellini, auquel il succéda, en se hâtant de substituer ses propres idées aux grandes conceptions de son compétiteur.

Ces deux vestibules devaient être néanmoins d'un effet très-agréable, lorsqu'ils étaient enrichis de peintures et de dorures (ᵃ), dont on voit encore quelques vestiges, et qui avaient fait donner à cette entrée le nom de porte dorée (ᵇ) (*Planche* 32).

Revenons au modèle de la fontaine : « C'était, dit Cellini, un carré parfait entouré d'escaliers qui s'entrecoupaient (*s'intrasse gavano*) l'un l'autre, forme qu'on avait pas encore vue ici (ᶜ), et qui

---

(ᵃ) Ces peintures viennent d'être restaurées avec beaucoup de talent, par M. Picot. On a aussi redoré tout ce qu'on pouvait supposer l'avoir été jadis, et l'on a rétabli, dans le médaillon, la Salamandre, moulée sur l'original qui existe sur la porte de l'établissement des bains, rue Basse.

(ᵇ) Ce nom est assez commun et a été donné à plusieurs autres portes, sans doute par le même motif ; telles que la porte Dorée de Constantinople, celle de Valence en Dauphiné, celle de la ville de Gisors, qui fut redorée, en 1197, par Philippe-Auguste, etc. (*Millin*, ANT. NATION., 4 vol.)

(ᶜ) Ceci doit sans doute s'entendre d'un escalier formant autour du carré un plan octogone.

se trouve rarement en Italie. Au milieu de cette fontaine, j'avais posé un socle un peu plus élevé que la vasque, il servait de piédestal à une figure qui tenait une lance rompue à la main droite élevée : la gauche était appuyée sur la poignée d'un cimeterre (*storta*), d'une belle forme. Elle posait sur le pied gauche, et le droit s'appuyait sur un casque richement sculpté. Aux quatre coins de la fontaine, étaient des figures assises avec divers attributs..... Le roi commença par me dire : quelle est cette belle fantaisie ? J'ai bien compris, ajouta-t-il, et apprécié les beautés de la porte ; mais quant à ceci, quoique fort beau, à ce qu'il me semble, je n'en devine pas le motif ; au reste, je sais que vous n'êtes pas, comme tant d'autres, assez sot pour rien faire sans raison ni convenance. — Je désire que Sa Majesté ait autant de plaisir à m'entendre qu'elle paraît en manifester à la vue de cet ouvrage. Je dirai d'abord, que ce petit modèle porte ses mesures réduites, et dans l'exécution la figure du milieu aurait cinquante-quatre pieds de hauteur. A ces mots, le roi fut frappé du plus grand étonnement ; je continuai : elle représente le dieu Mars, et les quatre autres figures sont les *vertus* ([*]) qui caractérisent le mieux Votre Majesté

([*]) Il faut entendre ce mot, non dans l'acception ordinaire, mais dans celle que nous avons conservée à ceux de *virtuel* et *virtuose*.

et qui font ses délices. Celle-ci représente la Philosophie avec tous les attributs des sciences. L'autre caractérise les trois arts du Dessin, puis vient la Musique, et dans la dernière, dont l'air est si gracieux et bienveillant, on reconnaît la Libéralité sans laquelle les autres ne peuvent briller de tout leur éclat et qui est le complément des magnanimes qualités de Votre Majesté; quant à la grande figure, elle représente Sa Majesté elle-même, qui est le véritable Mars, le brave par excellence, qui n'use cependant qu'avec justice et modération de son pouvoir pour la défense de sa propre gloire. A peine le roi me laissa-t-il achever, qu'élevant la voix : J'ai vraiment trouvé un homme à ma guise, et appelant son trésorier, il lui ordonna de me donner ce dont j'aurais besoin, sans regarder à la dépense, et se tournant vers moi, il me frappa sur l'épaule et me dit : *Mon ami* (1), je ne sais quel est le plus heureux d'un prince qui rencontre un homme selon son cœur, ou d'un artiste qui trouve un souverain qui lui donne les moyens d'exprimer ses grandes et nobles idées. Je lui répondis que si j'étais l'artiste dont parlait Sa Majesté, certes tout l'avantage serait de mon côté. Le plaisir est égal pour tous deux, ajouta le bon roi en souriant.

(*) En français dans l'original, et il ajoute: *che vol dire amico mio*.

« On juge avec quelle allégresse je retournai à mes travaux, etc. » Mais Benvenuto commit en même temps une faute, cause première de tous les chagrins et de toutes les contrariétés qui l'assaillirent par la suite, et le forcèrent enfin de quitter le royaume. La duchesse d'Estampes, furieuse de n'avoir pas été mise en tiers, ni consultée dans cette occasion, s'en plaignit amèrement; le roi même ne put la calmer, elle jura de se venger, et l'on sait jusqu'où peut se porter la haine d'une femme vindicative. Ces particularités inquiétantes ayant été communiquées à Cellini, il essaya de réparer le mal et l'aggrava encore par son impatience et la raideur de son caractère. Il avait déjà fait un beau vase d'argent qu'il destinait à cette maîtresse du roi, il le porta un matin et demanda audience, on lui répondit dédaigneusement qu'il pouvait attendre. « Je m'armai de patience, dit-il, jusques après le dîner de la duchesse; mais la faim exalta peu à peu ma colère à tel point, que ne pouvant plus y résister, je m'en fus trouver le cardinal de Lorraine, et lui fis présent de ce vase, le priant seulement de me faire donner quelques rafraîchissements, et puis de me maintenir dans les bonnes grâces du roi. »

Cette altercation de la favorite avec Benvenuto, donna lieu à l'élévation d'un autre artiste qui devint célèbre, et qui finit par être l'ordonnateur en chef de tous les travaux d'art qui se firent dans le royaume à cette époque, et sous les règnes suivants. Nous voulons parler du Primatice, abbé de St-Martin ; il travaillait alors à Fontainebleau, comme simple décorateur, et on le connaissait sous le nom de sa ville natale de *Bologne*. Madame d'Estampes le fit appeler et l'engagea à demander au roi l'exécution des ouvrages que Cellini avait projetés, et lui promit qu'elle l'appuyerait de tout son pouvoir. Le Primatice profita avec empressement de cette occasion de s'élever, et quoiqu'il ne fût pas statuaire, comme il dessinait bien et s'était formé sous la direction de Rosso (maître Roux), peintre florentin fort habile, qui venait de mourir, et dont il avait été chargé de continuer les travaux. « Il considéra, dit Benvenuto, l'admirable talent de ce maître comme son propre héritage et avec l'aide de mon ennemie, il fit entendre au roi, qu'étant moi-même chargé de beaucoup trop de besogne, puisque des douze statues d'argent que je devais faire, il n'y en avait encore qu'une de terminée, je ne pouvais suffire à tout, etc. Enfin son obsession fut telle, qu'il parvint à se faire adjuger la décoration de la porte et de la fontaine. Ayant appris toute cette intrigue, je me décidai à aller trouver le Primatice. » Après des paroles assez vives entre les deux rivaux,

Cellini fit entendre des menaces encore plus effrayantes; car on le connaissait homme à les mettre à exécution : le Primatice, ayant pris l'épouvante, demanda au roi la permission d'aller en Italie, sous prétexte de faire mouler les plus belles figures antiques, telles que le Laocoon, la Cléopâtre, la Vénus, l'Hercule Commode, la Zingaza et l'Apollon; faisant entendre au roi que tous les ouvrages modernes n'étaient rien en comparaison de ces chefs-d'œuvre. « Mais, ajoute notre vaniteux artiste, ce nouveau moyen de déprécier mes travaux tourna plus tard à mon avantage.

« Enfin mon beau Jupiter d'argent était terminé avec sa base dorée. Je l'avais posé sur un socle de bois peu apparent, aux angles duquel étaient renfermées des boules de bois dur qui roulaient dans un creux en manière de noix de *balestra* (arbalètre). Cela avait été si bien exécuté, qu'un enfant pouvait faire mouvoir cette masse assez lourde et la tourner dans tous les sens. » Ce moyen ingénieux, et facile à comprendre, a été rarement mis en usage. C'est néanmoins par un système à peu près semblable qu'on est parvenu à faire mouvoir et voyager l'énorme rocher de granit qui sert de base à la statue de Pierre le Grand à Pétersbourg.

« Je transportai ma statue à Fontainebleau, où le

roi résidait presque continuellement. On lui fit entendre qu'il n'y avait pas, dans le château, un lieu plus convenable pour placer cette figure, que la belle galerie nouvellement construite. Sa longueur était de près de cent pas, sa largeur de douze (*) et elle était ornée d'admirables tableaux de la main de notre célèbre compatriote le Rosso. Entre les peintures, on avait disposé des groupes de figures et des ornements de sculpture de ronde bosse ou en bas-reliefs, et le Primatice avait rangé dans cette galerie les statues antiques en bronze qu'il avait rapportées de Rome.

« J'ignorais complétement cette perfide disposition qui, selon toutes les apparences, devait m'être si défavorable, et quand je vis ce formidable appareil de chefs-d'œuvre, je me dis à part moi, que Dieu m'assiste, car je vais passer par les verges. Cependant je posai ma figure à l'extrémité de la galerie, attendant ainsi l'arrivée du roi.

« Madame d'Estampes le retint exprès jusqu'à la nuit, espérant par là que S. M. renoncerait à venir, ou que mon ouvrage, vu dans l'obscurité, perdrait beaucoup de son effet. Mais il en advint, grâce au

---

(*) La description de cette galerie ferait mieux apprécier la scène qui va suivre, et qui serait digne d'exercer le pinceau d'un habile peintre ; mais il vaut mieux ne pas interrompre davantage le récit de notre auteur.

ciel, tout le contraire; parce que, voyant le jour décroître peu à peu, j'arrangeai dans la main de Jupiter, un grand flambeau de cire blanche qui s'élevait au-dessus de sa tête, et dont la vive lumière se répandait avantageusement sur toute la figure, et en concentrant l'effet du clair obscur, le rendait bien plus piquant que si elle avait été éclairée par le grand jour.

« Au moment où le roi parut dans la galerie, avec son auguste famille et plusieurs seigneurs de la cour, Jupiter, comme s'il eût été vivant, s'avança doucement à sa rencontre, poussé par Ascanio, mon élève, et laissant en arrière, et dans l'ombre, les figures antiques. Le roi s'écria : on n'a jamais rien vu de si beau, et je n'en imaginais pas la centième partie. Les courtisans qui l'entouraient, malgré qu'ils en eussent, renchérirent encore sur les paroles du maître. La seule duchesse d'Etampes, dit avec hardiesse : n'avez-vous pas honte de parler ainsi en présence de ces autres chefs-d'œuvre de l'antiquité? Le roi s'approchant de ces bronzes qui n'étaient pas à beaucoup près aussi bien éclairés que ma figure, s'écria : en voulant desservir cet homme, on lui a rendu un grand service, car l'œuvre de Benvenuto, loin de perdre, semble gagner à la comparaison avec ces admirables ouvrages. Madame d'Estampes répliqua dédaigneusement, qu'il faudrait voir au grand jour, et que d'ailleurs je m'étais servi d'un voile pour dissimuler les défauts. J'avais, en effet, drapé la nudité de cette figure avec une étoffe légère et transparente, que dans mon dépit j'arrachai et déchirai en mille pièces. La belle dame en rougit moins de pudeur que de honte, et j'allais sans doute dire quelque sottise, lorsque le roi, plus sage, se hâta de m'imposer silence : tais-toi, Benvenuto, et je te ferai plus de bien que tu ne penses... Aussitôt, il partit en s'écriant : qu'il avait fait en moi une grande conquête sur l'Italie. Le lendemain, il me fit compter mille écus d'or. »

De retour à Paris, et dans sa joie, Cellini fit assembler ses élèves et ses serviteurs, et après les avoir régalés, il leur distribua tous ses riches vêtements et jusqu'à des fourrures de prix.

Il s'occupa alors sérieusement de son grand colosse dont l'armature était en bois, revêtue en plâtre, de manière qu'on pouvait ensuite aisément y appliquer les lames de métal fixées à queue d'ironde, suivant les procédés de l'art. Dans son traité d'orfévrerie, il donne la description de tous les procédés qu'il avait imaginés pour exécuter des colosses en pièces rapportées ; et on peut en prendre une idée dans la statue de saint Charles Borromée, érigée plus tard sur les bords du lac Majeur, ouvrage, d'ailleurs, assez médiocre.

Benvenuto raconte ici une historiette plaisante sur une jeune fille, qu'Ascanio, son élève, avait cachée dans la tête du colosse, dont le modèle était érigé à l'hôtel de Nesle; or, la tradition voulait que cet antique manoir était hanté par un esprit nommé *Bovo*, et ce qui confirma dans cette idée toutes les bonnes gens des environs, c'est que la jeune fille, en allant et venant dans le vide de cette tête, était aperçue à travers les yeux de la figure, ce qui semblait leur communiquer un mouvement tel, que l'on disait que le démon s'était logé dans le corps du colosse; et notre facétieux personnage ajoute que c'était un bon petit diable très-apprivoisé.

Sur ces entrefaites, la guerre éclata entre l'empereur et le roi de France; Paris fut menacé, et l'on consulta Benvenuto, sur le moyen le plus prompt de fortifier cette ville. « Je donnai, dit-il, mes projets que le roi approuva, et qu'on aurait exécutés sans la jalouse prévention de sa favorite; elle se hâta d'appeler un ingénieur de Sienne, nommé Bellarmato [1], qui m'enleva ces travaux. Je retournai donc

---

[1] Voir Mazzucchelli, scrit. ital. G. B. Bellici ou Bellucci de St-Martin, architecte ingénieur du duc Cosme de Médicis, fut aussi attiré à la cour de François Ier, l'an 1541, et en 1544 et 1550, il donna les dessins de plusieurs forteresses en diverses parties du royaume. On a de lui un ouvrage intitulé :

à ceux qui m'étaient plus familiers, travaillai à ma porte de bronze et terminai plusieurs vases. Mais le roi, circonvenu par mon ennemie acharnée, lui promit qu'il me retirerait sa protection. On ne manqua pas de me le faire savoir, et j'en eus tant de chagrin, que je jetai là mes outils et mon ouvrage, décidé à m'en retourner en Italie. Je fus cependant trouver le roi; l'ayant salué, et voyant qu'il s'occupait en ce moment d'objets de ma profession, je m'approchai de lui, et il m'adressa quelques questions auxquelles je répondis (*), puis il me demanda si j'avais quelque chose de beau à lui faire voir et qu'il viendrait chez moi. Sa duchesse sut l'en empêcher. Je retournai à la cour quelques jours après et S. M. me promit encore sa visite; enfin, exaspéré contre moi, par cette méchante femme, (nous adoucissons l'expression), il lui jura qu'il me laverait la tête;

Nuova invenzione di fabbricare fortezze in varie forme. Venise 1598, puis en 1602 (Scrit. ital. et Vasari, t. 2, p. 231).

Il est aussi question d'un autre ingénieur italien, Jacopo Castriotto, qui fut employé avec honneur par deux grands monarques: Charles-Quint et Henri II, roi de France. Il obtint de l'un et de l'autre des charges et des commissions importantes; il mourut à Calais, où il résidait, avec le titre de général des forteresses du royaume. Il fortifia plusieurs belles villes en Languedoc, en Provence, dans le Lyonnais, en Champagne, en Picardie, en Normandie et plusieurs autres lieux sur les frontières; tous les dessins de ces fortifications sont restés en France, ainsi qu'une quantité de modèles exécutés par cet artiste (Préface de l'ouvrage de Maggi, célèbre architecte militaire, et de Castriotto, intitulé : *Della fortificazione della citta*, cité par Tiraboschi, t. 7, p. 550).

(*) Il rend compte de cette entrevue, dans son traité d'offèvrerie.

mais à peine eut-il jeté les yeux sur ma décoration de la porte de Fontainebleau, que sa mauvaise humeur s'adoucit et qu'il se contenta de me dire, sans trop de sévérité, que lui ayant promis de faire douze statues d'argent, j'avais perdu mon temps à toute autre chose, et que si je voulais ainsi agir à ma fantaisie, il pourrait m'en coûter cher..... Les seigneurs qui l'entouraient tremblaient pour moi, mais je n'ai jamais eu moins peur de ma vie, et me jetant à ses genoux que j'embrassai, tout en lui protestant de mon dévouement, j'observai que S. M. devait se rappeler qu'elle ne m'avait donné qu'autant de matière qu'il m'en fallait pour une seule statue et un vase à la manière antique. Quant à la salière, S. M. en ayant vu le modèle, m'avait ordonné de l'exécuter en or. » Benvenuto passa en revue les autres travaux qu'il avait faits, toujours d'après les ordres de S. M., et il termina en disant que si elle ne lui rendait pas ses bonnes grâces, il ne lui restait plus qu'à retourner dans sa patrie, remerciant Dieu néanmoins des heures fortunées qu'il avait passées à son service.

« Alors le bon roi me tendant les deux mains pour me faire relever, me dit : restez à mon service, Benvenuto, j'apprécie comme je le dois, tout ce que vous avez fait pour moi, et j'en suis reconnaissant. Puis, se tournant vers sa suite : véritablement, je crois que si le paradis doit avoir des portes, elles ne peuvent être plus belles que celles-là (*). Je persistai néanmoins, tant j'étais piqué, dans ma demande de congé; alors le roi irrité, et d'une voix tonnante, m'ordonna de me taire, sinon j'aurais à m'en repentir, et sa bonté ordinaire reprenant le dessus, il ajouta qu'il me comblerait de biens, quelque chose que je fisse, car il m'appréciait, mais aussi qu'il avait le droit de compter sur ma docilité et mon dévouement. Je remerciai Dieu et sa Majesté de la manière dont finissait cette périlleuse scène, et l'engageai à voir mon colosse que je fis découvrir; il en fut émerveillé, et dit à son secrétaire de me faire compter tout l'argent que je demanderais sur mon simple reçu; et il partit, en me disant en français: *adieu, mon ami,* expression fort rare, ajoute-t-il, dans la bouche d'un souverain.

« Cependant, des événements plus sérieux, empêchèrent le roi, de s'occuper davantage de mes travaux; me trouvant sans argent, je fus forcé de renvoyer mes ouvriers, et je partis pour aller trouver la reine de Navarre, qui était avec la cour à Argentan. Le monarque était malade, j'attendis; enfin, je parvins à le voir, et lui offris les deux vases ciselés

---

(*) C'est ce que Michel-Ange avait déjà dit, avec encore plus de raison, des portes du baptistère de Florence, sculptées par Guiberti.

que j'avais faits à mes propres dépens. Il en fut très-satisfait, et je profitai de l'occasion, pour le prier de m'accorder la même grâce qu'au Primatice; c'est-à-dire, de me permettre de faire un voyage de quelques mois en Italie. Le roi indigné, me lançait des regards menaçants; tout-à-coup il se leva, se contenta de me dire : Benvenuto, vous êtes un grand fou, retournez à Paris avec ces vases, je les veux dorés, et il me tourna le dos.

« Je me recommandai encore au cardinal de Ferrare, qui se chargea d'arranger cette affaire, m'engageant à reprendre le chemin de la capitale, ajoutant que, passé une certaine époque, si je n'entendais point parler de lui, je pourrais partir sans scrupule. Le temps qui m'avait été fixé, se trouvait écoulé, je quittai Paris, emportant les deux vases, et laissant beaucoup d'autres choses précieuses commencées, ainsi que des effets pour une grande valeur, entre les mains d'Ascagne. »

Benvenuto fut accusé d'avoir voulu s'approprier ces vases, et on força Ascagne, de courir après lui pour les ravoir; Benvenuto les rendit sans difficulté, et s'excusa en disant que, dans la supposition de la mort du roi qu'il croyait prochaine, son intention était de mettre ces objets en sûreté à Lyon, dans l'abbaye du cardinal de Ferrare. Au reste, il assure qu'arrivé à Florence, il rendit minutieusement compte de tous les travaux qu'il avait faits en France, des sommes qu'il avait reçues et employées, et dont il n'avait rien détourné, protestant ne posséder que ce qu'il avait honorablement gagné au service du grand roi, ou qu'il devait à sa munificence.

Il paraît qu'il partit au printemps de 1545, puisqu'au mois d'août de cette année, il entra au service du grand duc de Toscane, pour lequel il exécuta le célèbre Persée de bronze, qu'on voit encore à Florence, sous la loge des Lanci, son crucifix de marbre, et beaucoup d'autres objets de sculpture et d'orfévrerie. Cependant, on lui fit de nouvelles instances, pour l'engager à revenir en France; mais persuadé que ses ennemis ne lui laisseraient jamais de repos, il s'y refusa, quoiqu'il regrettât toujours ce pays, et son excellent et magnifique souverain.

XIV.

Destinée des Ouvrages
DE BENVENUTO CELLINI;
INFLUENCE DE CE MAITRE SUR LE GOUT DE LA SCULPTURE EN FRANCE.

Qu'advint-il des ouvrages laissés imparfaits par Cellini ? Ce fougueux artiste, prompt à concevoir les plus gigantesques projets, les aurait néanmoins exécutés, si son caractère eût été plus souple, ses passions moins vives, et s'il avait su se faire autant d'amis qu'il avait d'admirateurs et d'envieux. Quelle influence de si beaux monuments exercèrent-ils sur le goût et le style de la sculpture en France? Nous allons répondre aux deux questions que nous n'aurions pu traiter avec assez d'étendue, sans interrompre le récit de Benvenuto, et en ralentir l'allure vive et piquante. Nous allons donc revenir sur quelques points, qui appartiennent à l'histoire des arts en France.

On a vu que cet habile statuaire, avait achevé la décoration de la porte du château de Fontainebleau, puisque François Ier, frappé de la beauté de cet ouvrage, le jugeait digne de servir de portes au paradis. Cependant, par une fatalité attachée à tous les travaux de Benvenuto, cette magnifique décoration resta sans emploi, fut délaissée jusqu'à ce que le bas-relief, représentant la nymphe Belle Eau, et qui n'a jamais occupé le local pour lequel il avait été fait, fût employé par Philibert de l'Orme, dans le château d'Anet; (Voir l'ouvrage de cet artiste sur l'architecture, *liv*. VIII, *chap*. XII). Il en fut arraché de nos jours, lors de la démolition de cet admirable édifice, transporté avec une foule d'autres objets d'art, d'abord au musée des petits Augustins, puis enfoui parmi les décombres du Louvre; il en fut retiré par M. Dufourny, l'un des premiers administrateurs du musée; son coup d'œil sûr, lui fit reconnaître ce monument, qu'on avait jusqu'alors attribué à Jean Goujon, et il en restitua la gloire à son véritable auteur; enfin, il engagea MM. Percier et Fontaine, qui pour lors restauraient, avec tant de zèle et de talent, l'antique palais de nos rois, à employer dignement ce bas-relief, l'un des chefs-d'œuvre de la renaissance, et qu'on peut mettre à côté de l'antique, particulièrement pour l'exécution des accessoires. Placé dans l'une des salles du musée royal, il forma le couronnement de cette belle tribune, supportée par les cariatides de J. Goujon, l'un des artistes que nous envie l'Italie, et bien digne d'être associé à la gloire de Cellini, dont il était, comme nous le verrons plus loin, l'émule plutôt que l'élève, quelque rapport qu'il y ait entre le style pur et gracieux qui les caractérise tous deux.

Quant aux satyres en bronze, qui complétaient la décoration de la porte de Cellini, ils ont été peut-être employés comme supports de la vaste cheminée de la salle de bal de Fontainebleau, terminée par Henri II; au moins, des figures de satyres en bronze, existaient-elles, à cette place, au commencement de la révolution. Elles ont été enlevées à cette époque (*),

---

(*) Elles sont portées sur l'état des bronzes enlevés du château, et n'étaient plus en place lorsque M. Percier a exécuté sa belle restauration de cette salle. Dans son dessin, il les a restitués d'après des satyres antiques existants à Rome

et remplacées par des colonnes, comme nous l'avons dit en décrivant la salle des fêtes.

Nous avons déterminé précédemment, la place que devait occuper cette porte, et nous avons dit que le Primatice y avait substitué une autre décoration, qui était loin de répondre à ce qu'elle eût été, si Benvenuto Cellini l'avait exécutée d'après son modèle.

En effet, le motif en est assez commun, et les figures, quoique d'un bon style, sont peu significatives. Gilbert dit que deux anges, placés dans un corps d'architecture, soutiennent la salamandre surmontée de la devise de François Ier. Cette description donne une idée assez fausse de la décoration de cette porte. Les figures ailées ne sont point des anges; on peut tout au plus y reconnaître la Renommée et l'Histoire; l'une qui lit, sur un rouleau déployé, les hauts faits du monarque, l'autre qui les transcrit sur des tablettes. Ces figures sont assises symétriquement sur de lourdes guirlandes qui se rattachent à un médaillon formant le centre de la composition, et où devait être la salamandre qu'on a fait disparaître (*). Au-dessous, on voit un mascaron, coiffé de pampres et de grappes

---

et qui avaient des jambes de chèvres, tandis que ceux de Cellini n'avaient du satyre que le masque et deux petites cornes.

(*) Voir la note relative à la porte dorée.

pendantes. Les angles du tympan sont remplis par des trophées de guerre, derrière lesquels on aperçoit deux petits génies qui paraissent seulement destinés à remplir le vide, n'ayant d'ailleurs aucune action, ni aucun attribut caractéristique.

Le style de cette composition insignifiante, leur ajustement, le caractère des têtes, assez commun, tout annonce un goût italien bien prononcé, et la manière florentine qui s'éloigne autant de l'antique par son exagération, que du *naturel* et de la naïveté qu'on remarque dans les ouvrages de la renaissance.

La porte fermant à deux battants est en bois richement ciselé, sans autre *motif* cependant que des têtes de lions ajustées avec des rinceaux d'ornement. Dans les panneaux supérieurs, on remarque des chiffres composés d'un M, deux L et un T entrelacés, ce qui prouve que cette porte a été refaite lors de la minorité de Louis XIII.

Nous avons aussi à déplorer la perte de cette statue de Jupiter en argent, et des modèles de plusieurs autres déités que Benvenuto avait exécutés pour François Ier. Un savant archéologue [a] avait pensé qu'une figure en argent, qui existe encore au

---

[a] M. le comte de Clarac, dont le bel ouvrage, *Musée de Sculpture*, m'a été d'un grand secours pour fixer mes idées sur plusieurs points importants de l'histoire de l'art.

musée, pouvait être de cet artiste ; mais il a reconnu ensuite franchement sa méprise, en relisant la vie de Cellini, où l'on voit la manière dédaigneuse avec laquelle il parle lui-même de cette figure envoyée à François Ier, par Charles-Quint. Cependant, cet ouvrage médiocre a traversé intact plusieurs siècles, tandis qu'un véritable chef-d'œuvre de l'art a péri.

Cellini fait aussi mention, dans son traité d'orfévrerie (*), d'une statue d'Hercule, en argent, grande comme nature et qui avait été commandée à des artistes français, pour en faire don à Charles-Quint. Il avoue que ce n'est qu'en France qu'on sait conduire aussi bien l'orfévrerie en grand ; néanmoins il prétend que, dans cette occasion, l'artiste ayant fait à part, comme cela se pratique, les divers membres de cette figure, ne put jamais les souder autrement qu'en les cousant avec du fil d'argent.

Il existe encore quelques autres sculptures, moins importantes, qu'on attribue à Cellini, tel qu'un bas-relief de bronze de petite proportion, qui provient de l'ancienne décoration de la chapelle Saint-Saturnin. C'est une Vierge tenant dans ses bras le divin enfant, délicatement emmailloté dans une draperie à travers laquelle on aperçoit toutes les formes du

---

(*) *Traité d'Orfévrerie*, p. 92.

corps. Les deux têtes de la mère et du fils, rapprochées avec amour, sont du caractère le plus noble et le plus gracieux. La manière élégante dont les cheveux de la Vierge sont tressés, l'idée ingénieuse d'avoir voilé le sein et les épaules par des ailes de chérubins, qui forment ainsi au-dessus de la tête une auréole; la belle forme et la souplesse des mains, l'exécution admirable des draperies, font de ce morceau de sculpture l'un des ouvrages les plus remarquables de l'époque (*).

La fontaine projetée aussi par Cellini, n'a jamais été exécutée; il n'y avait de fait que le modèle en masse de la figure colossale de Mars, qui resta à l'hôtel de Nesle après son départ. Guillaume Postel, de retour de ses voyages dans le levant, où il avait été envoyé par François Ier, vit le colosse dont il parle avec admiration. Nous devons regretter cette figure, unique dans son genre, et qui a sans doute donné l'idée de la gigantesque statue de l'Apennin érigée, par Jean de Bologne, dans la *villa* de Pratolino, avec plus de science, peut-être, mais avec moins de hardiesse et de génie (*).

Cellini ne nous dit pas précisément où cette fon-

(*) Une lithographie, exécutée par Mme Laure Blondel, peut en donner une idée très-exacte.

(b) Voir Baldinucci, *Notiz.*; Castellan, *Lettres sur l'Italie.*

taine magnifique devait être située. On ne peut croire que ce soit à la source même, qu'Henri IV fit couvrir plus tard d'un petit édifice ; elle était d'ailleurs trop éloignée, et ne pouvait se lier en aucune manière avec les plans d'embellissement du château. Ce monument de Cellini, dominé par la figure colossale du roi, devait être placé, sans aucun doute, en avant de la cour dite de la Fontaine, et immédiatement sur les bords de l'immense pièce d'eau ; dans laquelle se réfléchit la masse entière du palais, et d'où jaillit une source, soit qu'elle arrive par des conduits de celle des petits jardins, ou qu'elle soit elle-même la véritable fontaine Belle Eau, comme on le supposerait d'après les expressions de Ducerceau : « En la seconde cour, dit-il, il y a source de fontaine et se dit que c'est la plus belle eau de source qui se voit guère, et que par cela on l'appelait Belle Eau, maintenant Fontainebleau. » Quoiqu'il en soit, ce local est le seul où un monument semblable eût pu se développer avantageusement, et produire un grand effet ; aussi est-ce à cette place que ce rival heureux de Cellini, le Primatice, qui s'était emparé de tous ses travaux, fit ériger une fontaine, d'une petite dimension, il est vrai, mais dont la masse devait être agréable, à en juger par une bien faible indication qui nous a été transmise par Ducerceau.

C'était un petit édicule carré, ouvert de tous côtés, supporté aux angles par des pilastres d'ordre ionique, et dans les *milieux* par des cariatides. Il était couronné par une coupole, au sommet de laquelle s'élevait une figure de Mars, qui rappelle assez celle que Benvenuto a décrite; peut-être même, par un reste de respect pour le talent de son auteur, ou plutôt par l'ordre exprès du roi, qui seul savait l'apprécier, fit-on usage du petit modèle du colosse; ce modèle devait être au moins de grandeur naturelle, et, à cet effet, on le coula en bronze.

La source de *Belle Eau* jaillissait en gerbes du centre de ce petit temple, et remplissait le bassin qui l'entourait. Le soubassement de la fontaine en saillie sur l'étang, renfermait un escalier qui débouchait au niveau de l'eau, par des arcades, et qui servait d'embarcadère; mais on ne sait trop quelle était son issue sur la terrasse, car le dessin de Ducerceau occupe un si petit espace sur la planche, qu'on peut à peine s'en former une idée. Cette fontaine a été démolie par Henri IV, lorsqu'il a prolongé, aux dépens de l'étang, cette cour, dont on avait fait un parterre que l'on avait orné de bassins et de statues. Louis XIV détruisit ensuite le parterre d'Henri IV, et fit le rond-point et la balustrade qui existe à cette heure. Nous y avons vu les débris d'une autre fontaine fort mesquine, c'était un Persée en marbre s'élevant sur un rocher factice du milieu d'un bassin entouré de dauphins qui jetaient un filet d'eau, et que le peuple nommait des morues, nom qu'il a longtemps donné à cette cour. Elle a repris celui de *la Fontaine*, depuis que M. Heurtault a construit celle qu'on y voit aujourd'hui, et dont nous donnerons la vue.

D'aussi grands travaux, exécutés par un artiste célèbre dans l'atelier duquel affluaient les élèves de toutes les nations et qui, ayant la confiance du monarque, devait par conséquent être vanté outre mesure par les courtisans, pourraient faire croire que Cellini exerça une grande influence sur le goût de la sculpture, en France.

Cellini dit, en effet, qu'il avait un grand nombre d'élèves italiens, allemands et français ; mais il se donne garde de citer aucuns de ces derniers, et ceux qu'il se plaît à nommer n'ont laissé aucune réputation. Il parle de son cher Ascanio de Tagliacozzo, dans le royaume de Naples ; de Paul, fils d'un pauvre gentilhomme romain de la famille de Maccherani, plus habile dans les armes que dans les arts ; de Bartolomeo Chiocca ; de Ferrare ; enfin d'un autre Paul Nicceri, héros d'une aventure scandaleuse et qui lui servait de secrétaire. Paul

Maccherani et Ascagne restèrent en France après le départ de Benvenuto qui les accuse de l'avoir desservi pour s'emparer de ses travaux. Nous ne voyons pas néanmoins ces noms cités ailleurs, à moins qu'on ne suppose que ce Paul soit le même que le fameux Paul Ponce, ce qui n'est pas probable ; Vasari dit que ce dernier fut amené par le Primatice.

Cependant il est facile de reconnaître l'influence réelle de Cellini, sur les ouvrages d'orfévrerie de cette époque, qu'on peut attribuer à ses élèves, tels que ces jolis vases et coupes d'étain chargés d'ornements arabesques et de petits bas-reliefs, dans lesquels on trouve le goût italien, et qui sont d'autant plus recherchés des curieux, que les œuvres du maître, en or et en argent émaillées, sont fort rares, si toutefois la valeur de la matière et l'ignorante cupidité ne les a pas condamnés à être fondus.

Les grands et magnifiques ouvrages de statuaire de Cellini, ont-ils exercé la même influence sur cet art dans notre pays ? Ce qu'il y a de certain, c'est que, longtemps avant l'arrivée du statuaire italien, il existait plusieurs sculpteurs et statuaires français, et même des orfévres fort habiles : nous en avons la preuve à Fontainebleau, dans les nombreuses sculptures antérieures à 1530 ; et parce que notre histoire, si indifférente sur les productions des arts, ne nous transmet pas le nom de leurs auteurs, s'ensuit-il qu'ils n'aient point existé ou qu'on doive attribuer ce qu'ils ont fait à des étrangers?

Nous avons déjà dit que nos édifices des XIVe et XVe siècles, tant civils que religieux, étaient remplis d'une immense quantité de sculptures, qui ne sont nullement inférieures à ce que les Italiens exécutaient chez eux.

Nous voyons en effet, à Fontainebleau, plusieurs portes, décorées de sculptures et même de statues, ainsi que de médaillons et de chapiteaux, couverts de têtes, de mascarons et de figures entières, d'un goût qui ne serait pas désavoué par les meilleurs sculpteurs italiens du même temps. Or, ces ouvrages qui remontent, tout au moins, aux premières années du XVIe siècle, sont adhérents à la construction et pris dans la masse de monuments que Sébastien Serlio, venu bien plus tard, avoue être faits par des architectes français, ainsi qu'un grand nombre d'autres édifices décorés de sculptures par des artistes nationaux; aussi nous l'avons déjà dit, François Ier n'appela d'abord en France que des peintres italiens pour décorer les intérieurs de ces mêmes édifices. Les statuaires vinrent plus tard, et en effet, n'avions-nous pas eu déjà Jean Saint-Romain, Jacques de Chartres, Gui de Dammartin; à cette époque même ne possédions-nous pas Jean Cousin, Jean Juste de Tours, et ce maître Jacques, dont l'existence et les œuvres sont un mystère qui n'a pas encore été éclairci. Plusieurs autres artistes français travaillaient à Fontainebleau, sous la direction de maître Roux, et par conséquent avaient un talent déjà formé avant que Benvenuto eût établi son école. Jean Goujon lui-même, visiblement l'élève de maîtres français antérieurs (car rien ne prouve qu'il ait fait le voyage d'Italie), Jean Goujon, dont le goût facile et délicat se rapproche beaucoup de la manière de Benvenuto, était déjà dans toute la force de son beau talent, lorsque ce dernier vint en France, puisqu'il travaillait à la fontaine des Innocents, terminée en 1549, lors de l'entrée de Henri II dans Paris, et non pas fondée à cette époque, comme on le dit dans la Biographie universelle (*).

A cet égard nous devons relever une autre erreur, propagée jusqu'à nos jours, adoptée même par les écrivains étrangers, et particulièrement sans trop d'examen, par M. Cicognara, savoir que, Jean Goujon, l'une des victimes de la St-Barthélemy, fut

---

(*). Dans la relation de cette fête magnifique, sur laquelle nous reviendrons plus tard, après avoir fait l'éloge de ces belles sculptures, appliquées, comme on sait, aux façades d'une maison formant l'angle de deux rues, on dit : La dite fontaine était embellie dedans œuvre de diverses damoiselles et bourgeoises et citoyens de la ville, tant bien en ordre que c'était toute beauté.

tué pendant qu'il travaillait encore à la fontaine des Innocents, quoiqu'elle fût terminée vingt-trois ans auparavant, comme on vient de le voir. D'ailleurs le nom de cet artiste célèbre ne se retrouve dans aucun des écrits relatifs à ce désastreux événement, ni dans la liste du martyrologe protestant, ou dans l'état de France, sous Charles IX.

Au reste, Jean Goujon étant le seul artiste français de cette époque qui ait, dans son talent, quelque trait de ressemblance avec Benvenuto Cellini, (et ce que nous venons de dire, tend à prouver qu'il n'a pas été son élève,) nous croyons que le grand artiste italien n'a pas donné l'impulsion à la sculpture française, assez avancée en France, pour n'avoir pas besoin de stimulant. Si le goût s'y est vicié plus tard, il faut en attribuer la faute au Primatice, devenu tout-puissant au départ de son rival, et qui s'entoura d'Italiens sur lesquels il exerçait une sorte de tyrannie, les obligeant à travailler sur ses propres dessins, quoique plusieurs d'entre eux fussent plus habiles que lui; infectant par là tous les ouvrages d'art du goût maniéré qui était alors celui des Bronzino, des Vasari et des Salviati, chefs de l'école florentine dégénérée; car le Primatice ne se bornait pas à diriger les ouvrages de peinture, il avait encore la prétention d'être sculpteur et architecte;

et quoiqu'on reconnût, dans tous ses ouvrages, un reflet du style grandiose qui avait brillé avec tant d'éclat en Italie au commencement de ce siècle, nous n'en déplorons pas moins la tendance générale vers la décadence, dans laquelle ce genre expéditif entraîna l'école française, dite de Fontainebleau.

Aussi ne citerons-nous pas les bas-reliefs de la porte dorée, ni les figures de stuc et de pierre qui décorent une salle (*), où Nicolo del Abbate avait peint quelques traits de la vie d'Alexandre. Ces sculptures et beaucoup d'autres, sont visiblement l'ouvrage d'artistes italiens ou français, dirigés par le Primatice et travaillant sur ses dessins; mais il en est plusieurs autres positivement exécutées par des statuaires français, qui n'ont pas été soumises à cette influence.

(*) Dont on a fait la cage de l'escalier qui mène aux appartements du roi. Les peintures de cet escalier viennent d'être habilement restaurées par M. Abel de Pujol; le plafond, qui a été refait et surhaussé, est en entier de la main de cet artiste.

XV.

Ouvrages de Sculpture

DU COMMENCEMENT DU XVIᵉ SIÈCLE, EXÉCUTÉS A FONTAINEBLEAU,
ET, QU'ON PEUT ATTRIBUER A DES ARTISTES FRANÇAIS. DIVERS
OUVRAGES DU MÊME TEMPS. MAUSOLÉE A JOINVILLE.

Il serait assez facile, dans notre sculpture française, de distinguer un siècle d'un autre, et on ne confondrait pas plus un ouvrage gothique avec celui de la renaissance, que ce dernier avec la sculpture des XVIIᵉ et XVIIIᵉ siècles. Mais il est une époque où le passage d'un goût à un autre est si insensible, qu'il faut beaucoup d'attention et de perspicacité, pour en saisir les diverses nuances. C'est le développement de cette force progressive, qui éleva la sculpture à son apogée, au commencement du XVI° siècle, et ne la maintint que peu de temps à cette hauteur; encore faut-il distinguer, à cette époque, ce qui nous appartient en propre, et ce qu'on doit à l'influence du goût italien.

Caractérisons les productions de l'une et de l'autre école : en nommant l'une l'école Florentine, les artistes apprécieront aisément ses qualités et ses défauts, qu'elle tient également de son chef Michel-Ange, et qui consistent dans une exagération de force ou de grâce, abus qui dégénère en un vice capital que nous avons exprimé par le mot de *Manière*, pris en mauvaise part.

C'est en effet la tendance vers le goût maniéré qui a mené la sculpture à la décadence dont elle n'est sortie de nos jours, que pour tomber quelquefois dans un autre défaut, celui de l'imitation servile, ou plutôt de la caricature de l'antique.

La sculpture française, au contraire, dans les premières années de sa jeunesse, ayant presque oublié l'antique, et n'étant pas encore séduite par la facilité et l'afféterie ultramontaines, ne devait ses qualités qu'à la seule observation de la nature, et il ne lui manquait pour arriver à la perfection par ce chemin, qui a toujours été celui de la rénovation des arts, que d'élever un peu plus son style, tout en conservant sa naïveté et sa grâce primitives; d'y joindre l'idéalité, qui n'est au reste, parmi une réunion de modèles, que le choix plus parfait de la beauté dans chacun d'eux, fondue, pour ainsi dire, avec convenance dans un même individu.

C'est dans cette ligne, tracée par une sorte d'inspiration plutôt que sur les errements d'une école, que marchaient les statuaires français de la fin du XVe et du commencement du siècle suivant. On peut s'en convaincre par l'examen approfondi des sculptures de l'admirable tombeau de Louis XII, ouvrage dont on faisait honneur à Paul Ponce Trébati, florentin, et qui est effectivement d'un artiste français, trop peu connu et mal apprécié, Jean Juste, de Tours (ª).

<hr/>

(ª) Il existe à ce sujet un témoignage direct et sans réplique; c'est celui de Jean Brèche, jurisconsulte, natif et habitant de Tours, qui vivait au commencement et au milieu du XVIe siècle. Dans son traité sur le titre du digeste, intitulé : *De usu et significatione verborum*, cet écrivain, à l'occasion du mot *monumentum*, nous dit que le magnifique tombeau ou le monument de marbre élevé à la tombe de Louis XII, dans l'église St-Denis, a été sculpté à Tours par le statuaire Jean Juste. *Videas monumentum marmoreum Ludovico XII, miro et eleganti artificio, factum in præclarissima civitate nostra Turonensi a Joanne Justo, statuario elegantissimo* (P. 410).

Le permis d'imprimer de l'ouvrage de Brèche, donné à Fontainebleau, porte

Nous citerons aussi les belles statues de l'amiral Chabot, par Jean Cousin, et les figures de François Ier et de Claude de France, par Pierre Bontemps. (ᵃ).

Voilà les véritables types de la sculpture française ; car nous verrons ensuite, dans les ouvrages d'ailleurs excellents de Jean Goujon et de Germain Pilon, des traces du goût maniéré, que nous avons reproché à l'école Florentine.

Sans sortir de Fontainebleau, nous trouverons des monuments certes moins précieux pour le travail et la matière que ceux que nous venons de citer, et qui ne doivent même leur conservation qu'au peu d'importance qu'on y a attaché, car ils sont en grès comme les murailles et exposés, depuis plusieurs siècles, aux injures de l'air ; ils n'en sont pas moins de

---

la date du 8 janvier 1552 ; ainsi, 24 ans s'étaient à peine écoulés depuis que Juste avait terminé son ouvrage, et Trébati vivait encore lorsque J. Brèche rappelait un fait qui devait être alors de notoriété publique. La preuve qui résulte de ce témoignage est donc complète et absolue, etc. Article *Trébati* (*Paul Ponce*, p. M. Em. David, *Biog. univ.*)

(ᵃ) Bontemps ne serait pas plus connu et apprécié que Jean Juste, si on n'avait retrouvé, de nos jours, l'extrait des registres de la chambre des Comptes, en date du 10 février 1558, concernant les sculptures faites en l'église de St-Denis, et où l'on spécifie toutes les sommes payées aux sculpteurs qui ont travaillé au tombeau de François Ier, sous la direction de Philibert de l'Orme, architecte du roi.

On y voit que les figures principales sont l'ouvrage de Pierre Bontemps, maître sculpteur et bourgeois de Paris, etc.

Voir cette pièce dans la description du *Musée des Petits-Augustins*, par Alex. Lenoir.

précieux témoignages du goût d'une époque antérieure à l'envahissement de l'école Italienne.

Commençons par la porte du Donjon de la cour ovale; elle a été construite immédiatement après la porte dorée, c'est-à-dire en 1528, et en même temps que la salle de bal que Serlio avoue être l'ouvrage d'architectes français, dont il ne sait comment qualifier l'architecture, tant il la trouve mauvaise. Nous n'apprécierons pas ici cette opinion pour ne nous occuper que de la sculpture de la porte en question. (*Planche* 33).

Elle est à double entrée, comprise sous un fronton brisé, dont l'entablement est soutenu par trois pilastres d'ordre composites, et d'un très-bon goût. Ce fronton est surmonté, à ses deux extrémités et en amortissement, par deux figures presque de ronde bosse, supportées par une base ornée aux angles de trophées et d'enfants nus, groupés avec intelligence, et d'une grande finesse d'exécution.

Les statues représentent Junon avec le paon, et Minerve casquée. Elles sont à peu près grandes comme nature, et ne peuvent être guère appréciées à cette heure que par leur ensemble et leur pose, qui est noble et d'un grand caractère.

Immédiatement au-dessus du tympan se trouve

une sorte de niche ou retable, avec tablette et architrave saillante, supportée par de petits thermes sculptés avec une délicatesse extrême, et enrichis d'incrustations de marbre; cette niche abritait le buste de François Ier, que nous devons regretter, aussi bien qu'une inscription qui nous aurait fourni quelques renseignements sur ce monument.

Sur la face du fronton, on distingue encore les armes de France, flanquées de deux F fleuronnés et entourés de flammes.

Enfin les chapiteaux du grand ordre de la façade sont tous variés, et offrent des têtes et des attributs sculptés avec beaucoup d'habileté et du même temps.

Le second monument se trouve dans le jardin de l'Orangerie, derrière une ceinture de grands arbres et d'arbustes, au-dessus desquels s'élèvent le pavillon de l'aumônier, le comble de la chapelle et la flèche de la tour de l'horloge, édifices bâtis par François Ier, et du même style que ceux de la cour du Donjon.

On distingue à peine ce joli monument qui offre les insignes du restaurateur des lettres et des arts en France, et où tout rappelle le caractère de renaissance de ce beau siècle.

Néanmoins l'ensemble de l'architecture n'en est pas très-pur, mais il est dans le goût du temps, et approprié aux ornements qu'on voulait y ajouter.

(*Planche* 34). Cette porte, maintenant murée et qui conduisait dans le vestibule de dégagement de la chapelle, offre deux cariatides de femmes se terminant en gaînes, et de style égyptien. Elles supportent l'entablement qui forme avant-corps, et sur lequel repose un fronton brisé, dont le sommet applati sert de base à deux enfants ailés qui, de leurs forces réunies et ployant néanmoins sous le faix, soulèvent le casque royal, entouré d'une couronne de fleurs de lys, et surmonté d'un panache. Aux angles et sur le rempart du fronton, deux dés d'aplomb avec les pieds-droits, supportent deux autres groupes d'enfants debout, embrassant et soutenant la grande lettre initiale du nom de François Ier. Ces petits génies sont groupés à merveille, et leurs poses naïves et naturelles se contrastent sans efforts. La forme un peu ressentie, quoique fort élégante, du dessin de ces figures les fait ressembler plus aux enfants tracés par le pinceau savant de Raphaël, que par le ciseau de François Flamant.

Les cariatides sont également d'un bon goût de

dessin, et d'un contour ferme et bien accusé; et ces sculptures, taillées dans une matière aussi réfractaire que le grès, annoncent la sûreté d'exécution du statuaire qui semble s'être joué des difficultés.

Remarquons bien, et cela est important pour le fait qui nous occupe, que dans les deux monuments dont nous venons de parler, les sculptures sont prises dans la masse de pierres d'attente qui font partie de la construction, et par conséquent datent de la même époque. Ici, chaque groupe est taillé dans une énorme pierre, occupant régulièrement la hauteur de trois assises; le groupe supérieur en occupe quatre, et se lie avec le bandeau inférieur de la frise. On retrouve aussi dans la mâle simplicité des profils, dans l'élégante proportion des pilastres et des autres membres d'architecture, le caractère propre aux premières constructions faites par François Ier, dont la lettre initiale est sculptée sur tous les chapiteaux.

Il nous suffit, pour le moment, d'avoir fait remarquer la similitude de la construction de ces deux monuments, tant dans l'appareil des pierres, que dans le style de leur décoration.

Quant aux sculptures, leur aspect est si différent de celles que des artistes italiens ont exécutées, à peu près aux mêmes époques, dans le château, que nous avançons, sans crainte d'être démentis, qu'elles sont l'ouvrage de sculpteurs français très-habiles, qui n'avaient pas encore adopté le goût dégénéré que nous avons signalé.

Mais quels étaient ces artistes ignorés dont la France aurait dû s'enorgueillir? tandis qu'elle les a sacrifiés à des étrangers dont elle se plaisait à vanter les ouvrages, en leur attribuant même ceux de nos compatriotes; c'est ce qui est arrivé pour le fameux tombeau de Louis XII, qu'on croirait encore de Paul Ponce Trébati, si un écrivain de ce temps n'avait découvert la vérité du fait dans un livre étranger aux arts, et où l'on trouve que ce tombeau est l'ouvrage de Jean Juste, de Tours (*).

Cet habile artiste ne s'est pas sans doute borné à l'exécution de ce monument, quelque considérable qu'il soit, et une critique éclairée, jugeant par analogie et comparant ce tombeau avec d'autres sculptures sans nom, ou qu'on attribue à des étrangers, pourrait même faire rentrer, dans notre propre domaine, quelques nouvelles richesses qui en ont été distraites par d'injustes préventions.

Il n'est pas probable aussi que Jean Cousin, auquel on a restitué le tombeau de l'amiral Chabot, n'ait

(*) Voyez la note, p. 259.

pas exécuté autre chose en sculpture; enfin, le mystérieux maître Jacques, natif d'Angoulême, l'un des plus excellents *imagiers* français, tant en marbre qu'en bronze, et qu'on met au-dessus de Jean Goujon et de Germain Pilon, pour acquérir ce renom, doit avoir produit des ouvrages remarquables.

Cependant, on a voulu contester jusqu'à l'existence de cet artiste, peut-être parce qu'il a eu l'audace d'entrer en concurrence avec Michel-Ange, et de l'emporter même sur lui. Tout en résistant à l'influence du goût maniéré de son compétiteur, mais enfin, vaincu par la colossale réputation de son rival qui déjà occupait le trône de l'art, il s'est vu dépouillé de toute sa gloire et même de son nom, par les efforts des nombreux élèves du chef de l'école Florentine.

Jacques d'Angoulême n'est pas néanmoins un être fictif, imaginé par Vigenerre et Bulenger, écrivains contemporains qui citent plusieurs de ses ouvrages, et entre autres, dans la grotte de Meudon, une figure de l'Automne qu'il avait faite à Rome, et qui était autant prisée que mille autres statues modernes.

Pourquoi n'attribuerions-nous pas à l'un de ces trois maîtres, dont les ouvrages sont si peu connus, l'ordonnance, si ce n'est l'exécution des sculptures dont nous venons de parler, et qu'on ne peut méconnaître comme sortant d'une école autre que celle du Primatice?

Sans doute ces artistes n'étaient pas les seuls à cette époque, où les plus chétives maisons en bois, aussi bien que les palais et les églises étaient chargés d'une multitude de sculptures de très-bon goût, suivant l'usage établi depuis plusieurs siècles, et qu'on peut regarder comme l'un des attributs de l'architecture gothique et de celle de la renaissance.

En effet, il est peu de villes, en France, où l'on ne voie des monuments ornés de sculptures qui remontent à cette époque. Nous citerons la capitale du Languedoc, Toulouse, qui se glorifie d'avoir, l'une des premières, changé le goût gothique pour adopter celui de la renaissance, et qui devait cet avantage à l'un de ses citoyens, architecte et sculpteur d'un grand mérite, si l'on en juge par les éloges que lui prodiguent ses compatriotes, car il est fort peu connu ailleurs. Quoiqu'il en soit, citons ce qu'en dit un amateur éclairé, Dupuy-Dugrès, qui a écrit, en 1699, un traité de peinture où il professe les véritables principes de l'art :

« Nicolas Bachelier, qu'on croit être né à Toulouse, sorti fort jeune de son pays, passa en Italie où, ayant travaillé longtemps sous Michel-Ange et autres excellents hommes, il fit des progrès admirables dans la sculpture et architecture. Etant enfin revenu à Toulouse, pendant les guerres d'Italie, sous le roi François, la réputation de son mérite s'établit dans cette ville. Tout le monde prit un merveilleux goût pour sa manière, et en même temps de l'aversion pour le gothique qui était en usage auparavant. On le fit enfin travailler dans la suite à ces excellents chefs-d'œuvre que nous admirons tant aujourd'hui. »

Dupuy-Dugrès fait la description de ces divers ouvrages où, par un heureux mélange d'architecture et de sculpture, l'artiste a représenté des scènes composées de nombreux personnages de ronde bosse et de bas-reliefs. C'est ainsi, suivant l'expression de l'écrivain, que Bachelier a disposé son histoire de la mort de la Sainte Vierge, entourée des douze apôtres, en composant des figures qui diminuent de grandeur, suivant les lois de la perspective..... Ailleurs, il a rendu, par les mêmes moyens, la naissance du Sauveur, son tombeau, etc.

Le jugement que Dupuy porte de ces sculptures, est motivé de manière à déceler, dans cet amateur, de profondes connaissances de l'art. « Ces figures, dit-il, ont beaucoup d'expression et de grâce, les attitudes en sont hardies, les membres bien attachés et proportionnés; la place, le mouvement des muscles et leurs effets y sont partout bien observés. Les têtes de Bachelier sont fières, variées, nobles et gracieuses. La plupart rappellent l'antique. Il a toujours conservé le caractère et l'air qui sont propres aux divers individus; les draperies sont traitées d'une manière convenable à la sculpture qui demande de petits plis et des étoffes légères, tout en observant les convenances des âges et des sexes. Lorsqu'il a voulu imiter des étoffes grossières, les plis n'ont rien de dur, et la draperie est moelleuse et marquant bien le nu.

« Quant à son architecture, il en a banni tous les ornements étrangers, et s'en est tenu à l'imitation des ordres antiques.......

« Dès qu'on se présente, ajoute-t-il, devant les ouvrages de Bachelier, on les voit tout à la fois sans peine; on en parcourt facilement et avec ordre toutes les parties; au lieu que si l'architecture est chargée de trop d'ornements, ils détruisent l'effet des belles proportions, et n'engendrent que confusion, etc. »

Ce qui précède était écrit, lorsque j'ai fait moi-même le voyage de Toulouse, malheureusement dans des circonstances qui ne m'ont pas permis d'en tirer beaucoup de fruit. J'ai même vu trop rapidement quelques ouvrages de Bachelier; mais en cela, le premier coup d'œil de l'artiste ne trompe guère, et je me suis convaincu que les éloges de l'amateur toulousain ne sont pas exagérés.

L'architecture de Bachelier, aussi riche et d'aussi bon goût que celle de Pierre l'Escot et de Philibert de l'Orme, se fait remarquer par une entente peut-être plus parfaite dans la réunion et la distribution des ordres avec toutes les richesses de la sculpture et de la statuaire. La raison en est naturelle, puisque la même tête avait conçu ce qui a été exécuté par la même main; et que l'on ne croie pas que la sculpture de Bachelier ne soit qu'un travail d'ornement ébauché à la hâte et seulement pour être vu à l'effet; ces sculptures peuvent supporter un examen approfondi; elles sont pour la plupart terminées avec soin jusque dans leurs moindres détails, qui ne sont néanmoins ni mesquins, ni maniérés. Leur style est celui des plus belles figures de Michel-Ange, exemptes de ces mouvements forcés, et de cette affectation ressentie et exagérée des saillies musculaires, aussi bien que de cette afféterie maniérée, surtout dans les ajustements, qu'on reproche avec raison à Jean Goujon et à Germain Pilon. Enfin, nous retrouverions plutôt dans le talent de Bachelier, quelque rapport avec celui de Paul Ponce et de Jean de Bologne.

L'Orlandi (*) dit que cet artiste exécuta, pour des églises et des palais de Rome, de nombreux ouvrages de sculpture; il ajoute que la plupart ont été gâtés par la dorure dont on les a recouverts, et qui a fait disparaître, sous ce luxe inutile et de mauvais goût, la finesse du travail.

La date de la naissance de Bachelier n'est pas connue. On sait seulement qu'il travaillait encore en 1553, et qu'il mourut fort âgé. Il laissa un fils, nommé Dominique, qui fut, au dire de Dupuy-Dugrès, un *célèbre* architecte que nous n'avons vu citer nulle autre part.

Il y a aussi un Dominique Barbier qui a beaucoup travaillé en France, du temps de François Ier. Les écrivains italiens le disent Florentin, et le nomment Dominico del Barbiere. Quoiqu'il en soit, ils avouent qu'il demeura longtemps en France, où il aida maître Roux (il Rosso) dans les travaux de la galerie de Fontainebleau. Peintre et sculpteur, ou plutôt stucateur, il était aussi grand dessinateur comme le prouvent ses gravures : *Che girano per il mondo, con universale stupore* (Orlandi).

Je puis ajouter, à l'égard de cet artiste et de quelques autres qui ont travaillé à Fontainebleau, des détails qui ont été communiqués dans le temps à

(*) Abecedario pittorico.

l'académie des Beaux-Arts, et dont l'auteur a bien voulu me permettre de faire usage. Ils sont extraits d'une notice (*) concernant le mausolée des princes de la maison de Lorraine, qui existait en 1792 dans la chapelle du château de Joinville, en Champagne; mais à cette époque désastreuse, le château et la chapelle, l'un des plus beaux monuments de sculpture du XVI° siècle, furent détruits.

Le château des princes de Lorraine et l'église St-Laurent, construite dans son enceinte, s'élevaient encore au commencement de la révolution, sur la montagne escarpée et pittoresque qui couronne la ville de Joinville, dont les maisons, couvertes en tuiles creuses et à toits applatis, disposées en amphithéâtre et entremêlées de vignes et de jardins, donnent à ce paysage l'aspect des petites villes d'Italie. En 1792, la populace détruisit de fond en comble le château et l'église. Le premier, regrettable sous le rapport des souvenirs historiques, la seconde, en raison du beau monument qu'elle renfermait. Il se trouvait placé dans une chapelle adaptée à l'extérieur

---

(a) Je dois cette notice, ainsi que beaucoup d'autres renseignements et de corrections, à mon ami, M. de Lasalle, correspondant de l'Institut, et ancien préfet de la Haute-Marne; c'est en cette dernière qualité qu'il a pu se procurer les renseignements authentiques que je vais rapporter; ils sont extraits des anciennes archives de la seigneurie de Joinville, qui ont été restituées à la maison d'Orléans, et les pièces relatives à ces monuments doivent être aujourd'hui au Palais-Royal.

du vaisseau principal de l'église, postérieurement à sa construction primitive. Cette chapelle formait un mausolée élevé en l'honneur de Claude de Lorraine, premier duc de Guise, et d'Antoinette de Bourbon, sa femme. Claude de Lorraine, qui vivait sous le règne de François Ier, fut pair de France, grand veneur, comte d'Aumale, marquis de Mayenne, d'Elbœuf, gouverneur de Bourgogne, de Champagne et de Brie. A l'âge de dix-huit ans, il reçut vingt-deux blessures à la bataille de Marignan, et sa vie entière, digne de ce glorieux début, fut consacrée au service de sa patrie et de son roi. Il la termina en 1550, à l'âge de cinquante-quatre ans, et fut inhumé dans la chapelle du château de Joinville.

« Antoinette de Bourbon, qui lui survécut pendant trente-trois ans, fut, après sa mort, réunie à l'époux dont elle avait partagé les nobles vertus et les actions généreuses.

« On ne peut maintenant reconnaître sur les lieux aucune trace de ce qu'étaient ce monument et l'église qui le renfermait. Ils ont été renversés jusqu'au sol ; des vignes, des jardins, des plantations en ont remplacé la masse pompeuse. Les fragments du mausolée des princes ont été, en partie transportés au chef-lieu du département, en partie laissés à Joinville. Ce qui en reste ne pourrait suffire pour retrouver l'ensemble du monument, mais la destruction n'est heureusement pas assez ancienne pour qu'il n'existe pas encore beaucoup de personnes qui l'aient vu, et les détails que j'ai recueillis de leur bouche, les explications que je me suis fait donner sur les fragments même et sur l'emplacement primitif, m'ont permis de tracer un dessin au moyen duquel on peut se faire une idée assez juste de l'effet de ce mausolée. J'ai dessiné séparément les fragments de sculpture qui sont encore reconnaissables, et qui méritent d'être conservés (*).

« La chapelle, au milieu de laquelle s'élevait le monument funèbre, s'ouvrait sur un des côtés de l'église, par une large entrée, dont quatre cariatides supportaient l'architrave. Au-dessus de la corniche on voyait, placés à genoux et l'un derrière l'autre, le prince et la princesse. Ils étaient aussi représentés couchés et en état de mort sur le cénotaphe de marbre, élevé dans le milieu de la chapelle. Le devant de cette tombe était décoré d'ornements et de bas-reliefs; aux deux extrémités, on voyait quatre figures allégoriques en demi-relief. Le quatrième côté devait être sans doute rempli par l'épitaphe.

« De tous ces ouvrages de sculpture, il reste d'a-

(*) Ces dessins ne sont pas gravés.

bord deux cariatides de 8 à 9 pieds de haut, en albâtre très-dur et d'un blanc mat. Transportées à l'Hôtel de Ville de Joinville, elles y furent affublées d'un bonnet et d'un niveau, et devinrent la Liberté et l'Égalité, ce qui ne les préserva pas de quelques insultes.

« Les figures allégoriques, placées aux deux bouts de la tombe et de demi-nature, sont conservées dans la bibliothèque du département, mais dans un état de dégradation complète. Les statues de Claude et d'Antoinette ont été entièrement brisées par les soldats étrangers, et les quatre enfants en albâtre sont plus ou moins mutilés.

« Ces sculptures, tirées du cénotaphe même, étaient infiniment supérieures à celles qui décoraient la chapelle, et il est impossible, au premier aspect, de ne pas reconnaître que des mains différentes avaient travaillé à ce monument.

« Une opinion vulgaire, répétée sans examen, annonçait que les diverses parties de ce bel ouvrage avaient été sculptées en Italie, sous la direction de Michel-Ange, par Dominique Guirlandajo; mais ce dernier artiste, connu surtout par ses ouvrages d'orfévrerie, est mort en 1494, et dans ce qui reste des sculptures de ce mausolée, rien ne rappelle le style de Michel-Ange; le genre de beauté qui s'y fait remarquer est en opposition complète avec la manière fière et énergique de ce grand maître ; les cariatides, il est vrai, présentent une imitation de ce goût élevé, mais une imitation si grossière et si imparfaite, comme je le dirai tout à l'heure, que ce serait un blasphème que de prononcer le nom de ce grand sculpteur devant de si faibles productions.

« Le souvenir de Jean Goujon s'adapte plus naturellement et avec plus de justice aux sculptures élégantes, gracieuses et finies du cénotaphe, et malgré leur état de dégradation, ce fut la première idée qu'elles me firent naître lorsque j'en trouvai les fragments dans un réduit obscur, où on les avait jetées pendant l'occupation des alliés.

« Au reste, il est inutile aujourd'hui de s'étendre sur ces conjectures, et tous les doutes sur la construction et sur les auteurs de ce monument sont levés par les renseignements certains, tirés des anciennes archives de la seigneurie de Joinville.

« C'est dans cette ville même que cet ouvrage a été exécuté ; on y transporta à grands frais les marbres et l'albâtre qui le composent. Les comptes de ces dépenses ont même été retrouvés ; ils montent à six ou sept mille livres, somme considérable pour le temps. Trois sculpteurs y furent employés : Dominique Florentin, Jean Picard, dit le Roux, et Richiel.

« Le premier seulement a laissé un nom célèbre. Peintre, sculpteur et graveur, connu également sous le nom de Dominico Fiorentino et de Dominique del Barbiere, ou de la Barrière ; il vint s'établir à Troyes, sous le règne de François Ier, et y prolongea l'école célèbre du Primatice.

« Le cavalier Bernin, en passant à Troyes, admira les nombreux et excellents ouvrages de Dominico qu'il mettait au-dessus de Jean Goujon, et qui, disait-il, avait fait de Troyes une petite Rome.

« Il est probable que la proximité de Joinville, qui n'est qu'à vingt lieues de la capitale de la Champagne, détermina Dominico à se charger de la direction du mausolée, et d'une partie des sculptures ; celles du cénotaphe étaient dues à son excellent ciseau. J'ai pris le trait de ce qui a été conservé : le reste n'offre que des débris à peine reconnaissables.

« On y retrouve dans la pose, dans l'ajustement des draperies, dans le genre même du travail, le goût particulier de cette époque de la sculpture française. L'exécution des cariatides fut confiée à Richiel, sculpteur de Pont à Mousson. On peut juger, par les deux qui restent, combien ce sculpteur était inférieur à son collaborateur. Le dessin de ces figures est lourd et sans élégance, la composition en est maniérée, l'exécution en est dure et sans goût, et les têtes sont du plus mauvais style.

« Un autre sculpteur de Fontainebleau, Jean Picard, dit le Roux, avait également travaillé au mausolée, mais il est difficile de reconnaître son ouvrage dans l'état actuel de ces sculptures, à moins qu'on ne lui attribue quatre figures d'enfants en albâtre, dont il n'est pas aisé de désigner l'emploi; ils sont de grandeur petite nature, d'un ciseau ferme et d'un dessin correct, bien supérieurs aux cariatides; ils sont loin des sculptures du cénotaphe. L'excellence de ces dernières, les met à côté de tout ce qu'a produit cette époque célèbre de la sculpture.

« Les bas-reliefs qui représentent des vertus, aux deux bouts du sarcofage, sont dans la proportion de demi-nature, les cariatides ont huit pieds environ : les figures couchées de Claude et d'Antoinette, à en juger par un fragment de marbre, devaient être de grandeur naturelle ; elles étaient nues. Antoinette, quoique morte à plus de quatre-vingts ans, y était représentée avec les formes de la jeunesse ; peut-on supposer que, par un secret sentiment d'amour-propre, elle aurait voulu rattacher le souvenir de sa beauté à celui de sa douleur; ou doit-on croire que, par un mouvement plus délicat, plus digne d'une femme, elle a regardé sa carrière comme finie, à l'époque ou la mort lui enleva son noble époux, et où elle était encore loin de la vieillesse? etc. »

On ne peut guère douter que les magnificences artistiques dont François Ier enrichissait Fontainebleau, dans ses moindres détails, n'aient donné dans tout le royaume cette impulsion, cet élan qui produisirent à cette époque dans les villes, dans les châteaux, dans les édifices publics, tant d'ouvrages excellents, tant de modèles d'un goût exquis, original et vraiment national, et que les nombreux artistes, dont la plupart sont aujourd'hui oubliés, n'aient puisé dans les grands travaux exécutés pour l'embellissement de cette royale résidence, le germe des talents qu'ils reportaient dans leurs pays ou dans ceux où ils étaient appelés, comme dans les siècles reculés, les écoles d'Égine, d'Athènes, de Corinthe, envoyaient leurs élèves qui couvraient la Grèce et l'Asie de leurs chefs d'œuvre.

XVI.

Cour du Cheval Blanc.

Nous avons déjà vu que François Ier, sans abandonner l'ancien château de ses pères, en dépassa les limites, et les étendit par de nouvelles constructions plus magnifiques. Mais il fallait au monarque chevaleresque, qui excellait dans tous les exercices du corps en usage de son temps, et qui aimait à faire briller sa force et son adresse dans les tournois, les combats de la barrière, les joûtes et les pas d'armes, il lui fallait, disons-nous, un vaste local servant de lice aux combattants, et les cours du Donjon et de la Fontaine, étaient trop resserrées. Celle qu'il disposa à cet effet est immense et propre à l'usage auquel on la destinait ; car elle n'a pas moins de 80 toises de longueur sur 58 de large.

Les terrasses, disposées au milieu et entre les pavillons de la façade principale, les fenêtres de la grande galerie d'Ulysse et des autres bâtiments, servaient à placer commodément un grand nombre de spectateurs. La richesse de l'architecture était rehaussée par des draperies éclatantes, jetées en dehors des balcons et des balustrades. Des pavillons ornés de broderies, de franges, d'écussons et de chiffres galants, abritaient la famille royale et les dames de la cour. Enfin, des barrières disposées à une certaine distance des murs, et derrière lesquelles le peuple s'entassait, entouraient la place dans ces occasions solennelles.

Il est même à présumer qu'à l'imitation des anciens, dont on cherchait à faire revivre le goût dans les productions de tous les arts, l'on ait voulu partager ce préau dans le sens de la longueur par la *Spina* des cirques romains, et peut-être destinait-on la copie en bronze de la colonne Trajane et de la statue de Marc-Aurèle, qu'on avait fait mouler à Rome, à l'ornement de cette Spina; car l'intention du grand roi était de faire de Fontainebleau le Musée des Arts antiques et modernes. Ces deux monuments ne furent néanmoins pas jetés en bronze, quoiqu'on en eût conservé longtemps les moules dont nous avons vu, il y a une quarantaine d'années, les débris mutilés dans l'ancienne salle des Antiques au Louvre.

La statue équestre de Marc-Aurèle, coulée en plâtre, fut cependant érigée au milieu de cette vaste cour, sous un dôme de charpente. On l'y voyait encore du temps d'Henri IV, et elle fut ôtée en 1626, parce que, dit le père Dan, « N'étant que de matière fragile, elle avait été rompue de nuit par la malice de quelques soldats, comme l'on a conjecturé, sur ce que plusieurs d'entre eux ont dit que ce cheval étant au milieu de la cour, il les incommodait, y entrant en garde quand Sa Majesté est en ce lieu, qui n'en laisse pas toutefois de porter encore aujourd'hui le nom de la cour du *Cheval Blanc*. »

Le vaste et grandiose projet conçu par François Ier ne fut pas immédiatement exécuté; la façade principale n'avait pas, à beaucoup près, l'étendue qu'on lui voit aujourd'hui. Elle ne devait pas dépasser celle de la profondeur de la cour de la Fontaine depuis et y compris la galerie de François Ier, jusqu'au pavillon vers l'étang. Le reste de l'espace était occupé par l'église et le couvent de la Ste-Trinité, qui avaient été concédés aux Mathurins, par le roi saint Louis. Lorsque François Ier résolut de construire la grande cour dont il est ici question, il racheta les bâtiments et terres attenant au couvent des Trinitaires. On a conservé les lettres-patentes relatives à ce rachat : elles sont de 1529; le roi y dit :

« Qu'attendu qu'il se plaisait en ce lieu pour le déduit de la chasse, et que pour cela il était délibéré d'y faire la plupart du temps sa demeure ; et qu'étant en volonté d'amplifier et augmenter ce château, pourtant il lui aurait convenu prendre et recouvrer des ministres et religieux de l'ordre de la Sainte-Trinité de ce lieu de Fontainebleau, leur logis, leur jardin, leur grand clos, leur pré, leur étang et viviers, avec la maison du chapelain, donnant pour récompense desdits héritages deux cents livres de rente annuelle et perpétuelle à prendre et à recevoir sur son domaine et seigneurie de Moret. »

Il est probable que l'église bâtie par François Ier, le fut sur les fondations de l'ancienne, ce qu'on peut inférer des expressions du père Dan qui a vu moderniser ce vaisseau par Henri IV. « Cette église, dit-il, était en partie édifiée où est aujourd'hui l'entrée de celle-ci, comme il apparaît encore par une vieille arcade d'un ordre gothique qui se voit, au fond de la nef, en la dernière chapelle à main droite en entrant, qu'il semble que l'on y ait laissé à dessein pour montrer le lieu où avait été bâtie l'ancienne église, et pour y faire voir encore quelques marques de son antiquité en mémoire de saint Louis, son fondateur. L'autre partie de cette église était à l'endroit où se voit aujourd'hui le grand escalier en la cour du Cheval Blanc, et de fait, ajoute-t-il, quand on en jeta les fondements, j'étais présent lorsqu'il s'y trouva plusieurs ossements de trépassés, avec des petits pots de terre où se mettait de l'encens que l'on y brûlait, selon la pratique ancienne, et que l'on jetait dans les fosses et sépultures des défunts. »

L'extrémité de l'église se trouvait donc à l'endroit même où l'on voit encore son entrée, et si l'on avait conservé une arcade gothique à l'autre extrémité, il en résulterait que l'axe n'a pas changé, et que la longueur du vaisseau est la même qu'autrefois. Mais quelle était la décoration de l'église bâtie par saint Louis et même de celle que fit faire François Ier? C'est ce qu'on ignore; car Henri IV changea entièrement cette décoration, revêtit les murs de nouveaux lambris peints ainsi que la voûte en berceau, par Freminet. Seulement, lorsque de nos jours, en 1829, on s'occupait de la restauration de cet édifice, on reconnut, derrière un lambris, la trace de colonnes engagées dans le milieu des trumeaux, et qui avaient été arrasées lorsque les murs furent revêtus de boiseries; mais ces colonnes appartiennent-elles à la décoration gothique, ou à l'époque de la reconstruction par François Ier? Ces questions restent sans réponse.

Depuis Henri IV, cette église a subi peu de changements; seulement on a augmenté, en 1741, l'étendue de la tribune aux dépens de deux chapelles. Cette tribune était supportée par dix colonnes, dont deux saillant en avant-corps; dans le nouvel arrangement, ces deux colonnes ont été supprimées, et on en a ajouté quatre de 2 toises plus loin. Nous doutons que l'aspect de l'église y ait gagné; ce qu'il y a de sûr, c'est que le dessous de cette tribune est fort obscur.

De nos jours, on a boisé à neuf les chapelles. Celles de droite supportaient une terrasse dont nous donnons la vue (*Planche* 35). On y remarque les contreforts, ornés de pilastres corinthiens, qui renforçaient les murs, et soutenaient la retombée de la voûte de la chapelle. Cette terrasse était en mauvais état, et la voûte elle-même menaçait ruine; on a donc élevé le mur de face sur le jardin de l'orangerie, et on l'a percé d'arcades plein-cintre. Cette construction est destinée à arcbouter et consolider l'édifice entier, l'église y gagne une nouvelle tribune fort vaste.

On doit remarquer aussi le premier ordre d'arcades des chapelles ; à l'extérieur, du côté du jardin de l'orangerie, ce sont des arcs surbaissés en anse de panier, et dont les moulures semblent dénoter une construction antérieure au siècle de François Ier. Serait-ce un reste de l'église de saint Louis, ainsi que plusieurs colonnes qui existent encore sous un vestibule situé derrière le maître-autel, et séparé de l'église par un mur moderne? Les chapiteaux de ces colonnes, sculptés avec une grande délicatesse, nous semblent aussi porter le même caractère d'ancienneté. Quant à l'arcade gothique dont parle le père Dan, il n'en existe plus de traces, ainsi que de la chapelle de Diane de Poitiers, qui est indiquée dans un ancien plan comme occupant la quatrième travée à gauche, à partir de la tribune actuelle. On y montait de la cour par un escalier de sept marches.

A la suite de cette chapelle était le chœur des religieux. Sur le même plan, l'on voit tracé, des deux côtés de la nef, la place de bancs destinés aux officiers du château et *gens raisonnables du bourg quant ils se présentent.* D'autres bancs, en avant de ceux-ci, étaient destinés pour les religieux, lorsque le service se faisait dans le sanctuaire, ce qui, ajoute-t-on, n'a lieu qu'une vingtaine de fois dans l'année.

Au reste, du temps de François Ier, le vaisseau de l'église était plus long, quoique nous ne puissions pas croire à l'exactitude du plan de Ducerceau qui indique huit chapelles, tandis qu'il ne peut jamais en avoir existé plus de sept; mais on a avancé de près de 2 toises, du temps d'Henri IV, le mur du fond, sur lequel est appliqué le maître-autel. Il en est résulté un espace qui sert de communication de la cour du Cheval Blanc au jardin de l'orangerie; mais cette dernière issue, dont la porte était décorée avec beaucoup de luxe de sculpture, et dont nous avons donné la description, a été murée depuis. C'est dans ce passage ou vestibule des deux antiques tourelles, dont l'une servait de clocher et sert maintenant d'horloge, la seconde, de communication avec les bâtiments du château, que se voient encore les anciennes colonnes dont nous avons parlé, et qui formaient la décoration de l'abside de l'église de François Ier. Elles étaient sans doute répétées en saillie sur les piliers qui séparent les chapelles.

Cette église devait être aussi richement ornée que celle de St-Saturnin, bâtie à la même époque, et il existe encore derrière le maître-autel, érigé par Henri IV, de magnifiques peintures dont on regrette vivement le sacrifice, et qui doivent remonter au siècle de François Ier.

Nous savons aussi que Diane de Poitiers avait fait orner sa chapelle d'une table d'autel en argent, et d'un riche lambris avec une grande cloison à balustres qui la fermait. On y voyait partout le croissant, l'arc et les flèches, et dans un cartel sa devise : *Consequitur quodcumque petit.* « C'est ainsi que j'ai vu cette chapelle, dit le père Dan, il n'y a pas encore longtemps, et auparavant que le roi y fît travailler. L'on a ôté maintenant, ajoute-t-il, cette cloison pour y en remettre une autre de même ordre que celles qui sont de nouveau aux autres chapelles, et pour ce qui est de l'autel, c'est le même, et aussi le lambris, hormis que l'un et l'autre sont peints et dorés depuis peu. »

L'antique église de la Ste-Trinité, située, comme nous l'avons dit, dans l'axe du reste de la façade du château, devint par son ordonnance extérieure, partie intégrante de cette façade, dans laquelle nous devons reconnaître trois époques bien distinctes : 1° celle de sa fondation qui devait en restreindre l'étendue à la portion qui règne depuis et compris le pavillon du milieu, jusqu'à celui qui rejoignait l'extrémité de la galerie d'Ulysse : 2° celle de son prolongement sur l'axe de l'église de la Ste-Trinité ; 3° son renouvellement de décoration opéré en partie, bien plus tard, et qui n'a pas été terminé.

L'origine de la première construction est la même que celle de la galerie dite de François Ier, avec laquelle elle se liait, et toutes deux devaient être l'ouvrage d'architectes français, car elles remontent à 1529, époque antérieure à l'arrivée de Vignole et de Serlio, qui furent appelés successivement pour composer des projets plus étendus, et répondre aux désirs du grand monarque qui, suivant les expressions d'Egnatio Danti (*), voulait faire de son château de Fontainebleau le prototype des maisons royales.

Cependant, il est probable que d'abord il ne pensa point à agrandir cette façade au delà de l'étendue de la cour de la Fontaine qui était derrière, et dont la porte d'entrée se trouvait, comme elle est encore, entre les deux pavillons semblables dont nous avons parlé ; il se borna à faire entourer cette portion de bâtiment d'un fossé au bord duquel on

---

(*) Commentateur de la perspective de Vignole.

construisit, en face de la porte de la cour de la fontaine, un édifice isolé, destiné à supporter un pont-levis. Cet édifice singulier, d'un tout autre caractère d'architecture que les autres bâtiments, et dont nous parlerons à l'occasion du baptistère de Louis XIII, subsista longtemps, quoique irrégulièrement placé dans un angle de la cour construite au delà, et qui embrassait, dans son vaste contour, la façade entière du château, dans laquelle on suivit le même ordre d'architecture déjà adopté, style en tout semblable à celui de la cour du Donjon, et qui caractérise bien le goût français au commencement du XVIe siècle.

Ce n'est que du côté du jardin de l'orangerie qu'on s'aperçoit de quelques variations de style, surtout dans le pavillon qui termine la façade de ce côté. Nous croyons y remarquer, dans la mâle modinature des profils, et la belle proportion des pilastres et des arcades, le produit d'un talent sage et mûri par l'expérience et l'étude de l'antique ; en un mot, nous n'hésitons presque pas à y lire l'empreinte de la main savante de Vignole ; comme nous retrouvons ailleurs celle de Serlio, aussi élégant dans ses conceptions, quoique moins pur, et ayant déjà une propension à s'écarter de la sévérité antique, pour sacrifier au goût qui devait bientôt après tomber dans la manière florentine, et mener ensuite rapidement à la décadence.

Ce n'est point au hasard que nous émettons l'opinion qui nous porte à croire que cette restauration de l'église de la Ste-Trinité et du pavillon d'angle est de Vignole. Egnatio Danti nous apprend que ce célèbre architecte vint en France avec le Primatice (cinq ans avant Serlio), pour faire les projets d'un palais royal et un lieu de délices tellement excellent, qu'il devait l'emporter sur tous les édifices anciens et modernes. Il en fit, ajoute-t-il, les plans et même le modèle en relief, qui ne fut pas *entièrement* mis à exécution, à cause des guerres civiles : *Non furono del tutto messi in executione*. Mais il fit, également pour le roi, beaucoup d'autres dessins de fabriques *qui furent exécutés*, et particulièrement les dessins et cartons de perspectives pour les peintures du Primatice. Quel est ce projet d'agrandissement du château, si ce n'est celui que Serlio exécuta ensuite en terminant l'enceinte de la grande cour du Cheval Blanc, que Vignole avait commencée en prolongeant la façade principale, comme nous l'avons déjà dit. D'ailleurs, nous retrouvons dans d'autres ouvrages de Vignole, le même système de construction dont s'est écarté son compétiteur, c'est-à-dire les chaînes en pierre d'appareil aux angles et au milieu des trumeaux des croisées, figurant des pilastres en saillie, couronnés de leur entablement également en pierre, tandis que le reste est en moellons revêtus d'un enduit. Nous pourrions trouver de nombreuses similitudes dans le palais du Caparole, et particulièrement dans celui du pape Jules à Rome, dans lequel les niches et croisées du premier étage, séparées par des pilastres, offrent les mêmes profils et les mêmes proportions que les fenêtres cintrées des pavillons du château de François Ier. Certes, ces pilastres, qui profilent sur l'angle, sont mieux raisonnés et plus agréables à l'œil que ceux qu'on y a substitués isolément sur chaque face, et qui, ne supportant rien, deviennent une décoration superflue et inutile.

Au reste, on trouve des exemples de ce premier ajustement, dans les ouvrages de Palladio (Basilique de Vicence), et il est fréquemment employé dans les constructions antiques, (au temple d'Assise, à la maison carrée de Nîmes etc.); enfin, dans tous les édifices terminés aux angles par des *Antes*, qui sont les pilastres angulaires du porche Toscan, selon Vitruve, ce qui peut s'étendre à tous les ordres de pilastres d'encoignure, qu'on nomme aussi pilastres corniers (*).

Vignole n'a fait que suivre, en employant des

(*) Archit. de Daviler.

proportions plus sévèrement étudiées, le système déjà adopté par les architectes français, dans les parties du château, construites avant son arrivée, telles que le pavillon de la porte dorée et la galerie de François Ier, tandis que Serlio, tout en étant obligé de se raccorder avec les constructions existantes, a affecté un genre d'architecture tout opposé.

En effet, ayant à continuer les trois faces des bâtiments qui devaient achever d'enfermer la grande cour, il adopta un genre de bâtisse qui se fait remarquer dans tous les édifices qu'il a construits à Fontainebleau ; je veux parler du mélange de pierre et de brique. Ordinairement la brique est employée dans le massif des murs, et la pierre figure les chaînes ou l'ordre d'architecture décorative ; ici c'est tout le contraire, la brique sert de décoration, et les massifs sont en maçonnerie, revêtue d'un enduit. Nous reviendrons sur ce système de construction, et sur cette variation de l'emploi de la brique.

Il nous suffit pour le moment de faire remarquer cette manière d'opérer, qui prouve que la façade principale n'est point de Serlio, car il a pris à tâche de ne pas se raccorder avec elle en changeant toute l'ordonnance et jusqu'aux matériaux du reste des bâtiments qui entourent cette cour.

Cette variété d'aspect, quoique contraire aux règles de la stricte symétrie, qui d'ailleurs n'était pas plus observée dans le reste de la décoration, devait néanmoins avoir quelque chose de piquant, d'agréable même, par le contraste des couleurs, et le mouvement des lignes.

D'ailleurs, on était habitué à cette irrégularité dans les plans et les élévations que nous avons déjà signalés, comme des caractères architectoniques des siècles précédents, et nos bons aïeux avaient peut-être pour principe reconnu plus tard que :

L'ennui naquit un jour de l'uniformité,

et rien n'est plus ennuyeux en effet, qu'une longue ligne d'édifices absolument uniformes et même une ville régulièrement percée de rues interminables, dont les côtés sont parfaitement réguliers dans leur décoration.

Ici, des quatre côtés de la cour du Cheval Blanc, il n'y en avait que deux à peu près semblables, et il n'en reste plus qu'un qui puisse nous donner une idée de la décoration imaginée par Serlio, et encore est-elle tellement gâtée par des percements de portes et de fenêtres, ou par la suppression de beaucoup des membres de l'architecture, qu'on a faite sans égard pour la symétrie, ni respect pour l'ordonnance générale de cette façade, qu'on ne peut s'en rendre un compte exact ; il n'y a même que le pavillon du milieu', où l'on retrouve quelques traces du talent du célèbre architecte italien. L'autre façade, retournant d'équerre, a été abattue et remplacée par la grille qu'on voit à cette heure; elle était à peu près semblable à celle dont nous venons de parler.

La galerie d'Ulysse, située à l'autre côté, était décorée, au rez-de-chaussée, du même ordre de pilastres en briques également espacées, offrant dans leur milieu et alternativement une porte et une fenêtre.

Au premier étage, il n'y avait naturellement que des fenêtres, séparées aussi par des pilastres, et le grand entablement de la même matière, était surmonté par des petites niches rondes, appuyées par des consoles à volutes, et qui servaient moins à procurer du jour et de l'air aux combles, qu'à dissimuler la hauteur des toitures, et à donner du jeu et du mouvement à cette ligne de bâtiments d'une longueur démesurée relativement à la hauteur ; enfin, à une certaine distance, cette espèce d'amortissement ou attique, faisait l'office des *antefixes,* dont les anciens brodaient, pour ainsi dire, le rempant de leurs toitures.

Cette galerie n'existe plus, aussi n'en décrirons-nous pas l'intérieur orné de magnifiques peintures exécutées par Nicolo del Abbate, sur les dessins du Primatice; mais nous ne pouvons passer sous silence, l'effet que la destruction de ce monument produisit, vers le milieu du siècle passé, sur l'esprit des véritables amis de l'art; car j'ai été saisi de la même angoisse, transporté de la même indignation, lorsque j'ai été témoin d'une semblable dévastation dans un siècle où l'on prétend que les arts et les artistes sont en honneur, et où la diffusion des lumières, semble éclairer toutes les classes de la société.

Voici la lettre du comte Algarotti, dans laquelle il déplore ce grand acte de vandalisme; elle est du 2 Juin 1744 :

Algarotti avait fait un premier voyage à Paris, en 1733, et il y composa même en italien son *Newtonianisme pour les dames*, ouvrage dont il voulait faire le pendant de la *Pluralité des mondes* de Fontenelle; c'est quelques années après son second voyage en France, qu'il écrit cette lettre :

« J'ai revu encore une fois à Fontainebleau, les admirables peintures de notre *Nicolino* (Nicolo del Abbate); elles avaient encore la fraîcheur, le relief et la force de coloris qu'elles possédaient quand Vasari les décrivait, et aussi dignes d'être recouvertes de riches rideaux *cortinnagi*, comme le voulait Vedriani, dans le siècle passé. Les aventures d'Ulysse, racontées par Homère, étaient le sujet de ces peintures composées par le Primatice, et exécutées par Nicolo. Je ne puis exprimer le plaisir que j'éprouvai à admirer cette poésie visible. Cependant, si j'avais retardé seulement de quelques heures, c'en était fait, et j'aurais eu à en déplorer à jamais la perte. Les maçons étaient déjà sur le toit de la galerie qu'ils démolissaient; les débris de la voûte de ce monument tombaient sur nos têtes, et il fallut supplier les ouvriers de suspendre un moment leur dévastation, pour se procurer le loisir de contempler le chien fidèle, qui flatte et reconnaît son vieux maître, de voir Ulysse qui, ayant tendu son arc puissant, défie les efféminés, prétendant à la main de Pénélope, et tous les autres miracles si vrais de la haute peinture.

Antiphatem Scyllamque et cum Cyclope Charybdim.

« Encore si l'on avait, ajoute-t-il, chargé quelque habile artiste de dessiner fidèlement et de graver ces peintures avant de les détruire! pour qu'il en reste une idée plus exacte que celle qu'en donnent les estampes faites autrefois; en effet, ayant vu les originaux, je puis affirmer qu'elles ne peuvent tout au plus servir qu'à indiquer l'ensemble de la composition, sans en retracer en rien le beau caractère. Quand les moines noirs de Parme voulurent, dit-il encore, agrandir la cour de l'église de St-Jean, ils eurent le soin, avant de faire démolir le vieux édifice, de faire copier par les Carraches, les peintures du Corrége qui la décoraient, et l'Arétusi se servit de ces copies pour orner la coupole du nouvel édifice. Mais en France, ni *Varioli*, ni Boucher n'ont copié le Primatice et Nicolo. En quelques jours, on voit détruire l'admirable travail qui a coûté de longues années à ces grands peintres, dignes émules d'Homère, et que François Ier avait attirés d'Italie pour illustrer son règne. »

Nous ne savons ce que c'est que le Varioli, à moins qu'on n'ait estropié ainsi le nom de *Wanloo*; mais ce qu'il y a de certain, c'est que Boucher n'était pas non-seulement hors d'état de copier la grande et magnifique peinture de Nicolo, mais même de l'apprécier à sa juste valeur. Au reste, dans ce siècle malheureux pour les arts, nous doutons même qu'on eût trouvé en Italie un peintre digne de nous conserver la mémoire de ces chefs-d'œuvre.

Cette galerie, commencée par François Ier, et bâtie sur les dessins de Serlio, ne fut finie qu'en 1563, et c'est d'une époque postérieure, que datent les contre-forts qui en soutenaient les murs du côté des jardins, et qui visiblement ne faisaient point partie de sa décoration architectonique. (*Voir la vue cavalière de Ducerceau*). Quant à sa décoration intérieure, elle eut besoin d'être restaurée sous Henri IV, qui confia cette délicate opération à Dubreuil, son premier peintre. Sous Louis XIV, en 1661, un nommé Balthazar fut chargé du même travail; enfin, on voit qu'au moment de la destruction, ces peintures étaient, au moins en grande partie, fort bien conservées; et si on avait eu plus de respect pour le beau monument de la renaissance des arts en France, on aurait trouvé aisément les moyens de le consolider (*); mais on voulait à toute force des logements. On avait déjà sacrifié les galeries des Cerfs et des Chevreuils, et on résolut de reconstruire tout ce côté de la cour du Cheval Blanc. Un coup d'œil suffit pour faire apprécier cette misérable bâtisse, qui dépare complétement le château, et lui donne de ce côté l'apparence d'une caserne.

Nous avons parlé, relativement à la façade principale du château, d'une troisième époque qui est celle de la restauration, sous Henri IV, et de l'es-

---

(*) Cela était d'autant plus facile, que la charpente était presque entièrement intacte, c'est ce qui résulte d'un plan fait en 1739, et qui constate l'état de cette charpente poutre par poutre.

sai d'un nouvel ordre d'architecture qu'on adopta à cette époque. Ce changement consistait dans la suppression des pilastres d'angle, et de ceux qui occupaient la moitié des trumeaux au premier étage, remplacés par d'autres pilastres servant d'encadrement aux fenêtres. Mais la décoration du rez-de-chaussée surtout, gagna beaucoup par l'adoption du système d'arcades entremêlées de niches, et surmontées d'un entablement extrêmement riche, et dont la frise offre des guirlandes de feuillage, où l'on remarque, comme support, le sceptre et la massue.

La balustrade à jour des terrasses, qui remplace la frise, et fait suite avec elle, répond au vide des arcades, et les lie bien avec les corps avancés, ainsi qu'avec le grand escalier qui aboutit au perron du milieu. Il est fâcheux qu'on n'ait pas continué ce motif de décoration, qui aurait au moins fait de cette façade un monument complet, et d'un style convenable.

Du temps de Ducerceau, la même façade, quoique d'un autre caractère, offrait cependant, au premier et au second étages, un aspect régulier. Mais le rez-de-chaussée était encore plus incohérent qu'aujourd'hui.

En face du pont-levis, il existait trois arcades

soutenues par deux pilastres isolés; du côté opposé, on ne voit qu'un pilastre corinthien, saillant sur un pied-droit carré, décoration semblable à la cour de la Fontaine, suivant le même architecte. Des deux côtés de l'escalier en fer à cheval, la décoration change encore; à droite c'est un mur plein, percé de deux portes carrées avec chambranles, et deux petites fenêtres placées irrégulièrement à coté, et un peu au-dessus des portes. A gauche, ce sont trois arcades supportées par des piliers carrés; il semblerait que l'on a fait entrer dans cette planche, diverses combinaisons de décoration, comme les architectes font parfois avec des papiers de retouche, pour donner le choix à celui qui leur demande des projets divers.

Nous ne savons si l'escalier en fer à cheval, retracé dans la même planche, est celui qu'on attribue à Serlio; ce qu'il y a de certain, c'est qu'il ne ressemble en rien à celui qu'on voit aujourd'hui, et qui est considéré par les amateurs du bizarre et des difficultés vaincues, comme un chef-d'œuvre.

On peut cependant le prendre pour tel; en effet, relativement à l'ingénieuse combinaison des voûtes rampantes qui exigeaient, dans la coupe et l'appareil des pierres, une grande habileté de la part de l'artiste qui en est l'auteur, les ornements de sculpture qui le décorent, sont aussi d'un goût parfait et d'une rare exécution, vu les difficultés qu'opposait la matière réfractaire dont il est construit.

Cet escalier doit surtout exercer la sagacité de l'historien par la difficulté d'en deviner l'auteur. Les uns l'attribuent à Philibert de l'Orme, qui le décrit dans son Traité d'architecture comme son propre ouvrage; les autres, à Jacques Lemercier, architecte de Louis XIII. C'est ici où le jugement porté sur les objets d'art, en ne considérant que leur style, est en défaut; car, au premier coup d'œil, on n'hésiterait pas à le faire remonter à Henri II ou à Charles IX, ainsi que la décoration de placage avec laquelle il se lie, et dont le goût parfait de dessin caractérise bien celui du milieu du XVIe siècle.

D'une autre part, ces mêmes ornements sculptés, où l'on retrouve les insignes d'Henri IV, tels que la massue, le sceptre et les H couronnés, les feraient supposer du siècle suivant. Enfin, le témoignage oculaire du bon et naïf père Dan, en fixe la fondation à l'année 1634; il assure que lorsqu'on posa les fondements de cet escalier, *il était présent*, et il ajoute à cette occasion d'autres circonstances que nous avons citées plus haut.

Il faut donc croire que cet escalier contourné, a remplacé celui que de l'Orme décrit avec quelque complaisance, et dont le plan et l'élévation, donnés par Ducerceau, sont infiniment plus simples et d'un meilleur goût.

S'il en était ainsi, nous serions tentés d'attribuer au même architecte la première décoration de cette belle façade, décoration moins ornée, sans doute, que celle qu'on voulut y substituer sous Charles IX, mais plus en harmonie avec le style de tous les autres bâtiments construits ou restaurés du temps de François Ier.

Pour compléter la description de cette cour, il nous reste à parler de deux petites fontaines encore existantes, quoique dépouillées de la plupart de leurs ornements (a).

Lorsque Henri IV fit enlever le pont-levis jeté sur le fossé qui traversait la cour du Cheval Blanc, il paraît qu'il le remplaça par un pont vis-à-vis de la cour de la Fontaine (b). En 1713, Louis XIV fit construire un autre pont en face de la chapelle de la Ste-Trinité. Ces ponts et le fossé sont marqués sur les plans de cette époque (c), et les murs à hauteur d'appui marquent encore l'alignement du fossé qui a été comblé postérieurement. Les deux petites

---

(a) Elles ont été supprimées depuis 1830.
(b) Trésor des merveilles de Font.
(c) Gilbert.

fontaines construites par Henri IV, consistent en une sorte de piédestal carré, accoté de consoles à la manière du temps. Ils étaient surmontés de statues de marbre; on prétend même qu'elles étaient antiques : l'une représentait la figure d'un chasseur avec son chien, l'autre était un Bacchus avec un léopard et une corbeille de raisins. Ces statues ont été enlevées, on ne sait trop à quelle époque, et peut-être les retrouverait-on à cette heure dans les jardins des Tuileries et du Luxembourg, où l'on voit deux figures qui peuvent convenir à la description que font les historiens de Fontainebleau. Les piédestaux, quoique très-dégradés, car on en a ôté la lettre initiale du nom de Henri IV, sont encore ornés de mascarons en bronze d'un beau caractère, que le peuple désigne par une expression triviale qui indique l'exiguité du filet d'eau que ces têtes laissent échapper de leurs énormes bouches (*Planche* 36).

Nous avons cherché, dans notre planche, à rétablir les proportions et l'aspect de l'une de ces fontaines qui se détache sur la riche décoration de la principale façade du château.

XVII.

Grotte des Pins,

OU THERMES DE FRANÇOIS Ier.

A L'EXTRÉMITÉ de l'une des longues allées du jardin des Pins, et à travers le vide qu'offraient les branches noires et pendantes des mélèzes et des cyprès qui cachaient les autres bâtiments, on apercevait une grotte rustique d'un aspect aussi neuf qu'imposant, et qui semblait s'isoler dans une complète et mystérieuse solitude, quoiqu'en effet ce pavillon, appartenant au château, fût situé à l'angle saillant de la grande galerie et des constructions qui fermaient la cour du Cheval Blanc, du côté de la route de Nemours. (*Planche* 37).

Cette grotte servait d'entrée à une salle de bains que François Ier avait fait construire à l'instar des thermes antiques. Le péristyle était composé d'énormes quartiers de grès presque bruts, quoique disposés avec beaucoup d'art; il offrait trois arcades plein-cintre soutenues par des figures colossales, formées elles-mêmes de blocs en apparence grossièrement taillés, et qui, vues à une certaine distance, ressemblaient à ces statues à peine dégrossies que la main puissante de Michel-Ange savait tirer du marbre obéissant, et auxquelles il communiquait déjà la surabondance de vie que lui fournissait son génie. (*Planche* 38).

L'ingénieux artiste qui exécuta ces figures, ne pouvant les faire d'un seul morceau, et voulant éviter les joints horizontaux des assises, imagina de former chaque partie du corps, et même la masse des principaux muscles, d'une portion de rocher affectant à peu près la forme voulue, et dont les joints accusaient les contours, et se perdaient dans leurs renfoncements. C'était néanmoins un calcul assez difficile, exécuté ici avec une rare intelligence, et qui avait quelque rapport avec celui des constructions en polygones irréguliers, dites cyclopéennes. En effet, la tête et le cou, jusqu'aux clavicules, sont d'un seul morceau ; deux autres forment la poitrine en prenant le contour des pectoraux ; les épaules et les bras reployés, sont taillés dans deux blocs, et les autres parties du torse, des cuisses et des jambes se subdivisent en autant de fragments qu'il est nécessaire pour exprimer et détacher ces divers membres. Ces morceaux de pierre forment parpaing et se lient avec la construction des murs qui n'ont pas moins de 4 pieds d'épaisseur. La pose de ces figures est très-simple, point contournée, et à peu près uniforme ; elles sont debout et hanchées diversement pour faire contraster un peu leur mouvement ; elles diffèrent néanmoins pour l'âge et l'expression de leurs physionomies. Deux de ces géants portent une assez longue barbe, un autre à la barbe courte et frisée, et le quatrième est un jeune homme imberbe. Tous ont le caractère plus ou moins prononcé qu'on donne aux faunes ou aux satyres, ainsi que les cornes, les oreilles et la barbe terminée en pointe. Ces têtes, fort bien modelées, sont très-variées d'expression, elles ont un air de gaîté malicieuse, et sont plus soignées d'exécution que le reste de la figure, dont les extrémités inférieures, seulement dégrossies, semblent à peine détachées du rocher qui les enveloppe, aussi paraissent-elles un peu courtes. Leurs bras sont reployés de manière à embrasser l'angle de la tablette saillante formant l'imposte des piliers qui soutiennent la retombée des arcs, et les murs de tout l'édifice. Ils soulèvent même cette tablette et la font basculer en dedans et en abat-jour, ainsi que tous les clavaux de l'arc, de manière à procurer le plus de clarté possible dans l'intérieur. Ce singulier artifice surhausse les arcades à l'extérieur, et leur donne plus d'élégance et de légèreté. Dans l'état actuel, car elles peuvent être un peu enterrées, elles ont 10 pieds de hauteur, sur 4 pieds et demi de largeur : les pieds droits ont 3 pieds, et la largeur totale de l'édifice est de 34 pieds. Les bossages rustiques s'élèvent encore de plusieurs pieds jusqu'à un entablement formé d'un rang de pierres plates et saillantes ; il est couronné de trois frontons aussi composés de deux grandes pierres s'appuyant l'une sur l'autre.

Le frontispice entier est complété par deux figures sortant de gaînes carrées qui se retournent sur l'angle, et dont la tête supporte le bandeau de brique du premier étage qui change de caractère, et prend celui du reste des bâtiments, c'est-à-dire qu'il est construit en moellons revêtus d'un enduit, et en briques figurant des pilastres, des bandeaux, et l'encadrement des croisées. Au reste, on ne peut guère juger de cet ajustement que par une mauvaise gravure attribuée à Israël Silvestre, et par une légère indication dans les vues en perspective cavalière de Ducerceau. Maintenant un hangar en charpente, qu'on a appliqué contre ce monument depuis qu'il a été converti en écurie, coupe en deux la cariatide d'angle, et l'autre est, dit-on, enterrée dans les fondations d'un mur moderne. Autant qu'on peut en juger par ce qui en reste, ces figures étaient beaucoup plus élégantes de proportion, et terminées avec plus de soin que les satyres dont nous avons parlé.

Le style austère et l'apparence de la force et de la solidité à toute épreuve de l'extérieur de cette construction, contraste avec la richesse, l'élégance et le goût recherché des ornements qu'on remarque dans l'intérieur, et qui convenaient bien à la destination de ce lieu. Partout on voyait briller l'or, les cristaux, la nacre de perle; les cubes vitrifiés de la mosaïque, revêtissant des formes en relief, pouvaient rivaliser de fraîcheur de ton avec les peintures à fresque voisines, plus précieuses sans doute, mais qui ont bien moins résisté aux outrages du temps. On peut supposer que le pavé était de marbre à compartiments de couleur, et que l'eau attiédie était amenée dans un bassin, servant de baignoire, par des conduits de bronze; des vitraux coloriés ne laissaient pénétrer dans ce nymphée mystérieux qu'un jour adouci, et dont le balancement des branches des arbres voisins animaient pour ainsi dire les chatoyants reflets. Tout faisait de ce lieu un séjour enchanteur qui pouvait, en outre, être orné de riches et moelleux lits de repos, de cassolettes où brûlaient les parfums de l'Arabie, de vases de majolica de Luc della Robbia, ou de Bernard de Palissi, remplis des plus belles fleurs de l'Orient (*), et de lampadaires d'argent ciselés par Benvenuto Cellini. (*Planche* 39).

Pour rendre notre description complète, et vivifier la scène, il faudrait la meubler de figures, les emprunterons-nous au Titien, au Corrège, ou à l'Albane, ou bien, pour rester dans la vérité historique, chargerons-nous Léonard de Vinci de faire revivre la belle Féronnière, ou André del Sarte et Nicolo, de nous offrir la ressemblance de la noble et fière Châteaubriand, ou de son adroite rivale, la belle duchesse d'Estampes, qui avait son appar-

---

(*) François Ier avait envoyé en Turquie et en Asie-Mineure plusieurs savants et artistes.

tement au premier étage de ce pavillon, communiquant par la grande galerie aux appartements du roi?

Voici le discours que Mme de Villedieu (*) fait tenir à Jacques V, roi d'Ecosse, en parlant à Henri II de Mme Magdeleine, fille aînée de François Ier, dont il était très-épris : « Mme (Magdeleine), dit-il, se baigna au commencement de cet été, comme vous pouvez vous en souvenir, dit ce roi, c'était en 1536, et choisit pour le lieu de son bain, cette magnifique grotte que le roi, votre père, a fait faire à l'appartement de la duchesse d'Estampes. Je sais le secret de cette fausse niche, d'où, par le moyen d'un miroir de réflexion qui est enchâssé dans la rocaille, on peut voir les dames dans le bain. Le roi, votre père, m'avait confié cet essai de sa curieuse galanterie. Je fis gagner l'officier qui a soin de cette grotte, il me fit entrer dans la niche, un moment avant que Madame se mît dans l'eau. Pardonnez-moi cette témérité, mon cher prince, la pureté de mes intentions l'excuse, et elle fut assez rigoureusement punie pour mériter plus de compassion que de colère. La seule Mlle de Vendôme eut le privilège d'entretenir Madame dans

---

(*) Journal amoureux.

son bain, et d'abord elle me donna mille petits plaisirs qu'elle ne pensait pas me donner, etc..... » L'abbé Guilbert (*) ne va pas plus loin, et nous suivrons son exemple, cependant, ajoute-t-il, le roi continua son discours sur ce qu'il entendit des dispositions de Madame, qui, peu indifférente pour don Juan, fils de l'empereur Charles-Quint, n'entendait prononcer qu'avec peine le nom de Jacques, roi d'Ecosse, et ne se regardait menacée de devenir son épouse, que comme une victime immolée aux raisons d'état et à l'intérêt; ce qui fut la punition dont le prince fait le récit à Henri II, punition d'autant plus sensible, que ce roi l'aimait sincèrement, et ne désirait, comme il arriva, que de devenir son époux. »

Guilbert parle aussi des débris de rocailles, cristaux de roche et talke qui formaient la bordure de tableaux à fresque, représentant diverses histoires. On y voyait aussi, ajoute-t-il, des poissons et oiseaux qui, réfléchissant leurs perspectives et points de vue, sur deux bassins bordés de cristal, d'où jaillissaient deux très-belles fontaines en forme de jets d'eau, en faisaient une salle de bains digne de la magnificence de François Ier.

(*) Description historique de Fontainebleau.

On peut juger qu'à cette heure cette salle doit avoir perdu presque toutes les traces de son antique magnificence ; on reconnaît cependant la place des tableaux, particulièrement celui du centre de la voûte en berceau, et l'on voit quelques restes des rocailles qui l'entouraient. Nous avons aussi reconnu les traces d'une treille dorée, à travers laquelle serpente une vigne chargée de pampres et de fruits ; on distingue encore des médaillons qui contenaient l'image de cygnes, de poisons en relief de mosaïque dont les couleurs ont résisté, comme nous l'avons dit, beaucoup mieux que celles des peintures. Le fond de ces médaillons est composé de coquilles encastrées dans l'enduit frais, la nacre en dehors, qui semblent une imitation d'ouvrages de ce genre dont parle Léon-Baptiste Alberti (*) ; il dit que c'est Néron qui, le premier, imagina de faire scier la *madreperle* (nacre), et de la mêler avec la mosaïque ; ici on paraît avoir employé un moyen plus économique, en se servant des plus belles coquilles de nos moules. Quant à la mosaïque, revêtissant des formes de relief, on sait que les anciens avaient aussi cet usage, et il est même question d'une statue colossale de Théodoric qui était revêtue

(*) Dans son Traité d'Architecture, p. 150.

de cubes de verre colorié et doré. On retrouve aussi la trace de la niche ou cabinet mystérieux, où était placée cette glace perfide dont fit usage le roi d'Écosse; c'est sans doute un renfoncement situé en face de la porte, et qui ressemble à l'ouverture de l'âtre d'une cheminée; sur les côtés, on distingue les issues maintenant murées de portes ou de niches cintrées à claveaux rustiques, comme ceux de la façade. Nous avons essayé, avec les éléments existants, c'est-à-dire les fragments de mosaïques, de madrépores, de cristallisations, et les traces des principaux encadrements, de restituer la décoration entière de cette salle, pour en donner une idée plus exacte. Nous avons aussi supposé que les quatres niches carrées, situées aux angles de la salle, devaient contenir de petites vasques ou coquilles de marbre, supportées par des piédouches, et dans lesquelles de l'eau froide ou chaude tombait en s'échappant de mufles de lions ou de mascarons dorés. Quant au bassin, plusieurs personnes se rappellent l'avoir vu avant qu'on eût changé la destination de ce nymphée.

Il est surprenant que le vieux historien de Fontainebleau ne parle pas de ces bains, quoiqu'il fasse la description très-étendue des étuves et des thermes qui se trouvaient sous la galerie de François Ier, et qui furent, suivant Guilbert, converties en appartements en 1697.

Ces étuves consistaient en plusieurs salles basses qu'on chauffait au moyen d'un fourneau intérieur, dont la chaleur s'exhalait par certains petits soupiraux qui sont au pavé. Dans une autre salle voûtée, on avait caché une grande cuve d'airain d'où l'on tirait l'eau chaude ou tiède, suivant le besoin. Cette pièce était enrichie de peintures, de moresques, grotesques, arabesques et bas-reliefs.

On voyait, dans un autre salon, un bassin de 3 pieds et demi de profondeur, 14 de longueur, et 10 de large, environné d'une balustrade, et où l'eau descendait par un tuyau de bronze de la cuve dont on a parlé. Toutes ces salles étaient ornées de tableaux peints à fresque, et entourés de bordures enrichies de vases, de festons, de masques en stuc et de reliefs.

Que sont devenues toutes ces peintures d'une époque si remarquable? Peut-être sont-elles recouvertes par l'ignoble badigeon, ou cachées par des lambris ou des tapisseries. Ne pourrait-on pas les retrouver aussi bien qu'on l'a fait dans quelques autres appartements du château et ailleurs, où, la couche de détrempe enlevée, les peintures heureusement à fresque, par conséquent ayant jeté de profondes racines dans l'enduit, ont reparu assez, parfois, pour qu'on pût les restaurer. Si même il n'en restait que des fragments, ne pourrait-on pas les enlever, et les transporter sur toile par le procédé employé en Italie, par l'intelligent Palmaroli; procédé déjà indiqué par Borghini, dans son *Riposo*, publié vers la fin du XVIe siècle.

Qu'on ne croie donc pas que le tableau que nous avons fait des thermes de François Ier, soit seulement le fruit de l'imagination; nous en avons emprunté les principaux traits à la description d'autres salles du même château, et qui existaient encore sous Henri IV. D'ailleurs, dans un temps où le luxe des arts était à son apogée, et où la somptuosité, unie à l'élégance et au bon goût, se faisaient remarquer dans tous les usages de la vie, ces bains passaient pour une merveille, à tel point que Guillaume de Choul, gentilhomme lyonnais, que la Croix Dumaine nomme le plus diligent et le plus grand rechercheur d'antiquités de son temps, ne prit la résolution d'écrire sur les thermes des anciens, qu'après avoir vu les bains du château de Fontainebleau dont il fut charmé. En présentant son ouvrage au roi Henri II, en 1553, il s'exprima ainsi : « Entre les autres singularités de votre bâtiment, vos thermes, sire, et vos bains sont faits par telle diligeance et somptuosité, qu'à les bien regarder, ils peuvent combattre de comparaison avec ceux de Marc Agrippa, par quoi je suis venu à considérer combien de beauté pour le contentement de l'œil, et d'utilité et profit ils apportaient aux anciens pour la santé du corps. Je me suis mis en devoir, suivant votre commandement, de vous en donner la connaissance par la lecture de ce petit livre. »

Il nous reste à chercher quel est l'auteur de ce monument qui rappelle quelques compositions de ce genre qu'on voit en Italie. Selon toutes les apparences, on doit attribuer l'ordonnance de la grotte des Pins à Serlio, qui avait construit la cour du Cheval Blanc et, particulièrement, la grande galerie à l'extrémité de laquelle se trouve cette grotte ; d'ailleurs, l'ajustement du premier étage de ce pavillon, qui se raccorde parfaitement avec l'ordre d'architecture des autres bâtiments, prouve que tous sont le fruit de la même pensée; bien plus, on voit fréquemment dans l'œuvre de Serlio, l'emploi des cariatides et des gaines, et il nous a semblé retrouver dans la forme des compartiments de l'intérieur, beaucoup de similitude avec les ornements familiers à cet habile architecte, et qui sont tous du goût italien. Quant aux scuplteurs qui ont exécuté les cariatides et les hermès qui ornent l'extérieur de cette grotte, nous ne pouvons que répéter que la France possédait alors un grand nombre de statuaires qui rivalisaient de talent avec les grands maîtres de l'Italie.

XVIII.

Cour de la Fontaine.

> E inanzi un gran palazzo si trovaro
> . . . . . . Volto gli occhi in giro
> E vide loco il qual si vede raro,
> Di gran fabbrica e bella e bene intesa;
> Ne a privato uom convenia tanta spesa.
> Lungo sara se tutti vi disegno
> Gli ornati alloggiamenti della corte;
> Ed'oltr'a quel ch'appar, quanti agi sotto
> La cava terra, il maestro avea ridotto.
>
> (ARIOSTO, c. 42).

Les constructions de la cour du Donjon, qui formaient avant François Ier l'entier périmètre du château, ne sont pas les seules que ce prince ait fait ériger ou réparer. Nous avons vu que la galerie qui porte son nom, était construite avant l'arrivée des architectes italiens, nous pouvons en dire autant des bâtiments qni se liaient avec cette galerie qu'ils coupaient à angle droit à partir du grand étang jusqu'à l'antique chapelle de la sainte Trinité, enfermé depuis dans cette masse de pavillons qui forme à cette heure la principale façade sur la cour du Cheval Blanc.

Mais occupons-nous d'abord de la cour de la Fontaine qui se trouve entre celles du Donjon et du Cheval Blanc. Suivant le tableau dont nous avons parlé, cette cour était alors bien différente de ce qu'elle est à cette heure. (*Planche* 40).

Il n'y avait de construit que la galerie de François Ier, qui mène des anciens appartements au palais nouveau dont la façade retournant à angle droit formait l'un des côtés de cette cour. On avait bâti en même temps le pavillon de la porte dorée et modernisé l'extérieur de l'antique château de Philippe-Auguste et de saint Louis, qui composait alors la troisième face de la cour en question. Le quatrième côté, parallèle à la galerie de François Ier, étant ouvert comme il l'est encore, et bordé d'un simple mur à hauteur d'appui, n'était qu'une terrasse dont le pied était baigné par les eaux du grand étang.

C'est au milieu de ce mur de soutenement que l'on construisit, bientôt après, la fontaine dont nous avons parlé à l'occasion des ouvrages de Benvenuto Cellini, qui voulait en faire une composition grandiose et unique peut-être dans les fastes des arts. On conçoit les raisons qui empêchèrent l'exécution de ce gigantesque projet, et par une fatalité singulière, ce local si favorable pour l'érection d'un monument, n'a pas cessé d'être bouleversé jusqu'à nos jours.

Henri IV, en détruisant la fontaine de François Ier, non parce qu'elle était au milieu de la cour, comme le dit Guilbert, car le plan de Ducerceau dément cette assertion; mais pour en construire une nouvelle (et, autant qu'on peut en juger), à la même place que l'ancienne, donna un tout autre caractère à ce monument; ce n'était plus qu'un bassin carré de 17 pieds sur chacune de ses faces orné aux angles de dauphins en bronze qui jetaient de l'eau. Une statue antique de Persée, s'élevait au milieu sur un piédestal figurant un rocher rustique, d'où s'échappaient aussi des jets d'eau. Cette fontaine, ainsi que toutes celles dont le même prince orna le parterre, était de la composition d'un nommé Francine, artiste oublié dans les biographies, et auquel on doit cependant une partie des embellissements faits pour lors, au moins dans les jardins de Fontainebleau (*).

Outre cette fontaine dont le massif, supporté par des voûtes, était en saillie sur l'étang, on forma en avant, un grand terre-plein revêtu de murs en terrasse : on en fit un parterre garni de fleurs et d'enroulements de buis et d'ifs taillés. Ce nouveau jardin orné de statues, de bassins et de jets d'eau, mais sans aucun ombrage, n'était guère praticable que dans les premiers jours du printemps et dans les longues soirées d'été; alors on devait y jouir de la fraîcheur répandue par les eaux limpides qui l'entouraient de toutes parts, et des brises qui agitaient au loin les arbres de la forêt, et s'enbaumaient des émanations des herbes aromatiques et des fleurs sauvages qui tapissent jusqu'aux côteaux les plus arides. Les gravures d'Israël Silvestre et de Pérelle, donnent une idée très-satisfaisante de ce beau local.

Plus tard, Louis XIV fit disparaître le terre-plein, sans le remplacer par la nouvelle terrasse qu'on voit à cette heure, et qui saille un peu sur l'étang en forme d'hémicycle, du reste il conserva une fontaine au même lieu; elle existait en 1810; mais

---

(*) Nous en parlerons plus au long à l'occasion de son plus bel ouvrage, *la Fontaine de Diane*.

peu de temps après, M. Heurtault, architecte du château, fit construire le bassin et le piédestal orné de têtes de Méduse jetant de l'eau : on l'a couronné par une figure d'Ulysse, lançant le disque, qu'on doit au ciseau de M. Petitot. (*Planche* 41).

Cette statue, d'un beau caractère, d'un mouvement juste et expressif, et d'une exécution soignée, n'a point été faite pour la place, et c'est de nos jours le grand défaut des objets d'art sans destination précise et déterminée ; aussi cette figure qui serait d'un effet très-satisfaisant, si elle était placée dans une niche, ou détachée sur un massif de verdure, perd beaucoup à être isolée ; le corps rejeté en arrière, sortant de la ligne du centre de gravité, n'est plus en rapport avec le carré du piédestal. Il y a défaut de pondération et de stabilité ; faute, au reste, commise par les statuaires de l'antiquité et qui a fait croire, avec quelque raison, que ces statues avaient originairement fait partie de groupes ou de frontons dont elles étaient les seuls restes. Ici, il fallait un groupe, ou une figure assise dont la pose et les accessoires devaient offrir de l'intérêt sur toutes ses faces, chose, comme on sait, fort difficile, mais que M. Petitot aurait été bien en état d'exécuter.

Les autres côtés de la cour ont éprouvé aussi

des vicissitudes; sous François Ier, ou peu de temps après sa mort, l'ancien château disparut derrière une construction qui se distingue par le style caractéristique de l'entière renaissance; il a même un tel rapport avec celui de Serlio, qu'on lui attribue cette façade, qui serait alors un de ses plus beaux ouvrages; elle consiste en deux pavillons carrés et un corps de bâtiment en retraite dont le milieu, s'élevant de deux étages, est décoré de pilastres, de niches et d'un fronton qui pyramide et coupe de sa masse élégante la haute toiture dissimulée encore par des fenêtres cintrées qui pénètrent le comble. Cette façade était enrichie de statues antiques de marbre, et le fronton ainsi que les croisées étaient couronnés de vases de plomb doré, d'une forme svelte et élégante. Les deux pavillons d'angle sont également ornés de pilastres et de niches, et surmontés, aux angles en amortissement, de piédouches supportant des statues; le premier ordre est toscan rustique à bossages taillés en table; le second est dorique, et les fenêtres des combles sont semblables à celles de la façade. L'escalier à double rampe, qui remplit le renfoncement de la façade, se développe de chaque côté et s'élève jusqu'au premier étage des deux pavillons; la porte qui se trouve entre les deux escaliers, et qui mène à l'entrée du parterre, était autrefois bien plus richement ornée de statues et de sculptures, de bas-reliefs que Guilbert attribue à l'élégant ciseau de Germain Pilon; les deux socles qui sont en avant, supportaient deux figures colossales de sphinx en bronze, dont on doit regretter la disparition.

Un coup d'œil jeté sur les planches, qui offrent cette cour sous plusieurs aspects, fera apprécier la beauté simple de l'ordonnance de la façade; c'est, en quelque sorte, un petit monument complet qu'on ne se lasse point d'admirer comme une conception aussi neuve que grandiose. (*Planche* 42).

Le côté opposé offre, suivant Ducerceau, à peu près la même disposition architectonique, seulement les pilastres du premier étage sont composites, et le pavillon d'angle avait un étage de plus.

Guilbert nous apprend que ce pavillon tombait en ruines, au commencement du XVIIIe siècle: il s'agissait de le reconstruire; mais Louis XIV, respectant l'œuvre de l'un de ses aïeux, voulut, quoiqu'il en coûtât, qu'on reprît en sous-œuvre cette construction d'autant plus précieuse, qu'on y voyait une salle dont les voûtes, décorées de peintures de maître Roux et du Primatice, étaient soutenues par vingt colonnes cannelées avec leurs bases et leurs chapiteaux en grès, et chacune d'un seul bloc. Sous Louis XV, on eut à déplorer la perte de ce pavillon, et bien plus encore, celle de l'admirable galerie d'Ulysse qui y aboutissait. La construction actuelle, dont la *planche* 43 peut donner une idée, date de cette époque.

Revenons à la cour de la Fontaine, nous y verrons, dans les plans et les élévations de Ducerceau, l'ancien portique transformé en une construction élégante, composée du même nombre d'arcades, mais allégées et ornées de pilastres corinthiens qui n'ont aucun rapport avec l'ordre toscan rustique du rez-de-chaussée des autres côtés de la cour. Est-ce un projet de Ducerceau, ou un commencement de décoration nouvelle à laquelle on aurait renoncé? C'est ce que nous ne déciderons pas. Mais la galerie existante, et qui a été consolidée de nos jours, avec quelques variations cependant dans les ornements sculptés (*), est fort différente de celle de Ducerceau : en effet, elle n'est composée que de sept grandes arcades entremêlées de niches à jour, et telle, en un mot, qu'on la voit retracée dans les vues d'Israël Silvestre et de Pérelle; elle

---

(*) On peut voir les détails de ces arcades, avant qu'elles aient été restaurées, dans les planches gravées par Baltard.

offre le même ordre à bossages qui se raccorde si bien avec les autres bâtiments, qu'elle semble avoir été exécutée à la même époque, c'est-à-dire sous Henri II.

Cependant Guilbert affirme, on ne sait sur quel fondement, que toute la décoration de cette cour fut revêtue de pierres de taille par Charles IX, et peut-être même le grand corps de bâtiment qui est à l'orient, ce que l'on peut avec raison conjecturer, ajoute-t-il, par sa devise qui a été effacée, dit-on, lorsque Louis XIII fit réparer et construire à neuf l'escalier hors-d'œuvre à deux rampants; plus loin, le même historien parle de la galerie qu'il dit être décorée de pilastres corinthiens, et il en attribue la construction à Henri IV; il ajoute qu'il la fit faire, en 1594, en place d'un pont de bois que François Ier y avait fait élever. On remarque facilement les inexactitudes et les contradictions qui existent dans cet article. Cependant, il y a un fait positif, c'est que, avant la restauration qui a été faite de cette galerie, vers 1810, il existait des chiffres composés de l'H groupé avec le sceptre, l'épée ou le caducée, et la devise : *Duo protegit unus*, applicable à la protection des deux royaumes de France et de Navarre, devise qui appartient à Henri IV. Cependant, nous ne pouvons expliquer ces anomalies, qu'en supposant que ce prince a fait refaire effectivement cette galerie; mais nous n'accorderons pas de même que l'escalier et la façade orientale, n'aient pas été construits du temps de Henri II, car ils nous semblent porter tous les caractères indubitables de cette époque où l'architecture, en France, était à son plus haut période. La prétendue reconstruction faite par Louis XIII, ne saurait être autre chose qu'une restauration semblable à celle qu'on vient d'opérer de nos jours; car, il faut l'avouer avec Ducerceau, presque tous les immenses édifices construits par François Ier, l'ont été avec une telle précipitation, que cinquante ans après, ils avaient besoin d'être réparés.

Il nous reste à décrire la galerie de François Ier, qui occupe le fond de cette cour : sa décoration extérieure actuelle, est à peu près semblable à ce qu'elle était dans l'origine, seulement le tableau si souvent cité, nous offre trois croisées très-rapprochées dans le milieu de la façade. Cette disposition était d'autant plus convenable que, du côté opposé, également percé de croisées, ayant vue sur le jardin de l'Orangerie, il existait au milieu un plein, c'est-à-dire un cabinet saillant en dehors, sur le jardin de l'Orangerie. Il a été détruit lorsque Louis XV a adossé à la galerie un nouveau corps d'habitation, et par conséquent a fait murer les fenêtres : nous avons à regretter les peintures et les sculptures qui ornaient ce petit réduit, où il y avait une cheminée ; « fort enrichie de figures; les unes de relief, les autres en basse-taille, avec divers moresques et grotesques. Il y a aussi au-dessus de l'entrée de ce cabinet, un grand buste de relief représentant le portrait à demi-corps du grand roi François Ier, porté par diverses têtes de chérubins, et aux côtés, il y a deux anges qui tiennent la devise de ce prince, outre que de part et d'autre sont deux grandes figures peintes sur fond d'or ; l'une représentant la Victoire, l'autre la Renommée avec de pareils embellissements. »

C'était en ce lieu, décoré avec tant de soin, et dans des armoires d'ébène, aux compartiments arabesques délicatement creusés et remplis d'ivoire et de nacre, dont l'intérieur, offrant une décoration d'architecture mobile, était subdivisé en une multitude de tiroirs, que François Ier renfermait ses bijoux, ses pierreries, ses camées, ses médailles et autres objets précieux par leur matière et encore plus par le travail, et surtout par leur antiquité. Ils étaient apportés des pays les plus éloignés, comme un tribut au prince le plus éclairé de l'Europe. En effet, avide de connaissances variées, recherchant la conversation des gens instruits et ingénieux, il se plaisait à leur montrer ces inestimables richesses, et à les questionner chacun sur leur art ou leur savoir spécial; il discutait avec eux, pour augmenter la somme de ses propres connaissances, jouissance bien digne du prince nommé, à juste titre, le restaurateur des sciences et des arts. Benvenuto Cellini, qui nous a retracé plusieurs scènes où François Ier figure d'une manière intéressante, nous conserve le souvenir de l'une de ces conférences intimes; car l'artiste enthousiaste, admirateur du monarque, son bienfaiteur, saisit toutes les occasions de peindre cette grande âme, cet esprit élevé, joint à cette bonté et même cette bonhomie qui, sans jamais s'abaisser, savait attirer la confiance, le respect et le dévouement de tous ceux qui avaient le bonheur de l'approcher.

« Un jour, dit Benvenuto Cellini, c'était en 1541, et je travaillais alors pour le magnanime roi François, dont l'âme vraiment royale, savait apprécier et récompenser dignement les artistes. Un jour donc que j'étais allé à vêpres, dans la chapelle du château, le grand connétable me fit dire de me présenter après l'office à Sa Majesté : m'étant rendu dans son cabinet, le roi me dit qu'il m'avait fait appeler pour me montrer quelques belles choses, et pour en avoir mon avis. Il me fit voir plusieurs camées antiques, de la grandeur de la paume de la main ; je les admirai, et lui dit, le mieux que je pus, ce que je savais et pensais à ce sujet. Enfin, il offrit à mes regards surpris, une tasse sans pied et en filigrane (*lavorata di filo*), elle était d'une grandeur convenable à un vase à boire, et ornée de légers feuillages qui serpentaient gracieusement autour de cette coupe, en formant des compartiments d'un bon goût de dessin ; mais ce qui était le plus merveilleux, tous les vides laissés par l'ingénieux artiste, entre les enroulements et la découpure des feuillages, étaient remplis par des émaux de différentes couleurs, de sorte qu'en élevant la coupe en l'air, et l'opposant aux rayons du soleil, tous ces émaux transparents, brillaient d'un éclat surnaturel, et produisaient un effet d'autant plus surprenant, qu'on ne pouvait d'abord se rendre compte de l'artifice, au moyen duquel on était parvenu à souder et à réunir toutes ces petites pièces de matières qui semblaient hétérogènes, et à en faire un tout continu et parfait.

« Le curieux monarque me demanda si je comprenais le mécanisme de ce travail : après y avoir réfléchi, je lui répondis que je croyais pouvoir le lui expliquer dans le plus grand détail, ce que j'entrepris à sa satisfaction, car Sa Majesté prenait beaucoup de plaisir à s'entretenir de tout ce qui avait rapport aux procédés des arts et s'y entendait à merveille » (ᵃ).

Nous ajouterons, à toutes les causes de dévastation de cette magnifique galerie, que des marchands de toute espèce, s'étaient arrogés le droit d'établir des boutiques dans les embrasures des croisées, pendant le séjour du roi à Fontainebleau; et ce séjour, qu'on nommait les voyages de la cour, n'était plus éventuel comme autrefois, mais fixé à la durée du mois d'octobre.

Cette galerie, à laquelle on a donné le nom des Réformés, à cause, dit-on, de quelques officiers que Louis XIV y réforma en 1664, après la paix des Pyrénées, se nommait aussi la petite galerie, pour la distinguer de celle d'Ulysse, beaucoup plus étendue, construite aussi par François Ier. Nous préférons conserver à la première le nom de son auguste fondateur, comme on le faisait du temps de Louis XIII. « C'est, dit le vieux historien de Fontainebleau (ᵇ), ou parce que ce grand roi François l'a fait édifier ou orner, ou bien d'autant que

---

(ᵃ) Cette anecdote ne se trouve pas dans les Mémoires de Benvenuto Cellini, mais dans son Traité d'orfévrerie, à l'occasion des ouvrages en filigrane.

(ᵇ) Le père Dan, *Trésor des Merveilles de Font.*

là, en plusieurs endroits, paraît son portrait en relief à demi-corps sur la porte du petit cabinet et ailleurs, et que là encore partout se voient sa devise et son chiffre. Elle a 33 toises de long, 3 de large, et regarde d'un côté au midi, sur la cour de la Fontaine, et de l'autre dans le jardin de la Reine. C'est un des premiers ouvrages de François Ier ([a]), principalement quant aux peintures qui s'y voient, lesquelles sont du sieur *Rousse*, peintre, fort renommé de son temps. »

Les ornements et enrichissements de cette galerie, consistent en un beau et grand plafond doré, composé de plusieurs compartiments, d'un parterre fait à parquets, et d'un lambris orné de cartouches où sont les armes de France et des salamandres avec des trophées divers de basse-taille. Ce plafond, dont on ne peut juger à présent, puisqu'il est couvert d'une épaisse couche de peinture, était, suivant Guilbert, en bois de noyer à compartiments de pièces rapportées en mosaïque, d'une rare beauté, et très-bien doré sur moulures; il répond aux lambris, aussi de noyer, chargés de salamandres, d'armes, de trophées, chiffres de François Ier.

« Là, entre les trumeaux des fenêtres, sont qua-

([a]) Guilbert, *Description de Font.*, dit que cette galerie fut construite en 1530.

torze tableaux de 8 pieds de haut, et 18 de large, y comprenant les bordures et ornements, lesquels représentent divers sujets d'histoire, d'emblèmes et de fictions poétiques, et sont tous enrichis de leurs bordures de stuc, avec diverses figures de relief et de basse-taille qui ornent merveilleusement ce lieu... elles sont toutes diverses et accompagnées de choses fort rares, et des plus beaux ornements qui se puissent voir ; le tout de stuc et de reliefs qui ont un grand rapport aux sujets contenus en ces tableaux... quant à celles du premier tableau qui est composé d'une salamandre d'or, qui est au haut d'une petite architecture, au bas est un *cuir*, où est une basse-taille accompagnée de festons, et aux côtés de cette bordure, sont deux grandes figures de satyres en relief, avec des petits enfants : le tout sur un fond d'or où sont quelques autres figures de femmes et d'animaux. » Le mot *cuir* revient ici à ce que nous nommons cartels ou cartouches ; il nous dévoile l'origine de ces formes découpées et bizarrement contournées, qu'on retrouve dans tous les monuments de l'époque. C'était sans doute, dans l'origine, de véritables morceaux de cuir, de formes variées, tailladés ou découpés et cloués sur le mur, où ils se tortillaient et se recroquevillaient en séchant, et offrant alors en effet des formes singulières qu'on a cherché à imiter, comme nous l'avons dit, en peinture et en sculpture, et dont la mode durait encore vers le milieu du siècle dernier. Serlio donne la forme de quelques-uns de ces cartels, ou écussons des armoiries à la fin de son quatrième livre. Vient ensuite la description des tableaux et de leurs bordures variées, toutes en stuc et composées de figures en relief, imitant sans doute le marbre, et se détachant sur un fond d'or, de cartouches, d'armoiries, de chiffres, de guirlandes, de têtes de lions, de cerfs, de salamandres, d'attributs de chasse, de musique et d'ornements moresques et grotesques. Guilbert affirme, sans citer néanmoins les autorités, que toutes ces sculptures sont de Paul Ponce; mais nous avons déjà parlé d'un artiste célèbre à cette même époque : Dominique Barbier ou del Barbiere, que l'on sait avoir travaillé à Fontainebleau, sous la direction de maître Roux; il n'est donc pas hors de propos de joindre son nom à celui de Paul Ponce, d'autant plus que le style de ces sculptures a beaucoup d'analogie avec les figures du tombeau qu'on voyait naguère dans la chapelle du château de Joinville, et dont il reste des débris.

Pour donner une idée de cette décoration, aussi riche qu'élégante, nous offrons ici (*Planche* 44), le panneau où se trouve le tableau d'un pied de largeur, représentant la vue du château. Aux deux côtés sont deux fort grandes figures de ronde-bosse, d'hommes et de femmes assises, qui soutiennent deux cuirs où sont divers ornements, accompagnés de quatre enfants; et sous ces deux grandes figures, sont deux cartouches où se voient peints deux combats, l'un par terre, l'autre par mer, et tout au-dessus est une salamandre et quelques petits masques peints à fond d'or. « Il y a de l'apparence, et c'est l'opinion de plusieurs, que le sieur Roux, qui a dessiné et ordonné tous les tableaux et ornements de cette galerie, comme il était nonseulement savant et intelligent en l'art de peinture, mais aussi versé ès-sciences humaines, a voulu représenter, par diverses histoires, les actions principales du grand roi François, telle qu'était son inclination aux sciences et aux arts; sa piété, son courage, son adresse, ses amours, ses victoires, notamment la bataille de Cérisoles, exprimée par le combat des Lapithes. Comme aussi l'on croit être représentées ses disgrâces par ce tableau, où est figuré un naufrage, et le tout, bien à propos et par modestie, figuré par emblèmes, et sous ces fictions des anciens poëtes. »

On accuse le Primatice d'avoir par une basse

jalousie, détruit plusieurs tableaux de son habile devancier, et même un grand nombre de médaillons en émail, exécutés par le Rosso, pour la décoration de cette galerie, et dont il ne reste pas le plus léger vestige. Pour l'honneur des arts, nous aimons à croire que cette imputation est erronnée, et même, que les médaillons en émail qu'on regrette, n'ont jamais existé dans la décoration de ce local; car on serait fort embarrassé d'indiquer les places que ces émaux ont occupées, à moins qu'ils n'aient enrichi les parois du cabinet particulier dont nous avons parlé, et qui a été détruit sous Louis XV. Quant aux tableaux à fresques, leur état de dégradation et les nombreuses retouches qu'ils ont subies, ne permettent pas trop de juger s'ils sont de Maître Roux ou du Primatice : ce qui nous paraît certain, c'est qu'en général ces peintures sont loin de valoir celles de Nicolo, dans la salle des fêtes, et même celles de la porte dorée qu'on peut attribuer au Rosso.

Quoiqu'il en soit, cette galerie ne ressemble guère à ce qu'elle était autrefois. La riche dorure de son plafond à compartiments, la délicatesse de ses lambris ciselés, le poli et le transparent du stuc de ces admirables sculptures, tout a disparu sous l'épais voile de l'ignoble badigeon, comme l'harmonie, l'effet et le caractère des peintures du Rosso, sont à peine soupçonnées sous la croûte du *Chancis,* ou sous les retouches du maladroit restaurateur.

On aime cependant à rêver dans ce beau promenoir, et, les yeux à moitié fermés, à jouir encore de l'ensemble imposant qu'offre l'ordonnance générale de cette décoration, d'un genre si noble, si éloignée de nos habitudes. Peu à peu la pensée nous reporte au XVIe siècle, en évoquant les principaux personnages de cette époque, et en rappelant à notre mémoire les faits historiques qui se sont passés en ces lieux. C'est surtout le soir, lorsque le soleil a dépassé le sombre rideau de forêts qui bordent l'horison, et que de grandes ombres, projetées par les larges trumeaux des croisées, obscurcissent peu à peu l'intérieur de cette galerie, qu'assis seul, sur un banc sculpté et aussi ancien que les murs de l'édifice, je crois voir se dresser et s'avancer vers moi des formes fantastiques! C'est François Ier, le cardinal de Ferrare, la duchesse d'Estampes, Léonard de Vinci et Benvenuto Cellini : ils se groupent, se dessinent, entrent en scène, et m'offrent, comme sur un théâtre, des actions dramatiques, qui varient au gré des bizarres rêveries de l'imagination.

François Ier avait bien apprécié l'avantage de ce

local en faisant construire la cour de la Fontaine ; il ne pouvait effectivement avoir sous les yeux un point de vue plus agréable et plus varié, soit par le mélange des eaux et des beaux jardins qui s'y miraient, soit enfin par la vaste étendue des lointains, qui offrent dans leur ligne sinueuse, les ombrages de l'antique forêt, entremêlés de côteaux arides et hérissés de rochers.

Bientôt nous aurons à parler de ces brillants jardins, et à faire connaître les modifications qu'ils ont éprouvées à différentes époques.

XIX.

Porte Dauphine,
DITE LE BAPTISTÈRE.

> . . . Deh per l'alma prega ; e dona
> Battesmo a me, ch'ogni mia colpa lave.
> (Tasso, ch. 12).

Nous avons déjà parlé de quelques constructions faites par Henri IV, à l'occasion des jardins de Fontainebleau et de la cour du Donjon ; il nous reste, pour achever la description de cette cour, à nous occuper du monument qui en décore l'entrée. Nous décrirons ensuite les autres bâtiments considérables, que ce prince ajouta aux édifices construits avant lui, et qui donnèrent un plus vaste développement au palais, devenu sa demeure favorite.

(*Planche* 45). La porte Dauphine offre un aspect étrange, incohérent même, et qui étonne d'abord, sans avoir néanmoins rien de déplaisant. Le premier ordre, sage, sévère de style, se couronne d'une manière capricieuse par l'un de ces dômes, qui s'élèvent au-dessus des tombeaux des califes, ou des pagodes de l'Inde. Le monument, dit Porte Dauphine ou Baptistère de Louis XIII, parce qu'il a été construit à l'époque de la naissance de cet enfant de France, offre une sorte de problème assez difficile à résoudre, pour que nous ne cherchions pas à en trouver la solution; ce qui doit nous mener aussi à éclaircir une question de l'histoire des arts, à une époque où tous les esprits, tout occupés de brigues, de cabales et de discussions politiques et religieuses, tenaient assez peu de compte de nos artistes et de leurs plus belles productions.

Il n'est personne qui ne reconnaisse, au premier coup d'œil, que la façade extérieure de cette porte présente un aspect complexe qui, bien qu'ingénieusement combiné, n'en dénote pas moins des styles différents, appartenant à deux époques distinctes. Le premier ordre, toscan à bossages, appartient visiblement au commencement du XVIe siècle, tandis que le couronnement et tout le reste de l'édifice, portent les caractères de l'architecture des premières années du siècle suivant.

Il n'y aurait là rien d'extraordinaire, et on aurait pu, sur un soubassement ancien, élever et raccorder une construction nouvelle, mais il n'en est pas ainsi; car l'on sait, à n'en pouvoir douter, que la même place était occupée, sous Charles IX, par un gros pavillon d'un tout autre genre d'architecture; néanmoins, il y a un siècle entier entre les deux faces de ce monument, et c'est là que gît la difficulté.

Pour la résoudre, commençons par constater l'état des lieux avant Henri IV; on le peut d'autant plus aisément, qu'il existe une suite de plans et d'élévations du palais de Fontainebleau, faite par Androuet Ducerceau, vers le milieu du XVIe siècle. Or, nous y voyons, que le pavillon existant à cette époque, à peu près à cette place, offrait, au rez-de-chaussée, un vaste péristyle elliptique servant d'entrée (*) à la cour du Donjon, mais dont la

(*) Sous Louis XIII, on donnait encore à cette cour le nom de *Cour de l'Ovale*, et non de *Cour Ovale*. La première dénomination paraît se rapporter

disposition et l'axe étaient fort différents de ce qui existe aujourd'hui ; la cour même a été agrandie, et la porte actuelle reportée plus loin et sur le vide de l'ancien fossé. Le nouveau, beaucoup plus large, doit avoir également changé de direction pour mieux cadrer avec le plan des nouvelles constructions faites par Henri IV, quoiqu'elles ne soient pas parfaitement d'équerre avec ce nouveau fossé.

Il résulte de ceci, que l'on n'a pu se servir des anciennes constructions, même pour fondements, et que la porte Dauphine, toute entière, a été érigée au commencement du XVIIe siècle.

Mais par quel motif aurait-on imaginé une pareille dissonance entre les deux façades opposées de la même porte? disparate tellement marquée, que l'axe des pilastres composites ne répond nullement à celui des colonnes toscanes, quoique l'on se soit raccordé avec la ligne de l'entablement. L'architecte ne peut y avoir été contraint que par une volonté supérieure à la sienne.

On en doit conclure, que ces quatre colonnes, les niches, enfin la presque totalité de cette façade existaient ailleurs; qu'elle a été déposée avec soin

---

à la forme du péristyle d'entrée, plutôt qu'à celle de la cour qui était en fer à cheval.

comme un objet d'art précieux, transportée et réédifiée dans le local qu'elle occupe à cette heure. Cette conséquence est d'autant plus fondée, que sur les anciens plans et élévations de Ducerceau, on retrouve un monument qu'Henri IV fit disparaître, et dans lequel, malgré la petitesse du dessin, on peut reconnaître une sorte d'identité avec la façade en question.

On sait que les anciens châteaux, comme les palais de plaisance de nos souverains, et les maisons nobles isolées, étaient entourés de fossés remplis d'eaux vives, qu'on traversait sur des ponts-levis. Ces anciens moyens de défense devenus insuffisants ou superflus, les ponts-levis furent supprimés, les fossés comblés pour la plupart, ou convertis en jardins. Ceux qui entouraient le château de Fontainebleau, au temps de François Ier, existent encore, quoique desséchés, et on en a fait une promenade qui environne l'immense développement des constructions, d'une verte couronne d'arbustes à fleurs, entremêlés de pins et de mélèzes (*). Ce fossé se prolongeait encore du temps de Henri IV, au travers de la cour du Cheval Blanc, devant la façade bâtie par François Ier, et on le

---

(*) Ce fossé a été en partie comblé, et les arbres arrachés depuis la révolution de 1830.

traversait sur un pont-levis, en face de la porte de la cour de la Fontaine; il motivait un édifice isolé, et d'une masse suffisante, pour porter et soulever un poids considérable; sa décoration devait être en même temps d'un caractère mâle, qui répondît à sa destination, et qui fût en harmonie avec le genre d'architecture du reste de la façade, sur laquelle il se détachait. Or le toscan rustique était l'ordre le plus convenable, et c'est aussi celui qui fut employé. La beauté sévère de son ordonnance, la pureté de ses profils, y faisait reconnaître la main exercée d'un habile artiste nourri de l'étude de l'architecture antique. Ce monument, qui d'ailleurs ne tenait en rien au plan général, puisqu'il était situé sur l'un des côtés de la cour, tandis que les lois de la symétrie auraient dû le faire répéter du côté opposé, devenait superflu, lorsque Henri IV résolut de supprimer ou de dessécher le fossé; on fit donc disparaître ce portique; mais l'architecte, chargé de cette opération et des autres embellissements du château, respectant l'œuvre de l'un des maîtres de l'art, fit, sans doute, déposer avec soin, les pierres de cette construction, qui par l'heureux emploi qu'il en fit, devinrent le plus bel ornement du nouvel édifice qu'il avait à élever. Quant à cette translation de monuments d'une place dans une autre, nous pourrions en citer maint exemple; nous nous bornerons à celui de la fontaine du Ponceau, qui avait été rebâtie en 1529 par François I*er*; mais comme elle gênait la voie publique, elle fut transportée en 1605, au coin de la maison où on la voit à cette heure (*). Ce transport de monuments n'était point rare à cette époque, où le respect pour les devanciers était une vertu innée dans le cœur des artistes qui honoraient leur propre talent, en respectant celui des autres.

Au reste, la supposition que nous venons de faire n'est pas gratuite, elle résulte de l'interprétation des paroles d'un témoin oculaire (*b*). « Il y avait, dit-il, dans cette cour un grand portique de pierre avec de belles colonnes toscanes rustiques, et un pont de bois, sur lequel on passait à la cour de la Fontaine, et était vis-à-vis de la grande porte par où on y entre maintenant. Le feu roi le *fit ôter* avec ce pont, parce que cela n'avait pas de symétrie avec le reste. » Nous ferons observer ces mots : le roi *fit ôter* ce monument, ce qui ne veut pas dire qu'il le fit détruire, mais qui peut s'entendre de faire *enlever, déposer* avec soin les pierres, pour

(*a*) Dubreuil, *Antiquités de Paris*, p. 799.
(*b*) Le père Dan.

en faire usage ailleurs. Enfin nous retrouvons dans l'élévation de Ducerceau, la même ordonnance et la même disposition générale, et le plan nous donne absolument les mêmes mesures.

Quant à l'emploi de cet ordre toscan à bossages rustiques, considéré pour lors comme une belle création de l'art moderne, et proscrit plus tard comme une monstruosité, c'est en effet une déviation des grands principes d'unité et de simplicité, et l'on ne doit jamais le préférer à la pureté des ordres grecs; cependant, il peut être toléré dans quelques circonstances, et produire une agréable variété dans certains édifices. Employé par Brunelleschi, Vignole, Serlio et Desbrosses, il n'est pas sans quelque convenance, et produit un bon effet dans les soubassements et les élévations extérieures, auxquelles on veut donner un caractère grave et solide; quoique sous Louis XIV il ait été proscrit, Sébastien Leclerc, dans son Traité d'architecture, tout en en blâmant l'emploi, le permet pour les portes de citadelle ou de prison, pour rendre, dit-il, leur entrée affreuse et désagréable.

Je sais qu'on en a abusé, et Serlio plus que personne; car il donne dans son ouvrage, des exemples de ce genre rustique, tout-à-fait barbare. Il le sent bien lui-même, et s'en excuse malignement à nos dépens; en s'adressant aux architectes italiens qui, comme lui, dit-il, suivent la doctrine de Vitruve; il les prie de l'excuser de ce qu'il a mis dans ses dessins tant d'ornements, tant de cartels, de compartiments *Riquadrature*, de volutes et autres choses superflues, et il ajoute : « Ayez égard au pays où je me trouve, prenez pitié des fautes que je fais, et portez-vous bien, *State sani*. »

Au reste, la façade de la porte du Dauphin, à part le renflement alternatif des tambours de ses colonnes, est un modèle de juste proportion et de bon goût dans le galbe et dans le profil des divers membres de son architecture; nous ne l'attribuerons pas à Serlio, et cela nous mène à discuter la seconde question relative à cette porte, c'est-à-dire à découvrir le nom de ses auteurs que nous n'avons trouvé nulle part.

Nous croyons avoir démontré que la porte du Pont-levis, transportée ailleurs du temps de Henri IV, appartenait au siècle de François Ier, et nous pourrions ajouter avec autant de certitude qu'elle est l'ouvrage d'un architecte italien d'un grand mérite. Or, on n'en connaît que deux qui aient travaillé pour Fontainebleau à cette époque; Vignole et Serlio.

La part que ce dernier a eue dans les constructions de ce château est immense, quoique sujette à controverse; il est aussi reconnu que Vignole a construit ici quelques édifices peu importants, et fait de grands projets restés sans exécution.

Nous avons déjà parlé de Vignole, à l'occasion des édifices de la cour du Cheval Blanc; mais comme l'histoire du séjour de cet artiste célèbre en France, est peu connue, nous croyons devoir en dire quelques mots de plus.

Suivant Egnatio Danti, le commentateur de sa perspective, Giacomo-Barozzio da Vignola, né en 1507, étudia d'abord la peinture, y devint habile, et fit à Bologne de très-beaux desssins, pour le gouverneur de cette ville (le célèbre Guichardin), qui les fit exécuter en *Tarsia*, (espèce de marquetterie). Son goût le portant vers l'architecture, il résolut d'aller à Rome pour y étudier et dessiner les monuments antiques. Mais il se servit toujours de la peinture pour vivre. C'est en 1537 qu'il partit pour la France avec le Primatice. Il y composa les dessins d'un palais de plaisance magnifique, que François Ier voulait construire, et qui devait surpasser tout ce qui avait été projeté jusqu'alors par aucun autre prince. Vignole en arrêta les plans, et en fit même le modèle en relief; mais les troubles et les guerres qui agitèrent toute la chrétienté, firent renoncer à cette vaste entreprise. Cependant Vignole fit les projets de plusieurs autres bâtiments qui furent exécutés. Il dessina aussi les cartons de perspective, qui servaient de fonds aux tableaux que le Primatice peignait à Fontainebleau, particulièrement dans la grande galerie où il avait représenté les principales scènes de l'Odyssée.

Vignole jeta aussi en bronze plusieurs statues antiques, dont il avait apporté les plâtres de Rome, et dont nous avons parlé ailleurs. Cet artiste resta peu de temps en France, les uns disent deux, d'autres trois ans. Il fut rappelé à Bologne, pour la construction de l'église de San-Petronio, qui l'occupa jusqu'en 1550; puis il retourna à Rome, où nous ne le suivrons pas.

Comment accorder ce que nous venons d'avancer sur la foi d'Egnatio Danti, avec ce que dit Cellini dans ses Mémoires, du voyage du Primatice à Rome en 1543, dont le motif était de mouler les plus belles figures antiques, et de ramener Vignole pour faire de vastes projets sur le château de Fontainebleau, tandis que l'on sait que Serlio était alors établi en cette résidence, avec le titre et les fonctions d'architecte du roi, comme on le voit en tête de ses ouvrages imprimés en France, et par deux lettres qui lui sont adressées par Pierre Aretin, en 1542 et 1545. Cela expliquerait au reste, les plaintes amères de Serlio sur les injustices que l'on commettait envers lui. Mais nous croirions plutôt, avec Egnatio Danti, que Vignole vint en France avant son compétiteur, et qu'il fit alors les projets pour le château, et exécuta quelques autres constructions moins importantes, au nombre desquelles nous mettons la façade d'ordre rustique, dont il est ici question, et où l'on retrouve avec la dernière exactitude, la modinature du toscan, que cet habile maître donne dans ses ordres d'architecture. D'ailleurs, comme nous l'avons dit, il a souvent employé ce mode de décoration des édifices, et on ne peut se refuser à reconnaître le singulier rapport qu'il y a pour l'ordonnance, la proportion et le style de notre porte, avec celle de la villa du pape Jules III, et surtout celle des jardins Farnèze. Cette dernière, couronnée d'une arcade à jour, semble même avoir donné à l'architecte français, l'idée et tous les éléments de sa composition ; car il a placé en avant de sa porte, jusqu'aux termes qui supportent le fronton de Vignole. Au reste, puisque ce maître célèbre resta plusieurs années en France, et qu'indépendamment des grands projets qu'on lui demandait, il exécuta plusieurs édifices, où les chercher, si ce n'est dans le lieu où il séjourna le plus longtemps? Occupé à combiner les plans, et à faire le modèle du magnifique palais de François Ier, à tracer les fonds d'architecture de la nombreuse suite des tableaux du Primatice, enfin à surveiller la fonte en bronze des statues antiques, que nous possédons encore, il est donc probable que dans le même temps, il fit ériger le pont-levis en question, et plusieurs autres édifices, au nombre desquels nous mettrons la porte, également d'ordre toscan rustique, de l'un de ces nombreux hôtels construits à Fontainebleau, du temps de François Ier, par les grands seigneurs et les princes, qui faisant, pour ainsi dire, de la cour leur demeure habituelle, voulaient être toujours chez eux, quelque part qu'elle allât.

Aussi voyait-on ici et dans les autres villes royales, de grands logis qui se distinguaient des maisons des simples bourgeois, par le luxe et l'étendue des bâtiments, des cours, des jardins, et par de vastes dépendances pour les gens de service, les chevaux, et les équipages de chasse. La plupart de ces palais ont été détruits pendant la révolution, ou il n'en reste que des fractions mutilées, ou appliquées à d'autres usages. On s'est attaché à faire disparaître les prétendues insignes féodales, et surtout les inscriptions et les armoiries, qui pouvaient nous procurer des documents historiques, perdus pour toujours avec les anciens titres de ces monuments.

(*Planche* 46). Cependant la dénomination corrompue du *Ferrare*, qu'a conservée la porte d'un terrain vague, qui sert maintenant de champ de manœuvres, nous indique avec certitude, le local du palais que Serlio construisit pour le célèbre Hippolyte d'Est, cardinal de Ferrare, et dont il parle dans son œuvre. Nous pourrions attribuer au même architecte, quelques jolies portes de maisons du bourg d'Avon, situé à l'extrémité du parc, et surtout celle de l'ancien hôpital, qui porte un caractère fort original, et bien approprié à la destination (*Planche* 47); d'ailleurs elle paraît bien antérieure aux autres constructions, qui, suivant Guilbert, ne datent que de 1662, lorsque Anne d'Autriche établit l'hospice desservi par les frères de la charité, dits de St-Jean de Dieu, et qui, avant cette fondation, suivaient la cour et campaient sous des tentes (*). Quoiqu'il en soit, la tête de chérubin qui orne cette porte, indique bien un monument religieux, que nous ne ferons pas remonter cependant à l'époque indiquée par une charte de

---

(*) Benv. Cellini, dans ses Mémoires, parle de cet étrange et nombreux cortége qui accompagnait le roi dans ses voyages.

1259, faisant mention d'un hôpital qui, avec le concours du curé d'Avon, devait être construit par les Mathurins, pour les pauvres *malades qui y viendraient, ou y seraient apportés des lieux voisins, déserts et arides*, etc.

Le nom de *tambour*, donné à l'autre porte, et où l'on retrouve le rustique, dont Vignole est en effet le propagateur, et qu'il a employé avec succès dans plusieurs de ses édifices d'Italie, ce nom de tambour, disons-nous, ne vient que de la forme cylindrique du couronnement de cette construction. Toutes nos recherches ont été vaines pour en savoir davantage (**Planche** 48).

Nous citerons encore la porte très-ornée d'un ancien logis, qui a conservé son nom de *la couldre*, qui est celui d'un fief acquis par François Ier (**Planche** 49). Cette porte, quoique fort dégradée, est d'une élégante construction, du genre adopté en France, avant l'entière renaissance : le cartel ou écusson des armoiries existe, mais le blason en a été effacé, quoiqu'on ait respecté les ancres qui l'accompagnaient, et qui indiquent sans doute la demeure de quelque grand amiral de France, du commencement du XVIe siècle; peut-être celle des la Trémouille, des Bonnivet, ou des Chabot; enfin du maréchal d'Annebaut, amiral en 1543, et que

Cellini cite sous le nom de monsignor Annibal (*).

« Ducerceau dit que François Ier, se plaisait tant à Fontainebleau, qu'y voulant aller, il disait qu'il allait chez soi : ce qui fut cause, ajoute-t-il, que plusieurs grands seigneurs y firent bâtir, chacun en son particulier, tant que pour le jourd'hui, il y a beaucoup de beaux logis, et dignes d'être remarqués. »

Brantôme fait mention de ces petits palais et nous ne pouvons résister au désir de transcrire ce passage, dans le style piquant et naïf du chroniqueur; après avoir parlé de François Ier, il ajoute : « Ce n'est pas tout de la magnificence de ce grand roi pour ses festins; mais quelle construction est celle de Fontainebleau, que d'un désert qu'il était, a été fait la plus belle maison de la chrétienté! désert l'appelle-je, car avant ce roi, les autres l'appellaient ainsi, si bien qu'encore en la chambre des Comptes et ailleurs, il se trouve force lettres ainsi datées : donné à nos déserts de Fontainebleau; d'autres qu'ils allaient là, pour le déduit de la chasse, qui est très-belle. Ces déserts doncques, ce grand

---

(*) Claude d'Annebaut, baron de Retz, fut en faveur sous François Ier. Fait prisonnier à Pavie, il fut ensuite maréchal de France, gouverneur de Piémont, puis ambassadeur à Venise, enfin amiral de France et premier ministre; disgracié sous Henri II, il mourut en 1552.

roi les a réduits à la plus belle et plaisante demeure qui soit en la chrétienté, pour être embellie et ornée d'un si riche et si beau bâtiment, et si grand et spacieux, qu'il peut loger tout un petit monde, de tant de beaux jardins, de bosquets, de belles fontaines, et de toutes choses plaisantes et récréatives. »

« Notre grand roi Henri IV, l'a cent fois mieux depuis décorée et embellie de telle sorte, qu'elle est méconnaissable à celle de jadis : considérez ce qu'elle peut être aujourd'hui. Ce n'est pas tout, il y a dans le bourg, que le roi voulait enfermer en ville, avec le temps, une trentaine de maisons, mais quoi, maisons! il faut dire trente palais faits à l'envi pour complaire à leur roi, par des princes, cardinaux et grands seigneurs de France, qui voudraient avoir donné beaucoup et que leurs châteaux les ressemblassent, tant ces palais sont beaux et superbes, force autres petits palais et maisons, y a-t-il, si jolies, si gentilles, et si proprement troussées et bâties, qu'il y a beaucoup de grandes villes en France qui ne les sauraient en rien surpasser, et bref c'est un petit paradis en France. »

Mais revenons à la porte de la cour du Donjon, dont nous nous sommes peut-être trop écartés.

Nous croyons avoir, si ce n'est démontré, au

moins fait présumer, que le premier ordre de la porte Dauphine, est une sorte de placage provenant d'un édifice plus ancien, qu'on peut attribuer à Vignole; il nous reste à chercher quel est l'auteur de cette restauration, car son nom ne nous est pas plus connu, que celui de l'habile sculpteur qui a si élégamment décoré cet édifice.

Nous avons déjà dit que l'aspect de ce monument avait quelque chose d'étrange, qui néanmoins ne déplaisait pas; nous ajouterons que, comme il forme un ensemble complet et indépendant des autres bâtiments, auxquels il ne se lie que par un mur en terrasse, il peut nous servir à caractériser le goût d'une époque où l'on déviait, peut-être, des grands principes posés par la renaissance, mais où l'on tendait plus à l'originalité qu'à la bizarrerie ; **en effet,** cet édifice peut être considéré comme une œuvre de raison et de convenance, si on le compare aux extravagantes conceptions des architectes italiens de l'école Borominesque ; il semble même que l'emploi du premier ordre de Vignole, a exercé quelque influence sur l'esprit vagabond de l'artiste, a retenu son essor, et qu'il aurait été autrement incorrect, s'il n'avait dû s'astreindre aux données et aux principales proportions du maître avec lequel il avait à lutter.

Il s'en est cependant écarté dans la façade qui lui est propre, en élargissant la porte, et en la couronnant d'un arc surbaissé, surmonté d'une clef contournée ; mais le reste de la composition ne pèche en rien contre les proportions voulues, quoique l'axe des pilastres ne réponde pas à celui des colonnes ; et l'arcade à jour, dont il couronne l'édifice, est d'un motif hardi et agréable à l'œil qu'il étonne, sans l'effrayer, par son apparente légèreté.

Le motif d'une loge et d'un dôme s'élevant au-dessus d'une porte de palais, et s'isolant entre deux terrasses, qui vont rejoindre les ailes du bâtiment principal, n'est cependant pas une innovation. Cete pensée se retrouve dans plusieurs autres édifices antérieurs, tels que les châteaux de Verneuil, d'Anet et d'Ecouen. Mais l'emploi qu'on en fit quelques années plus tard, au palais du Luxembourg, avec plus de convenance et d'étude encore, semblerait indiquer que le dernier édifice, ainsi que le Baptistère de Louis XIII, appartiennent au même auteur, Desbrosse, architecte de Marie de Médécis. S'il en est ainsi, on y voit un exemple de la manière dont un homme habile peut modifier la même idée, s'en inspirer, en un mot, rester original, sans tomber dans la manière et le plagiat. (*Planche* 50).

On pourrrait néanmoins, et avec quelque raison, attribuer ce monument à l'architecte qui, dit-on (*), a construit la vaste étendue de bâtiments qu'on nomme la cour des Cuisines, et qui dans certaines parties, telles que le pavillon principal, a montré qu'il n'était pas dépourvu d'élévation dans les idées, de caractère et de grandeur dans le style. Mais cet artiste, nommé Jamin (François), est si peu connu d'ailleurs, que par une injustice qui n'est malheureusement que trop commune, on est toujours tenté de déshériter les faibles en faveur des forts, et d'attribuer aux maîtres, les ouvrages de modestes élèves que la fortune a moins favorisés, et que la renommée a trahis.

(*Planche* 51). Quant à la sculpture de ce monument, elle est fort soignée et mérite l'attention. On y remarque trois masques antiques en marbre blanc, de plus de deux pieds de hauteur, et d'une très-belle exécution : l'un servant de clef à l'archivolte, et les deux autres dans l'entrecolonnement, au-dessus de niches qui attendent encore des statues pour compléter la décoration de cette porte. Quant aux sculptures modernes, elles consistent en figures de génies ailés, de près de neuf pieds de

---

(*) Guilbert, *Descript. de Font.*

proportion et d'un fort relief; elles remplissent les angles des frontons, et supportent les armoiries de France et de Navarre (ᵃ). On voit ailleurs des chiffres ou lettres initiales des noms de Henri et de Marie de Médicis, enlacés par des palmes, des branches d'olivier, ou groupés avec les insignes de la royauté. Les chapiteaux des pilastres, au lieu de volutes, offrent des dauphins pittoresquement entrelacés.

(*Planche* 52). Un pont, qui existait à la fin du siècle passé (ᵇ), traversait le fossé qui séparait cette porte des autres bâtiments de la première cour. Il était flanqué au dehors par deux termes colossaux, offrant la tête de Mercure; ils sont d'un beau caractère, et savamment sculptés. Ils se lient encore au mur d'appui qui borde le fossé, et qui est couronné d'une riche balustrade en enroulements de fer doré, appuyée de distance en distance sur des piédestaux surmontés de vases.

Tous ces ornements de sculpture, d'une grande élégance, d'un bon goût, et qui rivalisent avec les productions du même art en Italie, à cette époque, sont

---

(ᵃ) A l'occasion de la variété des supports des armoiries de France, on peut consulter une dissertation de Bullet. On y voit que les génies ou anges ont servi particulièrement de support aux écussons de nos rois, depuis François II.

(ᵇ) Nous l'avons restitué dans la coupe de ce monument.

le fruit d'un ciseau aussi hardi qu'intelligent; néanmoins, nous ne savons à qui les attribuer, car on connaît à peine le nom des sculpteurs français, qui peuplèrent pour lors Paris et les maisons royales de leurs beaux ouvrages. Nous nous bornerons à rappeler que Jean Goujon, Germain Pilon et Barthélemy Prieur, n'existaient plus; mais Pierre et François l'Heureux, qu'on peut croire leurs élèves, Pierre Biard, et surtout Jacquet, auquel on doit la statue équestre en marbre de Henri IV, qui décorait la *belle cheminée* de Fontainebleau, peuvent avoir eu part aux travaux de sculpture dont il est ici question.

Cette porte magnifique, d'un genre neuf, et qui était fort admirée, donna lieu à un singulier trait de vanité de l'un de ces traitants, qu'on nommait pour lors, champignons de fortune, qui, fiers de leurs richesses, souvent fort mal acquises, voulaient, par un imprudent étalage, rivaliser même avec les souverains.

Ce fut dans le dernier voyage de Henri IV, à Fontainebleau (*), que l'argentier étant venu pour prendre congé de Sa Majesté, il dit au roi que bientôt, il s'y acheminerait pour avoir l'honneur

---

(*) Journal de l'*Etoile*, 4° vol., p. 277.

de lui baiser les mains, et recevoir ses commandements, mais que son voyage lui coûterait dix mille écus ; « Ventre-Saint-Gris, s'écria le roi, c'est trop pour un voyage de Paris à Fontainebleau ; » — « oui, Sire, répondit-il, mais j'ai aussi autre chose à faire sous le bon plaisir et permission de Votre Majesté, s'il vous plaît me l'octroyer, qui est, que je puisse prendre le modèle des frontispices de votre maison pour en accommoder une des miennes que j'ai en Champagne. » A quoi le roi, se prenant à rire, ne répondit rien pour lors, mais quand on lui porta les nouvelles de sa prison au Châtelet, se souvenant alors des frontispices de Fontainebleau, desquels l'argentier lui avait demandé un modèle : « Comment, dit le roi, veut-il aussi prendre le modèle des frontispices du Châtelet, comme il a fait ceux de Fontainebleau ? (*) »

Il nous reste à parler du motif de la construction de ce monument, et des noms de porte Dauphine et de Baptistère qu'on lui donne. Celui de porte Dauphine s'explique naturellement, ainsi que ceux de place et rue Dauphine, dans la capitale, par

(*) Cependant, Tallemant des Reaux, dit que l'argentier laissa à ses enfants 40,000 écus de rente, et 600,000 fr. en argent, sans les meubles. Son fils se fit appeler baron de Chapelaine, nom de cette maison en Champagne, qui coûta des sommes immenses et qui fut brûlée peu de temps après. (Les *Hist. de Tallemant*, 4ᵉ vol., p. 182.)

l'époque de son érection, qui est celle de la naissance tant désirée du dauphin, fils aîné de Henri IV. « C'est à Fontainebleau, dit un historien du temps, (*Journal de l'Etoile,* 3e *vol. p.* 319), et après vingt-deux heures de douleurs d'enfantement, que la reine a donné un dauphin à la France, le 27 septembre 1601. Le roi, qui était dans la chambre avec les princes du sang, à qui on l'a présenté, lui a donné sa bénédiction à l'instant, et lui mettant son épée en la main, il lui dit : La puisses-tu, mon fils, employer à la gloire de Dieu, à la défense de la couronne et du peuple! Cette naissance a réjoui tous les Français, et a donné lieu à divers ouvrages d'art et d'esprit.

Le lendemain, on a appris la naissance de l'infante d'Espagne, arrivée le 22 du même mois, ce qui donna lieu d'augurer que cette princesse serait un jour reine de France. Ce fut en effet Anne d'Autriche, mère de Louis XIV. »

Pour perpétuer le souvenir de cet heureux événement, on sculpta des dauphins couronnés sur les chapiteaux de cet édifice, et de tous ceux qui s'y rattachent. On eut peut-être aussi l'idée de consacrer cette coupole, et d'en faire un véritable Baptistère, destiné à la cérémonie du baptême des enfants de France; cet édifice, communiquant de pleinpied, au moyen de la terrasse, avec l'antique chapelle du château, qui avait servi si souvent à pareille cérémonie; d'ailleurs, ce n'aurait été que la rénovation d'un usage, qui faisait du Baptistère un monument à part, et séparé du temple, ce qu'on peut encore remarquer dans plusieurs villes d'Italie, particulièrement à Florence et à Pise.

Cependant, on renonça à cette idée, et il fut décidé que le baptême aurait lieu dans l'église métropolitaine de Paris, où l'on avait déjà fait de grands préparatifs, lorsqu'une maladie pestilentielle, qui fit de grands ravages dans la capitale, fut cause que la cour se transporta à Fontainebleau, où se fit la cérémonie, le 14 septembre 1606. Elle offre un tableau pittoresque des fêtes publiques, à cette brillante époque de notre histoire, et l'on en trouve la description dans les journaux et mémoires du temps, auxquels nous empruntons quelques détails pour essayer d'en donner une idée (*).

Le dauphin et ses sœurs avaient été ondoyés peu de jours après leur naissance, mais les cérémonies du baptême furent différées jusqu'à un temps opportun, le roi ayant toujours désiré que le pape fût le parrain de son premier fils, qui était celui

---

(*) De Thou, le père Dan, le *Mercure de France*.

de l'Église ; mais la mort de Clément VIII, et puis celle de Léon XI, avaient retardé cette cérémonie, Paul V, ayant su qu'elle devait se faire, nomma le cardinal de Joyeuse, son légat et son représentant comme parrain.

Le jour de l'exaltation de la croix fut choisi, et ni la chapelle, ni la grande salle des fêtes, n'étant capables de contenir tant de milliers de personnes, venues de toutes parts, on s'accorde à dire que la porte Dauphine, déjà construite, servit de théâtre à la cérémonie. On avait dressé des gradins autour de la cour du Donjon en forme, dit-on, de colisée, et qui s'élevaient jusqu'au niveau du premier étage. Un pont de charpente (*), avec une riche balustrade, partait de l'une des croisées du pavillon de St-Louis, où l'on voit encore les consoles de pierre qui supportaient le balcon royal, le pont traversait la cour, et arrivait au dôme de la porte Dauphine, où l'on avait dressé un autel enrichi de précieux ornements de l'ordre du St-Esprit. A droite était un banc couvert de drap d'or, pour les prélats, évêques, archevêques, et le cardinal

---

(ª) Il est question d'une semblable disposition lors du mariage de Jacques V, roi d'Écosse, avec Magdeleine de France, fille de François Ier. Le roi conduisit sa fille par-dessous le bras, marchant sur un long théâtre érigé et dressé haut assez, afin d'éviter la foule du peuple. (Claude Gilles, *Chron.*, 2e vol., fol. 149.)

de Gondi, qui devait officier. A gauche, le chancelier, le garde des sceaux, et les conseillers d'état ; derrière l'autel, on voyait une seconde estrade élevée de plusieurs marches couvertes de coussins destinés à poser le dauphin et ses sœurs. Les fonts baptismaux s'élevaient sur un piédestal. C'étaient ceux qui servaient ordinairement au baptême des enfants de France, et qu'on avait fait venir de la chapelle de Vincennes.

Ce grand vase était un précieux monument des arts du Bas-Empire (*). Nommé improprement le Baptistère de saint Louis, il peut avoir été rapporté de l'Orient, lors des premières croisades, mais on lui donne une antiquité plus reculée, en le mettant au nombre des curiosités envoyées à Charlemagne, par le calife Aaroun Raschild, et dont plusieurs étaient conservées dans le trésor de St-Denis.

Autour de l'autel, étaient les suisses de la garde, tenant chacun à la main une torche ardente, et de chaque côté deux orchestres nombreux de musiciens.

« La vaste cour était couverte et abritée par un *velum* peint, ouvragé et tailladé en certains endroits de figures de dauphins, de chiffres du roi, de la

---

(*) On peut en voir la description dans les *Antiquités nationales de Millin*.

reine, et de fleurs de lys d'or; cette enceinte de magnifiques bâtiments, dont les nombreuses et larges fenêtres, ou les terrasses, étaient garnies de riches tapis, offrait l'élite des dames et seigneurs de la cour; un peu au-dessous, la multitude de spectateurs assis sur les gradins de l'amphithéâtre, enfin la multitude du peuple se pressant dans le vide du préau, formait un spectacle animé par le murmure joyeux de tant de voix, et par le mouvement des panaches flottants, où le blanc dominait. Çà et là le costume bigarré et mi-parti des suisses, dont les longues et luisantes hallebardes reflétaient les rayons du soleil; car, dit un témoin oculaire, « en cette journée le temps fut clair et serein; mais les capes galonnées, les toques brodées, les boutons et les épées des princes et seigneurs, couverts de pierreries, éclataient plus que ne le faisait le jour. La seule garde de l'épée du duc d'Épernon valait plus de trente mille écus; l'ornement et le lustre des princesses et dames de la cour, était admirable : la vue ne pouvait soutenir la splendeur de l'or, ni la candeur de l'argent, ni le brillant des perles et pierreries qui couvraient leurs habillements: Mais surtout paraissait la robe de la reine, étoffée de trente-deux mille perles, et de trois mille diamants. »

Enfin la cérémonie commence, et le monument

du Baptistère pyramidant, et à jour de tous côtés, devient le point de mire des spectateurs.

Le dauphin et ses sœurs étaient en leur chambre, sur de grands lits à la royale, élevés en tribunal sous un dais, avec leurs couvertures d'hermines mouchetées.

On lève successivement la plus jeune des filles, l'aînée, puis le dauphin, et la marche commence; les suisses en tête, portant une torche, les cent gentilshommes servants, les ordinaires, ceux de la chambre avec des cierges. Après eux, les fifres, tambours, hautbois, trompettes et neuf hérauts, le grand prévôt de l'hôtel, les chevaliers du St-Esprit, ensuite les trois honneurs, c'est-à-dire, les seigneurs qui portaient les enfants, et ceux qui tenaient la queue du manteau royal, le cierge, le saint chrême, la salière, l'aiguière, le bassin et les coussins, vingt autres seigneurs portaient des flambeaux; venaient après, le cardinal de Joyeuse, légat et parrain pour le pape Paul V, et Mme la duchesse de Mantoue, pour marraine. Les princesses du sang qui avaient assisté au lever, marchaient ensuite.

Le dauphin, qui avait pour lors cinq ans, fut apporté sur la table du carré auprès de l'autel : le cardinal de Gondy s'approcha de lui, et lui demanda : *Monsieur, que demandez-vous ?* il répondit : *Les cérémonies sacramentelles du bathême;* puis : *Avez-vous déjà reçu le bathême ?* il répondit : *Oui, Dieu mercy.* Alors il fut nommé Loys, de quoi le roi montra en son visage, qu'il en était bien joyeux, à cause de saint Loys, le premier de la branche des Bourbons. A toutes les autres interrogations, il répondit : *Abrenuntio.* Après l'onction, interrogé de sa croyance, selon les formes ordinaires, il répondit à toutes les demandes : *Credo.* Puis il récita tout seul, devant l'assistance, le *Pater,* l'*Ave,* et le *Credo,* mais ce fut d'une telle grâce, qu'il n'y avait aucune personne qui ne larmoyât de joie. »

« Cela fait, Mesdames de France furent apportées, l'une après l'autre, et nommées, etc. La reine était accouchée de la première à Fontainebleau, le 22 novembre 1602. Voyant que c'était une fille, elle en pleura fort et ferme, l'appelant *ragasche* (Ragazzaccia), et ne pouvait s'en contenter. Le roi la consola, et la reconforta de son mieux. »

« La cérémonie du bathême étant achevée, ce cri fut fait par le premier hérault d'armes : *Vive Monseigneur le Dauphin de France,* et fut, cette acclamation, suivie de tout le peuple, et des trompettes, tambours, fifres, avec une salve de mousquetade de tous les soldats du régiment qui étaient en garde. »

« Un magnifique souper fut préparé en la salle des fêtes, divisé en quatre tables, et suivi d'un bal et d'un feu d'artifice, devant la porte de la chaussée et de la capitainerie. C'était, ajoute-t-on, un grand édifice représentant un château enchanté, plein de fusées, boîtes et autres artifices, et que M. de Sully avait fait construire. Il le fit assiéger, battre et prendre par des satyres et sauvages, et un furieux dragon qui partit du rocher, lequel est devant y jeta le feu, et furent tirées grande quantité de boîtes, où les soldats du régiment des gardes, n'épargnèrent pas leur poudre ni leurs mousquets. Ce qui fut fait en cette belle plaine qui est hors Fontainebleau, du côté du levant, et à la vue de plus de douze mille personnes. »

« Le lendemain se passa à courre la bague, où le roi, avec son adresse ordinaire, l'emporta plusieurs fois; « c'est ce que j'en ai recueilli, dit le père Dan, de l'imprimé qui fut alors publié, et de plusieurs personnes qui y étaient présentes. » Enfin la veille et le lendemain de cette cérémonie, l'on vit divers signes en l'air, des apparitions et météores décrits par tous les historiens du temps, et dont on tira le présage des maux qui allaient fondre sur la France. »

XX.

Jardins du Château

SOUS FRANÇOIS Ier ET SES SUCCESSEURS.

> Poichè lasciar gli arwiluppati calli,
> In lieto aspetto il bel giardin s'aperse :
> Acque stagnanti, mobili cristalli,
> Fior vari, e varie piante, erbe diverse.
> (Tasso, xvi).

Le château de Fontainebleau, considéré d'abord comme simple maison de chasse, ne devait pas avoir, pour annexe, de vastes jardins. La forêt était sans doute la seule promenade, comme elle avait été le motif de l'érection du premier bâtiment; d'ailleurs, semblable par sa disposition à tous les châteaux fortifiés du temps, il ne pouvait contenir dans son enceinte resserrée, qu'une cour ou préau, entourée de bâtiments bordés de fossés. S'il existait des jardins, ils étaient situés à l'extérieur, et nous n'avons aucune notion pour nous en former une idée. Ce n'est que du temps de François Ier, qu'on dut penser à se procurer cet agrément; car ce ne fut qu'à cette époque, qu'on changea l'aspect extérieur de ce château, et qu'on l'agrandit en construisant des galeries, des terrasses, des chaussées; qu'on élargit les fenêtres, d'où la vue pouvait s'étendre sur un espace régulièrement distribué, et où le mélange des pièces d'eau, des canaux, des compartiments plantés de charmilles, d'arbustes, de gazons et de fleurs, devait offrir un agréable aspect.

La composition des jardins, devint alors un art particulier, qui consistait à mettre en harmonie les richesses de la végétation, avec tout le luxe de l'architecture, dont on imita les lignes symétriques et régulières. Enfin on y introduisit les perrons, les grottes, les bassins, les fontaines ornées de statues et de tous les jeux de l'hydrostatique; mais du reste, on ne fit que suivre la mode introduite depuis longtemps dans la distribution des plates-bandes de gazon et de fleurs, dans les compartiments de buis et d'ifs taillés, dans les longs berceaux et les cabinets de treillage, couverts de vignes ou de lierre, et quelquefois convertis en immenses volières, où les oiseaux trouvaient une apparence de liberté, ou au moins, une nourriture abondante et assurée, et un abri protecteur contre les atteintes de leurs ennemis naturels. L'ouvrage de Ducerceau (*) nous fournirait de nombreux exemples de la distribution de ces jardins, qui remontent sans doute plus loin que le siècle de François Ier, puisque déjà l'on nous représente (b), sous Charles V, les jardins des maisons royales, plantés non-seulement d'arbres fruitiers et offrant toutes les plantes potagères, mais encore couverts de fleurs, distribuées soit en plates-bandes ou en bordures, soit en carreaux. On aimait alors beaucoup le romarin, la sauge, la marjolaine, la lavande, les giroflées et les roses. Il y avait aussi de grandes treilles disposées en tonnelles et en pavillons, dont les treillages en losanges étaient ornés de fleurs de lis; ceux des coins, étaient alternativement ronds et carrés, terminés par une

---

(*) Voir dans l'ouvrage d'Androuet Ducerceau, les *Jardins de Fontainebleau*.

(b) Musée de sculpture, ant. et mod. par M. le comte de Clarac : le Louvre et les Tuileries, p. 273.

espèce de clocher, surmonté d'une boule dorée et d'une girouette aux armes de France. Il fallait qu'ils fussent assez grands, puisqu'ils renfermaient des bancs de gazon, des siéges, et un préau ou gazon. Au milieu du jardin, jaillissait une fontaine, et probablement un jet d'eau. On y voyait aussi une grande volière d'oiseaux rares, et surtout de tourterelles et de perroquets ou *papegans*, pour lesquels Charles V avait une grande prédilection : aussi avait-il à l'hôtel St-Paul, une superbe cage octogone en fil d'archal, peinte en vert pour son perroquet, et on l'appelait la cage au papegai du roi. Un *sauvoir* ou vivier, servait à conserver le poisson en abondance. Ce n'est pas seulement sous le rapport de l'agrément que ce jardin était soigné ; mais il était d'un grand secours pour la table du roi.

Je ne puis m'empêcher de faire remarquer que la description de ces jardins, a beaucoup de rapport avec celle que Pline le Jeune nous donne de son Laurentium, ce qui se trouve confirmé par les peintures de Pompéi, qui offrent des jardins. Dans un très-petit espace, ce ne sont que bosquets d'ifs, de cyprès et d'autres arbres taillés et alignés, des statues et des vignes, de petites allées droites, enfermées dans des bordures de buis de toutes sortes de formes, et qui laissaient à peine la place de se promener; ce qui n'empêchait pas Pline et Charles V, d'être contents de leurs jardins.

Au reste, la tradition et les propriétés transmises, peut-être dans les mêmes familles, conservèrent jusqu'à nos jours en Italie, les mêmes éléments de distribution et d'embellissements des jardins, et nous avons trouvé aux environs de l'antique Brindes, le jardin d'une *villa* antique, encore orné peut-être des mêmes treilles soutenues par des piliers de marbre, de bassins et de fontaines, qui remontaient au siècle d'Auguste (*).

Il n'est donc pas étonnant que l'Italie moderne ait adopté, dans la composition de ses *villa*, de ses *vignes*, de ses jardins, les mêmes errements traditionnels : c'est là où nos rois les ont trouvés, à moins que ce ne soit chez nous, un reste de tradition des usages apportés en France, lors de la domination romaine. Quoiqu'il en soit, François Ier, dans son voyage guerrier en Italie, avait vu les premiers essais de *villa*, ou maison de plaisance, des souverains et des grands de ce pays. Déjà, s'élevaient à Mantoue, Milan, Florence et Rome, des palais, accompagnés de beaux jardins, disposés

---

(*) *Lettres sur l'Italie*, par Castellan.

à l'instar des *villa* des anciens Romains, et qui pouvait avoir donné l'idée de transporter en France ce goût de féerie, dont le Tasse et l'Arioste tracèrent, un peu plus tard, l'image fantastique dans leurs immortels poëmes. Le prince, dans son enthousiasme pour ces merveilles des arts, voulut les réaliser dans son château favori. En effet, il commença par faire disparaître tout cet antique échafaudage de tours, de créneaux, de meurtrières et de sombres appartements; il construisit d'immenses galeries, où le jour pénétrait de toutes parts, et des promenoirs en terrasses; il retint, réunit les eaux vagabondes dans une vaste pièce d'eau, miroir liquide, qui reflétait la ligne entière de ses nouvelles et magnifiques constructions, il distribua ensuite la surabondance des eaux, dans des fossés et des canaux qui marquaient les limites et les subdivisions de son parterre; il les fit épancher en nappes, ou jaillir en fontaines ornées de tout le luxe de la sculpture et de l'architecture : il courba la vigne en immenses berceaux, et borda ses jardins d'allées d'arbres verts qui, en toute saison, devaient dissimuler la ligne triste et grisâtre de rochers qui bordaient l'horizon, en face du château.

Dans le même temps, le connétable Anne de Montmorency, chargeait l'ingénieux Bernard Palissi, d'orner ses jardins, et de construire à Ecouen, cette fameuse grotte, qui a donné l'idée au célèbre *ouvrier* en *figulines* de son *jardin délectable*, écrit singulier où l'on retrouve, dans une exagération poétique, ce qui serait devenu une vérité, si on lui avait donné le moyen d'exécuter toute sa pensée. Cet ouvrage, du reste, donne une idée du goût de l'époque, et ferait croire que c'est ainsi que l'on concevait le beau idéal des jardins, peut-être plus convenable et mieux approprié aux usages de la vie, que nos jardins prétendus pittoresques, et qui ne sont que la caricature des effets et des sites naturels.

Nous ne pouvons juger de la distribution des jardins de François Ier, que par les plans publiés dans le même siècle par Ducerceau; mais il est probable qu'on n'y fit que de légers changements, jusqu'au règne de Charles IX : ce qui caractérise ces jardins, c'est l'abondance des eaux qui en faisaient, sans doute, le plus grand charme; mais il fallait contenir, distribuer ces sources abondantes, de manière à n'en pas éprouver l'inconvénient, dans les crues subites des saisons pluvieuses. A cet effet, on construisit une énorme chaussée, qui venait aboutir à la porte dorée, et qui, retenant les eaux à une hauteur déterminée, en formait un vaste étang, dont le trop plein s'échappait par des conduits, ménagés à dessein, dans le plan inférieur, dont on fit un parterre. Il était partagé dans le sens de sa longueur, et aux deux tiers de sa largeur, par un canal bordé d'arbres. Un pont réunissait ces deux portions de terrain. La plus grande, dominée par les bâtiments du château, était divisée en douze grands carrés gazonnés, entourés d'ifs, de buis et d'autres arbres verts, ceints d'un fossé d'eau vive et courante. L'autre portion de terrain, au-delà du canal, était partagée en deux carrés, l'un destiné au jeu de ballon ou de longue paume, l'autre subdivisé en trois compartiments : le premier formait un quinconce, le second avait aux angles des berceaux, et au milieu on avait établi des balançoires, le troisième qui s'étendait en longueur, était destiné au jeu de barres, à la course ou à la lutte.

Le parterre entier était nivelé, et les terres en étaient soutenues par une seconde chaussée, parallèle à la première, et flanquée par deux grosses tours dont l'une existe encore. Au-delà de ce mur de soutenement, formant terrasse, le sol beaucoup plus bas, conservait sa déclivité naturelle, sur laquelle les eaux supérieures s'épanchaient, et formaient un ruisseau qui serpentait à travers les bois jusqu'à la rivière de Seine. C'est cet espace que Henri IV entoura plus tard de murailles, sur une longueur de près d'un mille ; il y planta le magnifique parc qui subsiste encore, et creusa le long canal dont nous parlerons tout à l'heure.

C'est dans ces jardins que Malherbe venait soupirer ses amours pour la vicomtesse d'Auchy (a), illustrée par le poëte français, comme Lesbie par Catulle, Délie par Tibulle, et Cynthie par Properce.

> Beau parc et beaux jardins qui dans votre closture
> Avez toujours des fleurs et des ombrages verts,
> Non sans quelque démon qui défend aux hyvers
> D'en effacer jamais l'agréable peinture.
> Lieux qui donnéz aux cœurs tant d'aimables désirs :
> Bois, fontaines, canaux, si parmi vos plaisirs
> Mon humeur est chagrine et mon visage triste,
> Ce n'est pas qu'en effet vous n'ayéz des appas ;
> Mais quoique vous ayéz, vous n'avéz point Caliste
> Et moi je ne vois rien quand je ne la vois pas (b).

Henri IV agrandit et embellit beaucoup les jardins plantés par François Ier ; mais il eut soin de conserver ce qui pouvait rester sans inconvénient pour ses nouveaux projets, et de profiter surtout des plantations déjà anciennes, en les coordonnant avec les nouvelles.

Il laissa subsister le canal qui coupait le parterre

(a) Voir les observations de Ménage, sur les poésies de Malherbe.
(b) On trouve la même pensée exprimée plus naïvement par Alain Chartier :
> Là plus n'avait en rien à faire (la nature),
> De tout ce qui me pouvait plaire,
> Mais que Ma Dame y eust esté.

en deux portions inégales, et partagea le petit espace par un autre canal. A leur rencontre, il fit fabriquer par Francine, un bassin carré, de six toises de diamètre, au centre duquel, s'élevait sur un rocher factice et percé à jour, la belle statue colossale du Tibre, que François Ier avait fait couler en bronze, et que les révolutionnaires de 93 ont converti en sols (a). Ce bassin était entouré d'une double balustrade en pierres, ornée aux angles de vases de bronze, jetant de l'eau dans de grandes coquilles. Des cygnes et des dragons de la même matière, jetaient aussi de l'eau. Le reste de l'espace du parterre était divisé en quatre grands carrés, ayant chacun leurs fontaines de pierres ou de marbre, avec leur jets d'eau ou leurs nappes tombantes ; on voyait aussi, apparemment adossé aux murs du château, la belle statue de la prétendue Cléopâtre (celle des Tuileries); « et tout proche, est une auge de marbre blanc, où sont des trophées d'armes en basse-taille, ce qui a servi de tombeau à quelque ancien. » Le plan, fait du temps de Henri IV, indique plusieurs

---

(a) Si la Cléopâtre et quelques autres statues aussi précieuses n'ont pas subi le même sort, on le doit à M. Peyre, alors contrôleur des bâtiments du roi, et que son zèle pour la conservation des monuments des arts, faillit conduire à la mort, après qu'il fut resté pendant plusieurs mois en état d'arrestation dans le château même qu'il a peut-être sauvé de la destruction, en faisant intervenir l'institut qui venait d'être créé, pour empêcher cet acte de vandalisme.

rangs de hautes charmilles taillées, et qui permettaient de circuler à l'ombre autour du parterre. Vers l'extrémité, on a aussi indiqué quelques grands arbres : d'ailleurs, les carrés étaient subdivisés en compartiments variés et dessinés par des buis taillés et des ifs. Sous Louis XIV, le parterre changea encore de forme, les canaux furent convertis en deux grands bassins, l'un carré, l'autre circulaire, au centre duquel on apercevait la statue du Tibre, seule, et dépouillée de tous ses autres ornements ; mais il paraît que c'est à cette époque qu'on creusa le canal à pans, qu'on nomme le Bréau, qui termine le parterre en face du château, et permet de jouir, sans obstacle, du coup d'œil des coteaux boisés de la forêt.

C'est aussi au même souverain qu'on doit la première idée des cascades, sur l'escarpement de l'ancienne chaussée, qui divisait le parterre du parc, et des deux pentes douces terminées par des grilles. Ce théâtre d'eaux jaillissantes, et tombant en bouillons, ou en plusieurs rangs de nappes, devait produire un grand effet, à en juger par les vues qui en ont été gravées, où l'on voit aussi en tête du grand canal, un monstre marin, faisant jaillir un immense jet d'eau qui se partage en deux arcs.

Ce canal, l'un des plus magnifiques ornements

des jardins de Fontainebleau, et dont l'émissaire épanchant ses eaux à flots sur une construction de grès, d'une solidité à toute épreuve, offre même un aspect assez pittoresque (*Planche* 53). Le canal, disons-nous, traverse, sur un mille de longueur, le parc planté de beaux arbres, et embelli par Henri IV, de tout le luxe des jardins de cette époque. La treille du roi, dont le raisin est si estimé, couvre encore le mur d'enceinte du côté du midi; deux sources très-abondantes, situées sur la partie la plus élevée du parc, alimentaient d'autres cascades, et une suite de bassins entourés de beaux gazons; puis les eaux, avant d'être rendues à leur pente naturelle, et aux besoins de la culture, allaient rafraîchir les sombres allées de charmilles, qui formaient un labyrinthe inextricable, pour ceux qui n'en connaissaient pas le plan.

Ce parc et son canal, ont inspiré des vers à un poëte du temps, qui, bien que maniéré, avait parfois de bons moments et d'heureuses inspirations (*). En effet, dans sa description de Fontainebleau, qui commence par ces grands mots :

Sacré Père du jour, beau soleil, sors de l'onde
Et viens voir avec moi, le plus beau lieu du monde,

(*) Guill. Colletet, l'un des premiers membres de l'Acad. Franç., père de Fr. Colletet, ridiculisé par Boileau.

nous trouvons quelques vers qui nous semblent caractéristiques :

> Vieux chênes et vous pins dont les pointes chenues
> S'éloignent de la terre et s'approchent des nues;
> Bois où l'astre du jour, confondant ses rayons,
> Font naître cent soleils pour un que nous voyons;
> Beaux lieux dont la tranquille et plaisante demeure
> Ne reçoit point d'ennui qu'aussitôt il n'y meure.....
> . . . .
> Après avoir passé dans une grande allée
> D'aulnes et d'ypréaux (ᵃ) artistement voilée,
> Le formidable Dieu qui préside en ces lieux
> Fait voir d'un grand canal l'objet tout gracieux,
> Où le chant des oiseaux et le bruit des fontaines
> Font un concert plus doux que celui des syrènes.
> . . . .
> C'est un plaisir de voir l'ombre de ces feuillages,
> Emailler le cristal de leurs vertes images;
> Errer au gré des vents aussi bien que ses flots,
> Et tous ces mouvements nous donner du repos.

L'inauguration du canal donna lieu à un pari qui prouva que le bon roi, habile en d'autres matières, n'était pas fort sur l'hydrostatique (ᵇ).

Dans la jeunesse de Louis XIV, et avant qu'il eût créé les merveilles de Versailles et de Marly, Fontainebleau était le séjour des plaisirs et de la galanterie. Ce n'était que fêtes, carrousels, chasses, promenades dans la forêt, de jour et même de nuit. Le grand canal fut souvent le théâtre de ces parties de plaisir, et même on s'en servit comme

---

(ᵃ) Espèce d'orme à larges feuilles.
(ᵇ) Mém. de Bassompierre.

d'une vaste naumachie, pour faire combattre des galères ou des vaisseaux à la voile. Melle de Montpensier parle, dans ses Mémoires, d'une *medianoche*, sur le canal, où il y avait, dit-elle, une musique, plus destinée à Melle de la Vallière, qu'au reste des spectateurs : c'était le fort de sa faveur. Les gravures du temps, nous donnent une idée de l'aspect animé que devait offrir cette vaste étendue d'eau, couverte de gondoles peintes, dorées, pavoisées, et remplies de tout ce que la cour offrait de plus élégant dans les deux sexes. Des troupes de musiciens, distribués dans les massifs du bois, se répondaient, faisant tantôt retentir des fanfares, et tantôt des airs d'une harmonie tendre et mélancolique. Mme de la Fayette fait un tableau charmant des plaisirs de cette époque, dans son histoire d'Henriette d'Angleterre, fille de l'infortuné Charles Ier. La mort prématurée de cette jeune princesse sera toujours présente à l'esprit, et retentira dans le cœur, lorsqu'on se rappellera ces déchirantes paroles de Bossuet : Madame se meurt! Madame est morte! L'agrément de l'esprit cultivé de Henriette, le charme inexprimable de sa conversation, une extrême affabilité, les grâces de la première jeunesse, animée par l'enjouement, en faisaient le plus bel ornement de la jeune cour de Louis XIV.

« Madame portait la joie et les plaisirs où elle allait, dit Mme de la Fayette : étant à Fontainebleau, elle disposait de toutes les parties de divertissement ; elles se faisaient toutes pour elle, et il paraissait que le roi n'y avait de plaisir que par celui qu'elle en recevait. C'était dans le milieu de l'été, Madame s'allait baigner tous les jours ; elle partait en carrosse, à cause de la chaleur, et revenait à cheval, suivie de toutes les dames habillées galamment avec mille plumes sur leur tête, accompagnées du roi et de la jeunesse de la cour. Après souper, on montait dans des calèches et, au son des violons, on s'allait promener, une partie de la nuit, autour du canal.

« L'on répétait alors à Fontainebleau un ballet que le roi et Madame dansèrent, et qui fut le plus agréable qui ait jamais été, soit par le lieu où il se dansait, qui était le bord de l'étang, ou par l'invention qu'on avait trouvée de faire venir du bout d'une allée à l'autre, le théâtre tout entier chargé d'une infinité de personnes qui s'approchaient insensiblement, et qui faisaient une entrée en dansant devant le théâtre. »

Le parc, quoique encore planté de beaux arbres, a perdu une partie de ses agréments ; les cascades, les jets, les nappes d'eau ont disparu, ou courent au hasard, s'égarent et se perdent à travers les bois. Le théâtre d'eau, disposé par Louis XIV, a été détruit il y a une vingtaine d'années, et on a eu l'intention de le reconstruire sous une nouvelle forme. Je donne ici, (*Planche* 54), une partie de la décoration projetée, mais il paraît qu'on n'a pu réunir un volume d'eau assez considérable pour alimenter et faire jouer à la fois, tous ces jets d'eau et cascades, même temporairement, tandis qu'autrefois ces eaux étaient continuelles.

En effet, l'abondance des sources qui faisaient autrefois le charme du château et des jardins de Fontainebleau, n'est plus la même à cette heure, car il n'existe pas la cinquième ou sixième partie du volume d'eau qu'on pouvait se procurer du temps de Henri IV, et même si depuis quelques années, on n'avait pas retrouvé une ancienne source qui était perdue, toutes les fontaines du château auraient été taries dans la malheureuse année 1832. L'ancienne fontaine *Belle Eau* qui jaillissait dans les jardins, ne s'élève plus au-dessus du sol, et s'échappe ignorée à travers les fissures du terrain ; tous les travaux qu'on a faits pour recueillir et élever les eaux, ont été infructueux. Dans le parc, la source qui alimente la pièce d'eau dite le Miroir, est toujours assez abondante, mais ne monte pas assez haut, pour fournir à tous les besoins d'utilité et d'agrément ; la fontaine du Calvaire n'arrive plus à la ville, et fournit à peine assez pour abreuver les ouvriers qui exploitent les grès sur ce coteau.

Cette pénurie des eaux pour alimenter les bassins, l'étang et les fontaines, bien moins nombreuses qu'autrefois, a fait rechercher avec soin les moindres sources suintant à travers des ruines d'aquéducs dont on ignorait jusqu'à l'existence ; on est parvenu, il y a peu de temps, par des fouilles mieux entendues à retrouver plusieurs de ces aquéducs ; ils étaient rompus, ensablés, et les eaux n'arrivaient plus, parce qu'elles avaient changé de direction, ou avaient été usurpées par des particuliers. On est enfin parvenu à les restituer à leur cours primitif, et à les diriger soit vers le *Château d'Eau*, construit en 1608, par Henri IV, soit vers les anciens regards. Ce sont pour l'ordinaire de petits bâtiments ou caveaux souterrains renfermant un bassin où se réunissent les eaux, et d'où elles se distribuent au moyen de conduits fermés par des robinets. Celui dont nous avons fait le dessin (*Planche* 55), existe intact, quant à la masse, dans un jardin attenant aux murs du parc ; il offre un carré long couvert d'une voûte en pierre ; on y entre par une porte basse, surmontée de l'H et du croissant couronné, chiffre bien connu de Henri II. Près de là, on a déblayé un autre bassin dont il n'existe que les substructions, il n'est plus couvert, et ne l'a peut-être jamais été.

Il nous reste à décrire les autres jardins séparés du parterre par la chaussée, dite l'allée de Maintenon, et qui sont situés sur un plan plus élevé.

Nous avons dit que du temps de François Ier, comme à cette heure, la cour de la Fontaine, entourée de bâtiments sur trois côtés, était bornée au quatrième, par un mur en terrasse ; baignée des eaux de l'étang, elle dominait sur cette vaste étendue d'eau bornée à gauche par la chaussée plantée pour lors de quatre rangs d'ormes, et terminée par un petit château fort avec ses tourelles dont nous parlerons ailleurs : il n'a été abattu que sous Louis XIV ; un long mur d'enceinte s'y rattachait de chaque côté, et formait la limite du parterre et des autres jardins qu'il séparait de la forêt. A droite, l'étang s'élargissait en éventail, à partir de l'angle des bâtiments de la cour des Fontaines, et la berge, suivant la pente ou les sinuosités du terrain, s'élevait ou s'abaissait, laissant pénétrer les eaux en forme de ruisseaux ou de bassins irréguliers. Il en résultait des îles, des presqu'îles plantées d'arbres. Dans le principal de ces bassins, on avait ménagé un grand berceau sans doute en charmilles taillées, figurant un château avec ses quatre tourelles aux angles ; on y arrivait par un pont de bois. On avait aussi ménagé sur l'un des côtés de l'étang, à quelque distance du rivage, et en vue des bâtiments, une île ronde avec plusieurs rangs d'arbres concentriques. Le reste de l'espace, auquel on avait donné le nom de jardin des Pins, était distribué avec plus de régularité ; il offrait, outre les allées d'arbres qui l'entouraient, sept grands carrés d'égale grandeur, subdivisés en planches de diverses formes. Quatre de ces carrés, les plus rapprochés des fenêtres de la grande galerie, offraient les fleurs de toutes les saisons, encadrées avec du buis, des ifs et autres arbustes verts et taillés ; ils formaient d'ingénieux compartiments contrastés de couleur et de feuillage. Les autres carrés, d'un dessin plus simple, semblaient être consacrés à la culture des plantes potagères ou médicinales. Des arbres fruitiers devaient les entourer ; enfin des charmilles, des pins et autres arbres verts, cachaient le [mur d'enceinte qui venait se rattacher à un pavillon carré qui se trouvait dans l'alignement de la grande galerie, et à peu près où commence maintenant le long mur qui borde la rue de Nemours, et se prolonge jusqu'à l'Obélisque. Car les limites de ce jardin furent élargies par Henri IV, qui y renferma plusieurs anciens bâtiments, ainsi que le vieux chenil, qui de nos jours, ne formait plus qu'une vaste ruine très-pittoresque, mais devenue inutile, et dont nous parlerons plus tard. Sous ce dernier prince, le jardin des Pins prit un nouvel aspect, les plantations furent régularisées, les canaux restreints ou convertis en bassins ou en viviers remplis de poissons. On cite le riche parterre de buis, où on remarquait quelques cèdres et un plane, *arbre rare en ce pays :* c'était un platane qui avait, dit-on, dix-huit pieds de circonférence. Ce parterre était entouré de belles allées en palissades *taillées en formes d'architecture;* il y avait aussi une allée toute en mûriers blancs qui était environnée d'eau par deux canaux revêtus de *gresserie;* une autre allée, dite solitaire, aboutissait au chenil. Du même côté une immense treille, bordée d'un canal d'eau vive, suivait la même direction ; enfin le long des murs et entre deux charmilles distantes de trois toises, sur une longueur de trois cents toises, on avait fait une aire parfaitement dressée pour le jeu du mail, ou *pasle mail*. Mais il paraît que pour plus de difficulté, et pour avoir un champ plus vaste, on se livrait à cet exercice, le long de l'allée qui porte encore le nom de mail de Henri IV, et qui est le prolongement de celle de Maintenon (ᵃ).

Le mail était un des jeux gymnastiques les plus en usage à cette époque, où l'on avait conservé quelque estime des exercices auxquels s'adonnait la jeunesse pour développer ses forces, son adresse, endurcir le corps, et le rendre propre aux fatigues de la guerre; noble destination de toutes les classes de la société. Le jeu du mail, qui prend son nom de l'instrument, le maillet de bois qui servait à chasser une boule de même matière, de grosseur proportionnée à la force du joueur, avait ses difficultés, ses accidents variés, ses règles convenues (ᵇ). L'origine de ce jeu n'est pas précisément connue, et doit être fort ancienne, à moins qu'on n'en attribue l'invention aux Napolitains, s'il faut en croire l'assertion du Lasca, qui dans ses chants de carnaval, dit :

> In Napoli trovato
> Fu questo nobil gioco primamente;
> Or ognun l'a imparato
> Pero si gioca tanto fra le gente, etc.

Au reste, il n'était pas sans danger pour les joueurs, et on a conservé la mémoire d'un jeune seigneur

---

(ᵃ) Parce qu'elle aboutit à la porte Dorée, pavillon occupé par Mme de Maintenon.
(ᵇ) Acad. univ. des Jeux, 1756.

toscan qui fut tué en 1487, en jouant au mail (*).

Les vastes jardins de Fontainebleau portaient divers noms : ils étaient subdivisés en jardin des Berceaux, celui du Bois, des Canaux, celui des Fruits. On y voyait aussi des pavillons, des tonnelles en treillage, des volières, et plusieurs petits monuments, tels que le pavillon de Pomone bâti par François Ier, et décoré de peintures à fresque par le Primatice ; la grotte du jardin des Pins, dont nous parlerons ailleurs, et la Fontaine Belle Eau qui a inspiré à Malherbe, ces beaux vers :

> Vois-tu, passant, couler cette onde
> Et s'écouler incontinent,
> Ainsi font les gloires du monde,
> Et rien que Dieu n'est permanent.

Ce petit monument, dont une gravure de Pérelle ne nous donne qu'une faible idée, offrait une espèce de grande niche ou abside, surmontée d'un fronton et sous laquelle jaillissait la source, et d'où elle retombait dans un bassin octogone entouré de bancs. (*Planche* 56). Tout auprès, on distingue des substructions qui sont les restes de la grotte que François Ier avait fait construire, et qui était ornée de peintures à fresque représentant la prétendue histoire du chien Bleau, qui avait découvert cette source

---

(*) Gamurrini, *Familie Toscane*.

assez abondante pour alimenter l'étang, et se distribuer dans tous ces jardins en bassins et en fontaines jaillissantes. Le grand étang fut entouré de constructions solides et régulières, et on planta sur ses bords plusieurs rangs d'arbres, peut-être les mêmes qu'on voit à cette heure. Des embarcadères furent construits, ainsi que le joli pavillon de forme octogone, et couvert alors en terrasse. Il s'élève au milieu de cette vaste étendue d'eau, trop loin des bords pour qu'on puisse distinguer les traits des personnes qui s'y trouvent, et encore moins entendre leur conversation, aussi a-t-il été, dit-on, construit du temps de Henri IV, pour servir à de secrètes conférences politiques. On prétend que François Ier avait déjà érigé en ce lieu, un cabinet pour respirer le frais, prendre le plaisir de la pêche, ou dérober aux indiscrets, quelques intrigues mystérieuses. On ajoute que plus tard, ce lieu prit le nom de cabinet du conseil secret, où Catherine de Médicis ourdit plus d'une intrigue d'un autre genre; enfin le cardinal de Richelieu venait y méditer les ruses de sa cauteleuse et parfois sanglante politique. Cela me rappelle cet autre pavillon des conférences des ambassadeurs à la Porte Ottomane, situé sur les bords du canal de la mer Noire, presque entouré de ses eaux, et adossé contre une pente escarpée, couverte d'arbres immenses qui l'ombragent et qui font de ce lieu l'asile du mystère, et presque toujours d'une sombre et soupçonneuse politique. Lorsque les ambassadeurs étrangers et les ministres de sa hautesse, sont renfermés derrière les persiennes de ce kiosque, des bostangis armés de masses, font la ronde autour des jardins, ou circulent en caïques dans le canal où ils arrêtent toute autre embarcation, et lui font rebrousser chemin (*Planche* 57). Ici, le pavillon des conférences, surtout depuis qu'il a été restauré, n'offre pas un aspect aussi sombre et un appareil si formidable; il s'élève au milieu des eaux tranquilles, qui reflètent l'azur du ciel, et il semble nager dans l'espace, comme on nous représente les fantastiques créations de la baguette des fées. Des pilastres élégants, supportent un entablement orné de métopes, et surmonté d'un toit plat. Huit grandes fenêtres cintrées, laissent tamiser le jour à travers des rideaux de mousseline et de soie, dans un salon orné de tapis, de sophas et d'élégantes peintures arabesques. Cette jolie construction repose sur une large plate-forme, entourée d'une balustrade dorée qui se prolonge en face du château; quelques marches descendent jusqu'au niveau de l'eau, et permettent d'aborder commodément. Tous les objets qui bordent les rivages de cette immense pièce d'eau, sont riants, diversifiés de couleurs, de formes et de lignes.

Transportons-nous au fond de l'étang, et auprès de l'ancien embarcadère (*Planche* 58), nous découvrirons d'un seul coup d'œil, et au travers des peupliers et des longues branches pendantes des saules pleureurs, le pavillon des conférences, et sur un plan plus éloigné, l'allée de Maintenon qui mène au château dont on aperçoit tout le développement depuis le pavillon bâti par Louis XV, jusqu'à l'antique chapelle St-Saturnin. Lorsque les eaux limpides de l'étang sont enchaînées par le calme, et que l'absence du plus léger souffle des vents, laisse les feuilles du tremble suspendues et immobiles à l'extrémité des rameaux, alors cette vaste étendue d'eau unie comme une glace, reflète comme elle, avec une netteté remarquable, tous les objets qui bordent ses rivages, et en double l'apparence. Parfois les lignes d'architecture, le spectre des arbres sont brisés ou se déforment momentanément, par la trace du passage du cygne, ou le saut brusque des poissons. Mais lorsque le vent s'élève et en balaye la surface, ce tableau magique change ses formes, brouille ses couleurs, et bientôt il n'offre plus qu'une nappe argentée qui brise et reflète en tous sens les rayons du soleil, ou se plombe sous le nuage menaçant et chargé de pluie; enfin, si l'orage éclate, ses vagues soulevées, couvrent d'écume les jetées, et inondent les gazons sur lesquelles elles se déroulent et viennent expirer.

Les jardins créés par François Ier, avaient été modifiés par Henri IV, mais ils n'étaient pas assez pompeux pour Louis XIV; il les fit arracher, combla les canaux, et confia au célèbre le Nostre, la nouvelle distribution, peut-être plus régulière, mais certes moins variée et d'une beauté un peu trop sévère. Nous avons vu transformer de nouveau le jardin des Pins, et en faire un véritable jardin anglais, création factice, qui a la prétention d'imiter la nature et ses grands effets. Quoiqu'il en soit, rien ici n'a été épargné, ni la dépense, ni les soins, ni le talent de l'architecte habile qui en a tracé le plan et dirigé l'exécution. Il a même eu le bon esprit de conserver autant qu'il a pu, les massifs de beaux arbres, et les a groupés avec ses nouvelles plantations, de telle manière, qu'en peu de temps la proportion s'est rétablie, et que le tout semble avoir été créé d'un seul jet. On a planté, disposé les arbres avec intelligence, en faisant contraster les espèces, en opposant le sombre feuillage des arbres verts, à celui des arbustes dont la teinte est plus gaie, et dont les panaches fleuris, réjouissent la vue et flattent l'odorat. Cet heureux mélange de plantations et de ruisseaux serpentant à travers les gazons et les fleurs, tous ces objets naturels, quelque bien disposés et groupés qu'ils le soient, ne feraient cependant de ces lieux, qu'une belle et ennuyeuse solitude, si l'on n'y rencontrait çà et là, une statue de marbre sur son piédestal, un banc abrité par un berceau, un petit temple ou une chaumière rustique. La curiosité est excitée, l'attention soutenue, lorsqu'à travers une touffe d'arbres ou à l'extrémité d'un sentier, on aperçoit quelqu'un de ces objets qui vous attire, et satisfait votre goût pour le beau ou tout au moins pour la nouveauté.

L'intention de l'habile ordonnateur de ces jardins, était en effet d'y disséminer quelques objets d'art, et d'en faire le motif de percées et de points de vue. Il n'en existe encore qu'un petit nombre, et il n'y a de remarquable en ce genre, que la façade d'un manége, qui offre une masse assez pittoresque (*Planche* 59), et la salle de verdure dite des Empereurs (*Planche* 60), parce qu'elle est entourée des bustes des douze Césars en marbre de différentes couleurs, posés sur des piliers carrés en pierre de Château-Landon polie. Pour répondre au vide de l'allée qui y conduit, et en face du spectateur, on a placé sur un piédestal, un peu plus élevé que les autres, le buste colossal d'Alexandre, qui semble présider l'auguste assemblée ; on juge bien que le héros macédonien occupe ici la place d'un autre conquérant plus moderne, à l'intention duquel ce monument avait été érigé.

De tout côté, ces jardins semblent pour ainsi dire, déborder dans la forêt avec laquelle ils se tiennent par des sauts de loup, des canaux, ou par la déclivité du terrain, qui permet, des fenêtres du château, de voir en même temps les plantations qu'on doit à l'art du jardinier décorateur, mêler sans obstacle leur feuillage varié de forme et de couleur, avec les sombres ombrages de la forêt. Enfin, en dehors des jardins, et à l'extrémité de plusieurs allées, on voit s'élever la cîme d'un imposant obélisque, qui domine les plus grands arbres, étincelle aux rayons du soleil, et annonce de loin l'entrée de la ville. C'est le monument de Marie-Antoinette !.... (**Planche** 61).

Un sentiment de respect religieux vous saisit, d'amers souvenirs se réveillent, lorsqu'on voit apparaître ce témoignage de l'amour et de la gratitude des habitants de Fontainebleau pour leurs souverains. Ce monument fut en effet érigé à l'époque où la famille des Bourbons était au comble de la prospérité et de la toute-puissance ; la France alors était heureuse de voir ses destinées assurées par la naissance de deux princes et d'une princesse qui promettaient une nombreuse prospérité. Pouvait-on prévoir les destins de cette noble mère et de ses augustes enfants! Cependant, l'obélisque resta sur sa base, mais les caractères en bronze qui en couvraient les quatre faces, furent arrachés et l'on se hâta d'en faire disparaître les traces en les recouvrant d'une couche de plâtre.

Napoléon avait embelli cette place, l'avait régularisée par de nouvelles plantations, et à l'extrémité de chacune des grandes routes de Bourgogne, d'Auvergne et de l'Orléanais, qui y aboutissent, il avait fait poser d'élégantes colonnes milliaires, avec des inscriptions indicatives.

Sur la droite de l'obélisque, en sortant de la ville, il existait un vaste espace s'étendant jusques à la grande route de Paris, et qui était alors en quelque sorte comblé par une mer de sables très-fins, et tellement mouvants, que les bourrasques des équinoxes, les labouraient en sillons onduleux, y creusaient des vallons, les amoncelaient en collines qui changeaient d'aspect et souvent de place, de manière à envahir les propriétés voisines, dont ils renversaient les murailles et comblaient les fossés. La trop célèbre Mme de Pompadour, avait créé en cet endroit une maison de plaisance et des jardins; elle avait planté des avenues et une espèce de cirque de verdure qui formait une barrière, et repoussait l'envahissement des sables. Cet exemple fut suivi par Napoléon qui planta, dans cette lande aride, des arbres verts et forestiers qui y ont crû comme par enchantement, et dont les racines ont fixé et consolidé ce sol mouvant; des allées qui se croisent en tout sens ont formé un boulevard qui sert de promenade aux habitants, et au moyen duquel on peut compléter le tour de la ville, sous un ombrage toujours agréable à rencontrer au milieu de ces plaines de sable.

XXI.

Jardin de l'Orangerie.

GALERIE DES CHEVREUILS, FONTAINE DE DIANE, GALERIE DES CERFS,
MONALDESCHI.

. . . .
E si sciolse il palazzo o in fumo o in nebbia.
(ARIOSTE, ch. 22).

LE souvenir de la galerie des Chevreuils, s'était conservé dans les anciennes descriptions de Fontainebleau; mais ce monument, érigé par Henri IV, n'avait été probablement dessiné ni gravé par personne, et depuis longtemps on ignorait jusqu'à son emplacement. Occupé de la recherche de tout ce que le château contenait de curieux, à travers ce dédale de bâtiments d'âges et de styles si divers et si souvent bouleversés, j'ai bientôt pu reconnaître la place de cette galerie. Les anciens plans m'apprirent que ce local avait été morcelé et distribué en appartements, sous le règne de Louis XV. Depuis, les logements même avaient été abandonnés, les fenêtres en étaient condamnées, et ils ne servaient plus que de serre et de bûcher. M'étant fait ouvrir cette espèce de cave, j'aperçus, lorsque le jour eut pénétré dans cet obscur réduit, des restes de peinture; enfin en soulevant des panneaux de menuiserie, qui tenaient à peine aux murs, je reconnus avec surprise, des fragments de décoration que ces boiseries avaient conservés intacts. Un peu de négligence, d'autres occupations me firent oublier ma découverte, lorsque en 1833, j'appris qu'on allait détruire entièrement cette galerie : la démolition commença aussitôt, et c'est en disputant les fragments aux impitoyables maçons, que je parvins à en opérer la restauration graphique, si ce n'est complète, au moins assez étudiée dans ses détails pour donner une idée de son ensemble.

J'écris en présence des ruines de ce monument : je suis entouré de pierres brisées, où l'on voit partout sculpté le chiffre de Henri de Bourbon, enlacé des palmes de la victoire, et de l'olive de la paix.

Je cherche à réunir des fractions d'enduit où l'on reconnaît les écussons de la famille des Médicis, joints à ceux de France et de Navarre; abrité par un magnifique catalpa que la hache menace, je suis assis en face de la fontaine de Diane, déjà dégradée, sur ce banc de marbre signalé par la tradition, comme le dernier siége qu'avait occupé Napoléon, en descendant du trône, et au moment de quitter cette résidence royale qui lui était chère, et qu'il était forcé de rendre à ses légitimes propriétaires. Eux aussi ont embelli ces jardins de leur présence ; ces gazons ont été le théâtre des premiers jeux des enfants de France ; les lys sans tache, bannis pendant si longtemps de nos parterres, ont élevé leur blanc calice au-dessus des fleurs exotiques. Ces fleurs, ces innocents enfants, ce vieillard couronné, cette famille entière, tout a disparu ! tous ont quitté le sol de France ; et ces lieux vont encore être attristés par une nouvelle dévastation qui fera disparaître les traces de plusieurs générations de princes, sans pourtant en effacer, ni en ternir la mémoire.

Lorsque François Ier conçut le projet d'agrandir le château de Fontainebleau, et d'en faire une résidence digne d'un grand monarque, il chercha, comme nous l'avons vu, à régulariser autant que possible, les anciens bâtiments construits sans ordre et à des époques diverses. Il en résulta un vaste ensemble qui se liait avec le parterre et les jardins qui bordaient la grande pièce d'eau. Mais il restait en dehors des bâtiments, un terrain vague, irrégulier, qu'il entoura néanmoins de fossés : on en fit un jardin potager et fleuriste, distribué en carrés bordés de buis et de charmilles, on érigea aussi, sous les fenêtres de la galerie qui conserve le nom de ce prince, un grand berceau de verdure qui occupait le renfoncement (a), qui depuis a été rempli par un bâtiment adossé contre cette galerie.

Henri II se contenta de terminer tous les travaux d'architecture commencés sous son père, ainsi que les décorations intérieures de ces vastes bâtiments; ses successeurs ne firent presque plus rien pour Fontainebleau; mais à l'avènement d'Henri IV, le château redevint une véritable résidence royale que le souverain habitait une grande partie de l'année; aussi, conçut-il des projets aussi vastes que ceux de François Ier, et doubla-t-il la superficie des bâtiments et des jardins. Nous ne nous occuperons maintenant que de celui de l'Orangerie, qu'il créa pour s'en faire une promenade particulière, où, dépouillé de

---

(a) Voir les plans de Ducerceau.

la pompe souveraine, et secouant l'étiquette, il pouvait, au milieu de ses enfants et de quelques serviteurs dévoués, jouir avec bonhomie, de l'intimité et du bonheur domestiques. A cet effet, il choisit le terrain dont nous avons parlé, il l'agrandit en portant le fossé à une plus grande distance, et entoura cet espace de bâtiments d'une architecture régulière, qui se liaient d'un côté à la grande chapelle et au pavillon de l'horloge, et de l'autre côté, à ses propres appartements. Ces nouveaux édifices étaient uniquement consacrés à l'agrément ; c'étaient de longues galeries terminées carrément par une immense volière qui les réunissait, et servait elle-même de promenoir. Suivant un auteur du temps :

> On y voit des oiseaux de diverse peinture
> Dont le vol est borné d'une riche clôture,
> Démentir par leur chant ceux qui, contre raison,
> Soutiennent qu'il n'est pas d'agréable prison.

On l'avait, il est vrai, embellie autant que possible, de peintures, de sculptures, et d'un rocher factice étagé en forme de pyramide rustique, revêtu de stalactites et d'où ruisselaient ou jaillissaient de toutes parts des filets d'une eau limpide ; à sa base s'ouvrait une grotte ornée de statues de dieux marins. Ce rocher était couronné par quatre arcs supportant un dôme octogone, où l'on voyait les figures d'Apollon et de Diane, et des groupes d'enfants qui jouaient avec des fleurs. Ces peintures, qu'on devait au pinceau grâcieux de Dubois, furent la proie d'un incendie qui dévora le dôme, la volière et une portion des galeries attenantes. Ce corps de bâtiment, rétabli par Louis XIV, fut converti en orangerie ; mais rien ne fut changé à la distribution du jardin.

La décoration extérieure des trois galeries, des Chevreuils, des Cerfs et de Diane, est uniforme ; elle consiste en arcades, soutenues par des pieds-droits en brique, séparées par des pilastres en pierre et d'ordre dorique, qui supportent un entablement dont la frise est en brique. Au premier étage, des fenêtres carrées remplacent les arcades, elles alternent avec des niches rondes ornées de bustes, qu'on disait antiques, mais qui n'existent plus : les frontons des croisées sont aussi alternativement triangulaires ou à consoles rampantes, surmontées d'une palmette ; les encadrements des niches flanqués de coquilles, et tous les autres ornements sculptés, sont d'un bon goût et d'un beau travail.

La décoration de la façade de la volière était semblable aux autres façades du rez-de-chaussée, et il n'existait pas de premier étage, l'entablement n'étant couronné que par des fenêtres rondes à console en amortissement, et faites en pierres. Le milieu de cette façade était coupé par une espèce de portique à double fronton, surmonté d'un dôme octogone et d'une lanterne s'élevant plus haut que les pavillons carrés des angles, dont les hautes toitures sont semblables à celles du reste du château. Le dessin de ce monument remarquable nous a été conservé dans une vue gravée par Israël Henriet (*), et portant la date de 1649. Dans une autre vue gravée par Pérelle, faite après la restauration de ce monument par Louis XIV, la façade n'est plus coupée que par une grande arcade, flanquée de deux colonnes engagées, de la hauteur des pilastres surmontés de gaînes qui supportent le fronton, enfin, telle que nous l'avons dessinée (*Planche* 62).

L'espace circonscrit par cette enceinte de bâtiments, était divisé en quatre grands carrés ornés de fleurs et de compartiments de buis taillé. Ils étaient entourés d'ifs, affectant des formes bizarres, et de charmilles qui pouvaient abriter les promeneurs. Au centre de ces carrés, dont les angles furent arrondis, l'on érigea une magnifique fontaine, en forme de cirque à gradins de marbre. Au milieu, s'élevait un socle carré, orné sur chacune de ses

---

(*) Israël Henriet, né en 1605, oncle d'Israël Silvestre, et ami de Callot et de Labelle.

faces de belles têtes de cerfs en bronze, qui jetaient de l'eau. Ce socle était surmonté d'un piédestal rond, flanqué aux angles de quatre chiens de chasse assis, et sur lequel s'élevait l'admirable statue antique de Diane chasseresse; d'autres statues antiques, ou les belles répétitions en bronze de la prétendue Cléopâtre, de l'Apollon, du Laocoon, du tireur d'épine, etc., etc., que François Ier avait fait mouler sur les originaux, étaient placées autour du jardin, sur des piédestaux richement sculptés.

Dans la belle saison, on plaçait, le long des allées de ce parterre, des orangers et des vases remplis de fleurs. On peut juger de l'agrément de ce jardin, embaumé par l'odeur des fleurs de l'oranger, diapré d'autres fleurs rares aux plus vives couleurs, orné des plus beaux monuments de l'art antique, rafraîchi par le jaillissement de l'eau tombant à filets dans un vaste bassin de marbre, dont les degrés pouvaient servir de banc. Les galeries offraient aussi, pendant les grandes chaleurs, une promenade fraîche et embaumée, et lorsque la volière fut convertie en orangerie, elle présentait en hiver, tous les avantages du printemps; enfin, les galeries des Cerfs et de Diane, par leur exposition au midi et leurs clôtures en vitraux, mettaient les promeneurs à l'abri, et leur faisaient retrouver une douce température, malgré les rigueurs de la saison. On aime à se reporter par la pensée, à ces temps de gloire et de plaisirs, où une cour aussi polie qu'élégante, parcourait ces portiques et ces jardins sous les yeux des princes, qui n'usaient de la toute-puissance, que pour accroître le bonheur de leurs sujets.

Ajoutons quelques mots sur la fontaine de Diane : dépouillée de tous ses ornements, par la première révolution, elle a été rétablie de nos jours, par M. Heurtault (*Planche* 63). Le motif de ce monument, est à peu près le même que l'ancien, seulement les quatre chiens n'ont pas été restitués, peut-être n'existent-ils plus. Le bassin à gradins de marbre, a été entouré d'une balustrade en bronze doré, s'appuyant sur douze piédestaux couronnés de vases de marbre, qui contiennent des aloès. Cet ensemble est fort riche et très-bien exécuté dans ses détails; mais je ne sais si la propension naturelle à devenir admirateur des temps passés, n'exerce pas une certaine influence sur mon jugement, et ne me fait pas trouver dans l'ancienne fontaine, plus de simplicité, d'unité et de convenance, quoique son auteur, Alexandre Francini, n'ait pas fait preuve d'un grand talent dans l'ajustement des autres fontaines qu'il a exécutées à Fontainebleau, et surtout dans les projets décoratifs qui ont été gravés d'après lui. Nous avouons néanmoins, que dans l'ordonnance de la fontaine de Diane, il a été supérieur à la plupart de ses contemporains. Aussi, devons-nous être étonnés de ne le voir citer dans aucune des nombreuses biographies. La justice veut que nous lui consacrions ici quelques lignes...

Alexandre Francini ou Franchine, ingénieur et décorateur de jardins, était florentin. Il s'établit en France du temps de Henri IV, et publia, en 1631, un *Livre d'architecture, contenant plusieurs portiques de différentes inventions, sur les cinq ordres de colonnes.*

Il s'intitule ingénieur du roi, charge qui lui aurait été donnée par Henri IV, et son ouvrage est dédié à Louis XIII. Dans un avis aux amateurs, il dit qu'il ne fait pas sa profession de l'architecture, mais qu'il l'estime comme la première des sciences.

Son livre a pour second titre : Traicté des quarante figures portiques d'architecture et arcs triomphaux, faictes suivant les cinq principales sortes de colonnes, sçavoir : toscane, dorique, ionique, *corinthe* et composite; enrichies, chacune selon son ordre, de plusieurs ornements et *simétries* nécessaires. Le titre gravé par Abraham Bosse, est aussi un portique : on y voit, dans un grand médaillon, le portrait de Francini, richement vêtu à la mode du temps; sa figure est celle d'un homme d'à peu près cinquante ans. Les attributs de sa profession, le compas, l'équerre, le niveau, la boussole, sont tenus par des figures de femmes et d'enfants. Le tout est surmonté d'armoiries de fantaisie et qu'il ne dit pas précisément être siennes. Les portiques sont de différents genres, les uns peuvent servir de porte de maison ou de palais, d'autres, d'entrées de grottes ou de jardin : on y voit aussi des portails d'église, des décorations de maître-autel et des arcs de triomphe, enfin, il en est qu'il dit naïvement *pouvoir servir à ce que l'on voudra*. Dans ces compositions, il y a surabondance de cartels, de draperies, de vases, de mascarons, de fruits, de fleurs et d'enroulements de toutes sortes; cependant on reconnaît dans la masse, un certain respect pour les proportions, et un assez bon style dans le rendu des figures, qui ne sont point trop maniérées, et qui prouvent que Francini était assez bon dessinateur. On retrouve dans cet ouvrage quelques rapports avec des décorations exécutées à Fontainebleau à la même époque, et auxquelles on pourrait croire que cet artiste a eu part. Au reste, celui qui avait composé la fontaine de Diane, n'était pas certes sans mérite.

On trouve (*), à l'occasion d'un ballet du roi (Louis XIII) en 1626, que les sieurs Franchine et Moret proposèrent de faire disposer la salle de l'Hôtel de Ville, comme celle du Louvre.

Avant de faire la description de la galerie des Chevreuils, qui est le principal sujet de cette étude, décrivons la galerie des Cerfs, avec laquelle elle communiquait en passant par la volière.

La galerie des Cerfs fut nommée ainsi, des ramures de cerfs placées sur des *massacres* ou simulacres, en bois ou en plâtre, de têtes de ces bêtes fauves, entourés de feuillages dorés. Plus étendue que la galerie des Chevreuils, elle était divisée en treize compartiments de vingt pieds de large sur treize de hauteur, peints à l'huile sur plâtre par Dubreuil. Ces tableaux offraient les plans à vue d'oiseau, et sans doute en perspective cavalière des châteaux royaux et forêts de Fontainebleau, de Folembray, de Compiègne, de Villers-Cotterêts, de Blois, d'Amboise, de Chambord, de St-Léger-Montfort, de Charleval, de Mouceaux, de Verneuil, de Madrid, dans le bois de Boulogne, de St-Germain en Laye, de Vincennes, des Tuileries et du Louvre.

On juge de l'intérêt qu'offriraient maintenant ces

(*) Felibien, *Hist. de Paris*.

vues exécutées sans doute avec beaucoup de soin, et qui serviraient de point de comparaison avec les plans en perspective cavalière des mêmes châteaux gravés, avant cette époque, par Androuet Ducerceau : mais n'en serait-il pas de cette galerie, comme de celle des Chevreuils convertie en appartements sous Louis XV, et les boiseries qui en revêtissent les murs, ne feraient-elles que cacher les peintures de Dubreuil qu'elles auraient peut-être préservées de la destruction? certes l'intérêt de l'art et de la science historique, voudraient qu'on fît le sacrifice, au moins momentané, de ces lambris, pour qu'on pût relever et copier ces peintures, où pourront se retrouver les plans et les vues de monuments détruits pour la plupart, ou qui ont subi depuis de grands changements.

Cette même galerie fut le théâtre de la sanglante tragédie qui se termina par le meurtre de l'infortuné Monaldeschi, ordonné par sa bizarre et cruelle souveraine, Christine de Suède. Le monogramme qu'on voyait gravé sur le plancher, au-dessous d'une petite croix, dans l'angle d'une croisée, rappelait le souvenir de cette catastrophe (ª).

Le samedi, 10 novembre 1657, la fille de Gus-

(ª) La relation très-détaillée de cet événement a été écrite par le père Lebel, religieux du couvent des Mathurins de Fontainebleau, et témoin oculaire. Elle

tave-Adolphe qui recevait, à Fontainebleau, l'hospitalité que Louis XIV lui avait plutôt imposée qu'offerte, car elle voulait d'abord se rendre à Paris, oublia à la fois, qu'elle n'était plus reine, qu'elle vivait dans un pays où la main des rois ne frappait plus depuis longtemps le criminel, où le jugement, quelque fût le crime, précédait le châtiment. En quelques heures, Christine prononça l'arrêt, et ordonna la mort d'un grand seigneur de sa suite, le marquis de Monaldeschi, honoré longtemps de sa faveur et de sa confiance. Trois hommes de sa garde avaient été appelés pour exécuter ce cruel jugement; ils se tenaient prêts et à quelque distance dans la galerie des Cerfs. Un peu plus loin, Christine parlait avec indignation et véhémence à son favori tremblant et confondu devant sa souveraine, et paraissant prévoir le sort qui lui était réservé. Un religieux mathurin avait été mandé, pour assister à cette sanglante tragédie qu'il ne put prévenir malgré ses vives instances et ses religieuses remontrances. Christine lui avait confié des papiers qu'elle réclama, et dont elle paraissait se servir pour confondre son malheureux écuyer. Monaldeschi fut sans courage,

est rapportée par Guilbert, et se trouve aussi dans le recueil des pièces intéressantes et peu connues de la Place.

Christine fut sans pitié. Était-ce dans ce moment une reine trahie, une amante trompée ou une femme outragée par des épigrammes acérées? ce point restera toujours, pour les historiens et les chroniqueurs, enveloppé d'une impénétrable obscurité, comme il a été l'objet de conjectures plus ou moins probables. Après avoir écouté de sang-froid, les aveux, les excuses et les lâches prières de sa victime, Christine sortit en donnant le signal du meurtre. Monaldeschi avait une épée et une cotte de maille, il ne songea pas à vendre chèrement sa vie. A force de cris et de larmes, il obtint un instant de répit. Le père mathurin en profita pour aller faire une tentative auprès de la reine; il parla au nom du ciel, il annonça la colère de Louis XIV, il n'obtint rien, et rentra pour préparer Monaldeschi à mourir avec piété; le chef même des spadassins essaya de faire changer l'ordre. Son retour fut prompt, et à l'instant, Monaldeschi tomba frappé de coups redoublés, dans les bras du religieux mathurin et de ceux de l'aumônier du château, accouru pour ce funeste dénouement. La cotte de maille prolongea l'agonie de la victime, et les meurtriers le frappèrent partout où le fer put pénétrer. A la nuit, son corps fut emporté à Avon, et enterré dans l'église, à droite de la porte d'entrée.

Revenons à la galerie des Chevreuils, nous avons déjà dit que l'élévation extérieure était semblable à celle de la galerie des Cerfs. Guilbert nous apprend que toutes deux offraient à l'intérieur la même décoration architectonique, et qu'il n'y avait de différence, que dans le sujet des grands tableaux, et dans l'étendue du vaisseau, la galerie des Chevreuils n'ayant que vingt toises de longueur sur deux toises de largeur. Elle était percée d'un côté seulement de douze arcades plein-cintre. Sur l'autre face, les mêmes arcades était feintes et beaucoup plus larges, car on ne s'était pas piqué d'observer une grande régularité dans cette décoration, soit que l'un des côtés fût plus long que l'autre, et en effet, la galerie se terminait par un mur en biais, soit qu'on ait voulu donner un plus grand champ aux peintures; quoiqu'il en soit, les pieds-droits feints ne correspondaient pas à ceux qui devaient leur faire face, et les cintres des tableaux étaient visiblement surbaissés. Le même embarras se fait remarquer aux extrémités de la galerie, où l'on voit les portes percées à travers le massif qui figure ailleurs le pied-droit; il n'en reste même que l'entablement qui n'est supporté, au lieu de colonnes, que par deux figures terminées en gaînes contournées en consoles. Les arcades, dont la retombée repose sur l'entablement, ne pouvant, vu le peu de largeur de la galerie, être complètes, se repliaient dans l'angle des murs, pour se raccorder, tant bien que mal, avec le reste de la décoration. Nous ne concevons pas cette négligence qu'il aurait été si facile d'éviter avec un peu d'étude.

Les pieds-droits qui séparent les tableaux, offrent deux ordres : le premier supportant la retombée des cintres, le second s'élevant jusqu'au plafond. Le lambris, à hauteur d'appui, n'existe plus, mais on peut supposer qu'il était en panneaux de menuiserie, peints et dorés comme dans les autres galeries. Il supportait deux colonnes d'ordre corinthien figurées, de marbre blanc, cannelées et enlacées de guirlandes de lierre jusqu'au tiers de leur hauteur. L'entablement est tracé en perspective avec consoles, modillons et frise très-riche, au milieu de laquelle étaient implantés des simulacres de têtes de chevreuils avec leurs bois naturels. Tous les ornements étaient dorés ou imitant l'or. Entre les colonnes, on avait feint des niches renfermant des vases de lapis, ornés de figures de chimères ; ils contenaient un bouquet de lys divisé en trois tiges : l'une offrant le lys blanc de France, les autres, le lys rouge de Florence. Au-dessus de la niche, un médaillon surmonté d'une couronne, portait, sur un fond bleu, la lettre initiale du nom de Henri. Le second ordre offrait aussi une niche plus petite flanquée de deux colonnes de marbre rouge, et dans laquelle on voyait l'image fidèle et variée des plus beaux chiens de chasse. L'on reconnaît aisément que ces belles peintures ont été faites d'après nature, par une main fort habile (*Planches* 64 *et* 65).

Les angles des cintres, étaient remplis par des enroulements et entrelacs qui partaient de la clef de la voûte ornée de l'écusson de France, de Navarre et de Toscane. Toutes ces peintures d'ornement étaient conçues et exécutées avec un goût et une franchise extrême, et si les proportions, et particulièrement celles du grand entablement, n'étaient pas correctes, l'ensemble n'en était pas moins satisfaisant ; nous doutons même qu'il fût possible d'orner avec plus de convenance, une galerie donnant sur un jardin, et uniquement destinée à mettre à l'abri des ardeurs du soleil d'été qui n'y pénétrait jamais.

Il nous reste à décrire les tableaux peints en face des arcades ouvertes ; ils complétaient la décoration de cette galerie qui partout retraçait l'image de la chasse, exercice favori du monarque, et auquel se livraient avec ardeur les seigneurs et même les dames de la cour. On trouve dans le poëme de la chasse, que Passerat a intitulé le *Chien courant*, et qu'il composa, à la prière de Henri III, ou suivant d'autres de Henri IV, des vers qui lui furent inspirés pendant son séjour à Fontainebleau (*).

> Dans ces forêts où bruit un doux zéphire,
> Je veux des chiens et de la chasse écrire,
> Sans invoquer Diane et les neuf sœurs,
> Nymphes des bois, déesses des chasseurs.
> Henri, grand roi, fleur des princes du monde,
> A qui Diane à la chasse est seconde,
> Donne force et courage à ton sujet
> Pour bien traiter un si noble sujet.

Ces tableaux offraient tous les incidents des diverses chasses connues pour lors, et particulièrement en usage dans la forêt de Fontainebleau. On reconnaissait dans ces peintures, le roi, les princes, les grands officiers de la couronne, les dames de haut parage, les uns à cheval, les autres dans de vastes coches; on y voyait aussi des gardes, des piqueurs, des paysans, tous offrant, jusque dans les plus petits détails, les costumes si variés et si pittoresques de ce temps-là; nous y avons observé des têtes qui devaient être des portraits, à en juger par le soin avec lequel elles étaient peintes, et par le caractère de vérité qu'elles offraient. Le paysage était largement touché, et les sites très-variés, mais

---

(*) Passerat était né en 1534, et mourut en 1602.

la partie endommagée par l'incendie de la volière, avait été restaurée avec peu de soin et d'intelligence. Les chevaux étaient lourds, les figures communes, et le paysage fait de pratique.

« Dans tous ces tableaux, dit notre vieux historien de Fontainebleau, on voit le portrait de cet illustre monarque (Henri IV), vestu en chasseur, et accompagné de quelques seigneurs et de ses veneurs ; prince, qui après avoir donné la chasse aux ennemis de son état, se mit à se divertir parmi les exercices de toutes sortes de chasses, représentées en sept tableaux de douze pieds de hauteur, sur vingt de largeur. On y voit, ajoute-t-il, la chasse au loup, la chasse au sanglier, la grande chasse au cerf qui occupe deux tableaux, ensuite, la chasse au lièvre avec les chiens courants, celle du renard, enfin, la chasse et vol de l'oiseau, dite de la fauconnerie. »

La largeur de vingt pieds donnée à ces tableaux et confirmée par Guilbert, ne peut s'appliquer, sans doute, qu'à celui de la grande chasse au cerf qui occupait deux travées, car la longueur de la galerie serait loin de suffire au développement de ces sept tableaux dont l'un était double. Quand bien même on l'expliquerait en supposant qu'on avait supprimé, de distance en distance, un pied-droit en laissant néanmoins subsister l'entablement supporté, comme nous l'avons dit pour les portes des extrémités, par des figures terminées en formes de consoles. Au reste, on n'en peut plus juger maintenant en raison de la dégradation de ces peintures, accélérée par le percement des portes, des cheminées, l'arrachement des cloisons, et la distribution de cette galerie en appartements. Si nous avons pu relever assez exactement la décoration architectonique des pieds-droits et des cintres, nous n'avons pas eu la satisfaction de retrouver parmi les fragments de ces chasses, et des nombreuses figures qu'elles comportaient, celle du bon roi, et nous avons remarqué les tentatives, peut-être fructueuses, de quelques amateurs qui ont essayé d'enlever carrément des portions de l'enduit, pour conserver les figures qu'on pouvait supposer offrir la ressemblance des personnages célèbres de l'époque. Le temps nous a manqué, et le travail des démolisseurs était trop rapide pour nous permettre de nous procurer, par le même moyen, des parcelles de ces curieuses peintures : nous regrettons surtout qu'on ait détruit cette galerie, d'ailleurs parfaitement construite, et qu'il était si aisé de restituer à son premier usage en conservant l'ancienne décoration, comme un monument de l'art, tout rempli de souvenirs du grand prince qui l'a construit, et de Louis XIII et de Louis XIV qui l'avaient conservé et rétabli.

Une portion de cette galerie, comme nous l'avons déjà dit, fut atteinte par l'incendie qui dévora la volière, que ce dernier prince convertit en orangerie. Par une fatalité singulière, à la fin de 1789, de désastreuse mémoire, un nouvel incendie, dont on n'a pas su la cause, dévora pendant la nuit cet édifice, et fut comme le signal de la destruction de tant d'autres monuments, que la révolution, plus dévorante encore, fit disparaître sans retour du sol de la France consternée (a). Cependant, bien que ruinée, cette façade, dont les murailles se groupaient avec de beaux figuiers, n'en offrait pas moins un agréable aspect, (*Planche* 66) : aucune des arcades ne manquait, et elles accusaient la forme entière de ce jardin; il était alors envahi par les ronces et les restes informes de charmilles qui y poussaient en liberté, et dépouillé des nombreuses statues dont Henri IV l'avait autrefois doté; il semblait que tous les ouvrages de ce prince étaient voués à la destruction; car déjà, à la même époque,

---

(a) Nous avons vu les projets que Louis XVI fit faire aussitôt par son architecte de Fontainebleau, M. Peyre. Mais ces projets restèrent sans exécution, comme tous ceux que l'infortuné monarque avait conçus pour la gloire des arts et le bonheur de la France.

les galeries des Chevreuils et des Cerfs n'existaient plus sous leur forme originelle, la galerie de Diane même, tombait en ruines. Enfin, Napoléon, voulant faire de ce terrain abandonné, son jardin particulier, rétablit cette dernière galerie, laissa même subsister les murs crevassés de l'orangerie, planta des massifs d'arbres exotiques et d'arbustes à fleurs; la fontaine de Diane fut rétablie, de beaux gazons ornés de corbeilles de fleurs, reposaient la vue, et sur le fond mobile des massifs irréguliers de feuillage, qui entouraient le jardin, se détachaient des figures de marbre blanc, production de nos artistes modernes (*Planche* 67). On descendait par deux pentes douces dans les fossés qui bordaient l'ancienne orangerie (*Planche* 68); là, sur les bords d'une large allée sablée, des massifs d'arbres toujours verts, entremêlés d'arbustes, formaient une ceinture de verdure et de fleurs, qui entourait le vaste développement des tours d'enceinte et des autres constructions irrégulières du château, depuis la cour du Cheval Blanc jusqu'à l'entrée du parterre. Ces fossés, indépendamment des aspects pittoresques qu'offrait le mélange d'arbres de tant d'espèces avec les constructions si variées de forme et de couleur, étaient un but de promenade aussi agréable qu'utile, puisque, par ce moyen, on pouvait éviter en partie la réverbération brûlante du pavé des vastes cours.

Maintenant, cette communication est interdite au public, les fossés ont été comblés, les hautes tours, les ruines de l'orangerie sont abattues; sans égard pour le parallélisme et la symétrie qui existait entre la galerie de Diane et celle des Chevreuils, on a rasé cette dernière, sous prétexte d'agrandir l'espace de quelques toises de plus. Il est vrai qu'un nouveau jardin va s'y élever, mais quoiqu'il soit, il nous fera regretter l'ancien, même avec ses ruines auxquelles étaient attachés de si doux et de si glorieux souvenirs.

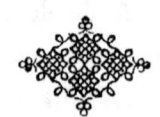

XXII.

Construction

EN BRIQUES ET PIERRES, DES XVe ET XVIe SIÈCLES.

LE VIEUX CHENIL, CHATEAU DU BRÉAU, HOTELS, LOGIS DE LA MY-VOYE, PAVILLON DE SULLY, PORTE D'HENRI IV, TOURELLE DE MORET, ERMITAGE DE LA MAGDELEINE.

On sait que la construction en briques, était fort en usage chez les anciens, depuis les murs et les édifices de Babylone, jusqu'à ceux de Rome où l'on a employé aussi la brique, dans les plus beaux monuments, tels que le Panthéon, les Thermes et le palais des Césars; ce genre de bâtisse fut continué dans le moyen âge, et devint, lors de la renaissance, un moyen très-ingénieux de décoration.

Palladio montre surtout, pour cette manière de bâtir, une sorte de prédilection, fondée, dit-il, sur ce que les édifices antiques construits en briques, se sont beaucoup mieux conservés que les autres, et ont résisté, par leur adhérence plus intime, et par la nature même de leurs matériaux, aux tremblements de terre, et aux plus violents incendies qui ont ruiné ou dévoré les palais et les temples de pierre et de marbre.

L'un des caractères particuliers des constructions en France, depuis François Ier, jusques et compris le règne de Henri IV, est le mélange de la brique et de la pierre, employés alternativement de manière à les faire contraster, et à produire une variété d'aspect qui enrichissait à peu de frais la plus longue façade, en rompant la triste uniformité d'un mur lisse, construit tout en pierre.

On remarque que ces matériaux étaient employés de deux manières opposées; tantôt, c'était la brique qui formait le massif des murailles, et la pierre n'était employée que pour les colonnes, les pilastres, les corniches, les entablements et les chaînes ou les bandeaux. Ailleurs, les membres d'architecture étaient figurés en briques sur un fond de pierre, et on façonnait la terre cuite, de manière à lui donner les formes appropriées à l'usage auquel elle devait servir. C'est ainsi qu'on en faisait des profils assez compliqués, et jusqu'à des chapiteaux corinthiens. Ou bien en les posant soit de champ, soit à plat, ou sur l'angle, et les faisant contraster pour la forme, la couleur et le sens dans lequel on les plaçait, on obtenait des dessins variés qui donnaient à un bâtiment, d'ailleurs fort simple et peu coûteux, une apparence de luxe par cette espèce de broderie ou de mosaïque.

Le même goût de bâtisse régnait alors en Italie, et l'on voit, particulièrement en Lombardie et dans l'état Vénitien, des édifices presqu'entièrement revêtus de briques et de terre cuite modelée de mille manières différentes.

La plupart des bâtiments du château, et même de la ville de Fontainebleau, sont décorés avec la brique qui forme les membres d'architecture, tels que pilastres, entablements, frontons, bandeaux et encadrements des fenêtres ; les cheminées surtout, entièrement en briques, sont autant de petits monuments d'un goût très-recherché, qui couronnent les immenses toitures d'une manière assez régulière, pour donner de loin à ces édifices, l'apparence de murs crénelés ou hérissés de tours et de campanilles.

Serlio donne dans son Traité, (*Liv.* 7), quelques dessins de ces tuyaux extérieurs de cheminées, *al modo francese,* dit-il, car il en propose d'autres modèles pour l'Italie. Ces tuyaux de cheminées françaises, dont quelques-unes existent encore, font regretter qu'on ait abattu les autres. Celle que Serlio avait érigée sur le toit de la chambre du roi, avait trois rangs de colonnes superposées et d'ordre corinthien. « Mais que le lecteur ne croie pas, dit-il, que ces corps de cheminées aient été exécutés absolument comme le dessin que j'en donne, car on n'y a employé que la simple brique et aussi bien qu'un maçon ignorant peut le faire. »

De nos jours, on ne se sert plus guère de la brique, que dans la construction des cheminées et des fours, et on doit regretter qu'on n'en étende pas l'usage, surtout lorsqu'on voit le parti qu'en ont tiré nos ancêtres, pour la décoration de leurs édifices.

L'aspect de la ville de Fontainebleau en a conservé longtemps un caractère particulier dû à ses constructions où la brique se mêlait au grès, et ces deux matières, restant à découvert, contrastaient d'une manière aussi agréable qu'elle était utile et bien raisonnée. Car maintenant qu'on a renoncé à ce genre de bâtisse, et qu'on a recouvert le grès d'un enduit, il en résulte que cette couche superficielle, sans adhérence avec une pierre qui absorbe facilement l'humidité de l'air, se détache et tombe presque tous les hivers à la moindre gelée.

Nous avons vu encore, il y a une vingtaine d'années, beaucoup de maisons particulières où l'on remarquait des corniches à plusieurs rangs de modillons, ou offrant des espèces de consoles saillantes; des encadrements et frontons de fenêtres, des bandeaux à chaque étage, et des frises où les briques posées en différents sens, et laissant entre elles des espaces combinés adroitement, sans nuire à la solidité, formaient des dessins fort ingénieux.

On y voyait aussi des pilastres couronnés de leurs chapiteaux également en briques, dont la couleur dorée, ou d'un rouge plus ou moins vif, contrastait avec le blanc du plâtre qui garnissait les joints, et la couleur grise blanchâtre du grès, dont se composaient les chaînes et les autres parties des murs. Il ne reste presque plus rien de cet antique usage; cependant les tuyaux de cheminées même, dans les maisons des paysans, conservent la proportion et les moulures architravées de leur couronnement; sorte de poncif routinier, employé par le simple maçon, et qui est une tradition des bons modèles fournis par les architectes du XVI⁰ siècle.

La terre cuite offrait encore d'autres moyens d'ornements pour les édifices dans les tuiles faîtières qu'on couronnait de mascarons, de vases, d'animaux qui remplaçaient les antefixes des anciens, et les mêmes ornements en bronze ou en plomb doré, qui brillaient sur le faîte des palais. Je possède deux de ces tuiles faîtières, dont l'une offre un vase entouré de feuilles d'acanthe, et l'autre, un chien de chasse en arrêt. Ces terres cuites sont couvertes d'un vernis vitrifié imitant le bronze, et dont l'éclat n'a pas été terni, quoiqu'elles n'aient pas cessé d'être exposées aux injures de l'air depuis plusieurs siècles.

L'usage de la terre cuite émaillée, ou faïence, inventée en Italie, et poussé à sa dernière perfection en France, par Bernard Palissi, fut appliqué quelquefois à la décoration extérieure des édifices. Nous n'en citerons qu'un frappant exemple dans le château de Madrid, construit dans le bois de Boulogne, par François I*, et que nous avons vu détruire.

On peut en prendre une idée dans l'ouvrage de Ducerceau, qui fait remarquer *les enrichissements du premier et du second étages, par le dehors en terre émaillée,* et il ajoute : « La masse est fort éclatante à la vue, d'autant qu'il n'est pas jusqu'aux cheminées et lucarnes qui ne soient toutes remplies d'œuvre. »

Nous n'insisterons pas sur ce sujet, que nous avons traité ailleurs (*).

Nous avons déjà dit que la cour du Cheval Blanc, dont on attribue la construction à Serlio, est entièrement décorée en briques, sur un fond de pierre ; le pavillon du milieu de la façade méridionale, peut encore donner une idée de l'ordonnance des autres pavillons qui n'existent plus, ou qui ont été assez maladroitement restaurés. La façade opposée était la plus régulière ; abattue sous Louis XV, elle a été remplacée par une lourde bâtisse, où la brique a été employée, mais dans un tout autre système.

Nous avons aussi à regretter l'entière destruction du vieux Chenil, que d'anciens titres nomment l'hôtel du Bréau, nom du fief qui occupait cette place. Ce bâtiment était construit en pierres, et décoré en briques, par Serlio.

C'était une cour carrée, entourée de bâtiments ;

(*) *Lettres sur l'Italie*, par l'auteur.

des arcades, formant une sorte de cloître, supportaient un premier étage dont les fenêtres pénétraient dans la toiture, comme nos mansardes; les gravures dans lesquelles ce bâtiment est retracé fort imparfaitement, n'ont pu nous donner une idée exacte de cet édifice, ou de la chapelle construite au-dessus de la grande porte. Seulement, nous avons reconnu dans ses ruines, que les pieds-droits étaient ornés dans leur milieu de pilastres saillants en briques, et d'un architrave de la même matière, qui supportait la retombée des arcs en pierre. Le mur extérieur, aussi décoré de pilastres en briques, mais sans ouverture, était d'un beau caractère, gâté cependant par l'escarpement d'un immense toit plus élevé même que les constructions, si l'on en juge par un tableau de Vander Meulen, représentant une chasse et une vue générale du château, d'ailleurs très-fautive dans ses détails.

Cet édifice n'est pas compris dans le plan de Ducerceau, et Israël Sylvestre n'en donne qu'une idée très-imparfaite. Dans le plan en vue cavalière, fait du temps de Henri IV, par Francine, on a indiqué le vieux Chenil comme étant compris dans dans l'enceinte des petits jardins. Ce bâtiment servait d'écurie sous Louis XV; il fut vendu lors de la révolution. On enleva les charpentes, les fers et les plombs, et le reste abandonné, offrait encore, lorsque je l'ai dessiné, (*Planche* 69), une ruine imposante, qu'on a démolie entièrement pour réunir ce terrain au jardin pittoresque.

Vers le milieu du XVIIe siècle, on voyait encore, à Fontainebleau, un monument curieux, qui remontait peut-être à l'origine de cette résidence royale, et qui pouvait donner l'idée d'un petit château gothique, dans toute sa pompe chevaleresque, avec ses tourelles, les unes rondes, les autres carrées et surmontées de toitures coniques ou pyramidales, terminées par les pennons féodaux armoriés; situé comme une tête de pont, à l'extrémité de la longue chaussée qui retenait les eaux du grand étang, et qui aboutit à la porte Dorée, cet antique édifice était entouré de fossés qu'on traversait du côté de la forêt, au moyen de ponts-levis, dont l'existence est indiquée dans un tableau de Vander Meulen, par ces longues ouvertures verticales, où se logeaient les bras du levier qui servaient à hisser le pont.

D'ailleurs, les murs n'étaient percés, sur cette face, que de meurtrières ou de fenêtres extrêmement étroites. Du côté opposé qui regardait le château on a cherché, au commencement du XVIe siècle, à décorer la façade en construisant une terrasse, supportée par trois arcades plein cintre, ornées de pilastres d'un ordre régulier ; trois grandes croisées, avec leurs chambranles ornés, s'ouvraient sur cette terrasse ; elles étaient surmontées de trois petites fenêtres cintrées, percées dans le comble. On peut reconnaître, dans ce petit château, celui du Bréau, qui a donné son nom au fief environnant, et même au vieux Chenil qui était tout à côté. François Ier en fit une des entrées de la résidence royale, en construisant la jetée qui menait de ce point à la porte Dorée, avec laquelle elle se lie assez mal. Ce qui fait supposer que ces deux constructions n'ont pas été faites en même temps, c'est que leur axe n'est pas le même. D'ailleurs, quoique les gravures et les plans publiés jusqu'à l'époque de sa destruction, ne nous donnent qu'une idée imparfaite de ce château ; on n'en reconnaît pas moins, dans sa décoration, deux époques et deux styles différents, et le mélange de briques et de grès, disposés d'une manière régulière, et presque semblable à l'emploi que Serlio a fait de ces matériaux au vieux Chenil, nous feraient croire que la façade que nous offrons, (*Planche* 70), a été modernisée par le même architecte.

Louis XIV, vers la fin de son règne, fit détruire ce vieux édifice, nommé alors l'hôtel de Turenne, et y substitua une lourde grille de fer très-ouvragée, et supportée par des piliers ornés de corbeilles de fleurs sculptées. La grille et la chaussée qu'il fit replanter d'une seule allée de tilleuls, conservent le nom de Mme de Maintenon, qui cependant, comme elle l'avoue dans ses lettres, détestait le séjour de Fontainebleau.

Au delà, un terrain plat, traversé par la route de Moret, et qui s'étend, par une pente insensible, jusqu'aux rochers qui portent le nom de Mail de Henri IV, servait autrefois de champ de manœuvres pour les troupes, et de point de réunion pour les chasseurs. Cette planimétrie, actuellement ombragée par de beaux arbres, était, il y a un siècle, nue, stérile et couverte de graviers et de sablons; elle n'en servait pas moins de théâtre à des tournois et des fêtes magnifiques. Nous décrirons celle qui eut lieu en janvier 1564, en empruntant le style naïf de l'historien de Fontainebleau.

« Le roi Charles IX, qui aimait ce lieu de Fontainebleau, y arriva le dernier de janvier, et comme c'était quelques jours avant le carême prenant, où l'on a la coutume de se réjouir plus particulièrement qu'en une autre saison, parmi les bals, les ballets, les festins et autres semblables divertissements, ce fut aussi à quoi la cour passa ici le temps.

« Le connétable Anne de Montmorency, commença le premier à traiter le roi, la reine et toute la cour, en un souper qu'il dressa en son hôtel, avec une magnificence la plus grande qui se pouvait voir, et ce fut le pénultième dimanche devant le carême.

« Le jeudi suivant, le cardinal de Bourbon fit son festin en son logis, ou à l'issue, il donna le plaisir d'un beau combat à cheval, qui fut fait en la cour dudit logis, laquelle était merveilleusement ornée avec un amphithéâtre qui régnait tout autour.

« La reine, contribuant à cette réjouissance, le dimanche gras, traita à dîner le roi et les principaux de la cour, au logis de la My-Voye, autrement pour lors appelée vulgairement la *Vacherie*, et après-dîner, on alla à la comédie qui était préparée en la salle de bal du château.

« Le lendemain, le duc d'Orléans fit son festin en son hôtel, et à l'issue, fut représenté, en la cour dudit, un combat de six seigneurs contre six autres, dont d'un côté était pour capitaine, le comte de Retz, et de l'autre, le comte de Ringrave, lesquels combattirent à pied, s'entredardant, chacun deux dards l'un après l'autre, qu'ils reçoivent dessus leurs escus; puis rompirent chacun une pique à la barrière, et se portèrent trois coups d'épée, le tout avec une merveilleuse grâce et dextérité non pareille ; et ainsi firent tous les autres. »

Il est difficile maintenant, que la plupart des anciens hôtels ont été démolis, de deviner où toutes ces réjouissances eurent lieu ; on ne connaît ni la demeure du cardinal de Bourbon, ni celle du duc d'Orléans. Ces hôtels devaient pourtant occuper un vaste espace, et avoir d'assez grandes cours pour qu'on y construisît des amphithéâtres et des lices.

Le flot révolutionnaire, qui a passé sur la France, semble avoir balayé, non-seulement nos anciens monuments, mais avoir rompu le fil de toutes les traditions, et presque effacé les souvenirs dans la mémoire des hommes.

Quant au logis de la My-Voye, l'on sait qu'il était situé au milieu du parc, entouré d'un beau jardin avec des fontaines et des canaux. Catherine de Médicis acheta ce lieu, y fit dresser une ménagerie avec quelque bétail, et une laiterie pour là y aller quelquefois se divertir, prendre du frais et du laitage l'été.

Poursuivons : « Le roi ayant pris un extrême plaisir en ces ébats, voulut pareillement finir les réjouissances de carême prenant, régalant et traitant la reine et les grands de la cour, en un festin le mardi gras, à souper; où avant ce banquet, l'après-dîner, il fit représenter un magnifique tournois, sous la grande porte du château, devant le Chenil, en cette sorte :

« On avait dressé un champ clos de fossés et de barrières, au côté duquel étaient élevés de grands théâtres richement ornés, et destinés pour les seigneurs et les dames. Au bout de ce camp, paraissait un hermitage, et était ce lieu par où les chevaliers entraient dans le camp pour combattre.

« Près de là, se voyait un beau bâtiment, dressé exprès, que l'on appelait le château enchanté, duquel l'entrée était gardée par des diables et par un géant et un nain qui repoussaient ensemble les chevaliers. »

On nomme ici les chefs des compagnies de combattants, et on y voit figurer les gens les plus célèbres de l'époque; six dames à cheval, vêtues en nymphes, se faisaient autant remarquer par leur beauté que par leurs riches parures couvertes de pierres précieuses.

« Dans le château enchanté, il y avait six chevaliers dont le prince de Condé était le chef. Ils combattaient pour les dites dames, et sitôt qu'il paraissait un des chevaliers du dehors, l'hermite sonnait sa clochette pour avertir ceux du château, l'un desquels sortait promptement, et venait au combat courant l'un contre l'autre, et après avoir rompu leurs lances, mettant l'épée à la main, ils se portaient chacun trois coups, si adroitement et avec tant de bonne grâce, qu'il ne se pouvait mieux ; et ainsi, tous les chevaliers ayant combattu, le tournois finit, et l'on alla au souper que le roi avait fait préparer en la salle de bal. »

Revenons à l'examen de quelques autres constructions où la brique se mélange avec la pierre. Ce système se remarque dans deux tours qu'on voyait aux deux extrémités du parterre, et dont l'une existe encore sous le nom de pavillon de Sully.

Deux pavillons carrés, accotés à l'angle droit de cette tour, font-ils partie de la construction primitive, qu'on pourrait croire fort ancienne ? ou s'est-on borné à les décorer plus tard, de bandeaux, de frises et de pilastres en briques, car les frontons du second étage, et surtout les tuyaux de cheminées, extrêmement ornés et d'un bon goût, appartiennent visiblement au siècle de François Ier. On doit aussi remarquer le noyau de l'escalier en spirale, et à côté, et surtout, la voûte en cul de four qui remplit le vide du toit conique. Elle est en charpente, assemblée de manière à former un dessin régulier, dont les vides sont remplis par des briques sur champ. Cet appareil, qu'on a laissé apparent, est ingénieux, et d'un effet agréable.

(*Planche* 71). Dans le jardin attenant à ce pavillon, il existe une construction inachevée qui porte tous les caractères d'un grand monument. C'est un mur fort épais, sur lequel saillent des pieds-droits massifs, parfaitement appareillés, et couronnés d'une moulure architravée. Etaient-ils destinés à recevoir la retombée des voûtes, ou servaient-ils seulement de contre-forts ? c'est ce qu'il est fort difficile de deviner. Quoiqu'il en soit, cette construction semble être un reste de celles que Ducerceau indique dans les plans.

Au reste, c'est avec un vif intérêt qu'on voit cette tour, qui domine le jardin de nos rois, porter le nom de Sully. Cette habitation convenait bien à l'amitié surveillante, active et désintéressée du serviteur dévoué, qui osait, en ami véritable, censurer les actions répréhensibles, et condamner le goût pour les plaisirs, la propension à une générosité par trop prodigue de son maître bien-aimé. Il cherchait néanmoins les moyens de réparer, d'excuser, de soustraire aux yeux du public, jusqu'à l'apparence de fautes qui ne provenaient que de la vivacité de l'esprit, et surtout de l'ardeur d'un tempérament fougueux, et non pas de la corruption du cœur de ce grand roi (*Planche* 72).

Cette fenêtre carrée, sans ornements, et qui est tournée vers le château, était sans doute celle que Sully ouvrait dès le matin, pour que son premier regard, comme sa première pensée, fût dirigée vers la résidence de son royal ami, et la distance qui les séparait de tant de manières, était en un instant comblée et franchie par le cœur, aussi bien que par les regards.

D'ailleurs, comme surintendant des bâtiments de la couronne, Sully était bien placé pour surveiller les immenses constructions qu'on érigeait en en ce moment sous ses fenêtres, et qui bientôt couvrirent tout cet espace. C'est ce qu'on nomme la cour des cuisines, dont les élévations d'un caractère moins pur que celles du commencement du même siècle, ne sont pas néanmoins dépourvues d'un air de grandeur, et offrent une ordonnance ingénieuse dans la distribution des nombreux pavillons qui découpent les quatre faces de ce préau. Nous donnons la vue perspective de la porte d'entrée (*Planche* 73) de cette cour; elle est pratiquée sous une immense arcade, surmontée d'un fronton, et ornée de petites consoles à refends, et de niches.

Au fond de la même cour, dans un renfoncement

demi-cylindrique, l'on a pratiqué le bassin d'une fontaine, dont l'eau s'échappe par la bouche de trois masques en bronze, d'un beau caractère.

Nous donnons encore ici (*Planche 74*), un autre exemple de l'emploi de la brique dans une construction antérieure à François Ier; c'est une maison de l'antique ville de Moret, qui portait naguère tous les caractères d'une cité du moyen âge; les façades de cette maison, et de celle qui lui faisait face, sont construites en pierre, et surchargées d'ornements de sculpture d'une exécution extrêmement soignée, et dans lesquels on reconnaît l'expression exacte et de bon goût des objets naturels. L'encadrement des fenêtres, offre une guirlande de pampres et de raisins bien composée et sculptée comme de l'orfévrerie. L'on y reconnaît encore des traces de peinture, reste d'un goût antique qui règne encore dans l'Orient. Nous offrons ici l'intérieur de la cour de l'une de ces maisons, où tout rappelle les mœurs chevaleresques.

La tour octogone, qui sert de colombier et de cage à un escalier en vis, est bâtie en grès et brique. Avec ces matériaux peu coûteux, on est parvenu à donner à cette construction, une apparence de luxe et de recherche, qui n'est pas sans agrément.

Au-dessus de la porte cintrée, en anse de panier

et reposant sur des consoles sculptées, on voit un bas-relief représentant un cerf ou une biche aux abois. Serait-ce un indice du siècle de Charles VI, dont le cerf était le corps de devise, ou simplement la demeure d'un gentilhomme grand chasseur? Peut-être, en nous livrant à cette faculté romantique, dont on use si largement aujourd'hui, pourrions-nous reconnaître ici la mystérieuse retraite de Jacqueline de Breuil, comtesse de Moret, rivale de la belle Gabrielle, et que Henri IV venait souvent visiter en cachette. Nous retrouverons ici le berceau de leur fils, Antoine de Bourbon, comte de Moret, dont l'existence singulière a été le sujet de tant de conjectures.

Ce prince légitimé de France, né en 1607, et destiné à l'église, n'en hérita pas moins de la valeur de ses aïeux, et en même temps, d'un esprit remuant qui le jeta avec le duc d'Elbœuf, de Bellegarde et de Roanes, etc., dans le parti du duc d'Orléans, tant de fois fatal à la France; bientôt il fut obligé de s'expatrier avec d'autres seigneurs, et le cardinal Richelieu fit confisquer leurs biens. Le comte de Moret rentra dans le royaume, lors de la levée de bouclier de l'infortuné duc de Montmorency, et, à l'échauffourée de Castelnaudary où ce dernier fut fait prisonnier, pour porter ensuite sa tête sur l'échafaud, le fils de Henri IV reçut une mousquetade dont il mourut, selon les uns ; d'autres prétendent que, transporté dans un couvent de religieuses, il fut pansé secrètement et guéri. Il passa en Italie, parcourut divers pays sans être connu, et y menant une vie errante et solitaire pendant de longues années.

Enfin, sous le règne de Louis XIV, le bruit se répandit qu'un saint homme, venu des pays étrangers, s'était établi en Anjou, près de Saumur, dans l'ermitage des Gardelles, sous le nom de frère Jean-Baptiste. A sa grande prestance, son air majestueux, ses manières nobles et aisées et surtout à beaucoup de traits de ressemblance avec Henri le Grand, on crut reconnaître le comte de Moret. Louis XIV, instruit des conjectures qu'on formait à cet égard, écrivit à l'intendant de Touraine qui vit l'anachorète, et lui demanda s'il était en effet le fils de Henri IV.

« Je ne le nie, ni ne l'assure, répondit-il, et il ajouta : que l'on me laisse comme je suis. — Il dit aussi à un curé qui le visitait souvent : il y a plus de quarante ans que je travaille à me cacher, et vous voulez me faire perdre en une minute, un travail de tant d'années. » A la suite de ces informations peu satisfaisantes, le roi prononça ces sages paroles :

il suffit que cet ermite soit homme de bien : puisqu'il ne veut pas être connu, qu'on le laisse en paix ; nous n'avons pas le droit de nous opposer à ses desseins.

Quoiqu'il en soit, le frère Jean-Baptiste mourut saintement, dans sa retraite profonde, le 24 septembre 1692, soixante ans après le combat de Castelnaudary, et à l'âge de quatre-vingt-cinq ans.

Le prince ermite, dont nous venons de parler, nous rappelle un autre solitaire de bonne compagnie, qui se retira, vers la même époque, dans la forêt de Fontainebleau, de tout temps favorable à la retraite, et si bien nommée par plusieurs de nos rois, *les déserts*. Mais à ce qu'il paraît, la ferveur érémitique, quoique toujours de mode, ne choisit plus, pour séjour, les endroits les plus horribles, tels que la grotte pierreuse de Franchard. Les macérations, les privations de toute espèce, le profond isolement, furent remplacés par une incurie des soins de la vie, une pieuse oisiveté, entremêlée de pratiques religieuses peu rigoureuses, et que les fréquentes visites des âmes timorées, qui venaient chercher des prières, et porter en échange des provisions de toute espèce, rendaient encore plus facile à supporter. Aussi, le nouvel anachorète, dont nous venons de parler, choisit-il le site le plus agréable de la forêt. C'est un côteau ombragé par de grands arbres, tapissé d'un vert gazon, et qui domine les rives de la Seine, animée par la vue de châteaux, de parcs et de fermes nombreuses, par le mouvement des travaux de la culture la plus variée, et celui du commerce par eau le plus actif. Telle est en effet la situation d'un joli pavillon de chasse, qui domine le village de Valvin, et qu'on nomme encore l'ermitage de la Magdeleine ; construite sur les fondations du pieux édifice, cette petite maison porte tous les caractères de l'architecture du siècle de Louis XV (*Planche* 75).

Les jardins en terrasse, qui s'étendaient sur la déclivité du côteau, les eaux abondantes, qui s'épanchaient en nappes de bassins en bassins, les arbres taillés en berceau, les parterres diaprés de fleurs rares, faisaient de ce lieu, non plus la retraite d'un véritable ermite, mais celle d'un épicurien dégoûté du commerce du monde, et qui, tout en le fuyant, voulait jouir, dans une riante solitude, de plaisirs discrètement dérobés aux regards du public.

Il n'en était pas tout à fait ainsi, lorsqu'en 1617, un gentilhomme breton demanda au roi Louis XIII, son agrément pour se retirer en ce lieu, et y mener une vie erémitique, marchant nu-pieds, portant, sur une robe grise, une grande croix de satin rouge, avec les chiffres de Marie-Magdeleine, en l'honneur de laquelle il fit construire une chapelle, se faisant appeler le chevalier de la Magdeleine. Il avait fait comprendre dans sa donation la plus belle source des environs, et il pouvait, dans quelques arpents de terrain, se procurer l'utile et l'agréable.

En effet, un oratoire paré de fleurs, un berceau à côté, où pendait la grappe dorée, une source fraîche et limpide serpentait à travers un jardin qu'il cultivait lui-même, et qui lui permettait de varier les productions de toutes les saisons, en herbages et racines; quelques arbres fruitiers, un air pur, rafraîchi sans cesse par les zéphirs, qui aiment les hauteurs; que fallait-il davantage? Cependant il se lassa bientôt de ce genre de vie, et il fit bien peut-être ; mais ce qui ne fait pas honneur à ses principes religieux et à son caractère, c'est d'avoir voulu forcer son fils, âgé de quinze à seize ans, à se faire ermite à sa place.

A cet effet, il donna cette propriété, et tout ce qu'il possédait, à un couvent de Minimes, (dit les Bonshommes de Passy), dans lequel il se retira, et qui devait fournir, à son fils, le strict nécessaire pour la vie d'un ermite. Cette donation eut-elle lieu? C'est ce qu'on ignore (ᵃ).

Quoiqu'il en soit, l'ermitage et les terres qui en dépendaient, retombèrent, plus tard, dans le domaine royal qui les concéda aux Mathurins de Fontainebleau, aux conditions d'y placer un ermite de bonne volonté; plusieurs s'y succédèrent.

Cependant, les eaux des sources avaient tellement miné les bâtiments de cette chapelle, qu'elle tombait en ruines. Aussi, Louis XIV ordonna-t-il, en 1712, de la démolir, et d'en enlever les matériaux, dans la crainte que ce lieu ne devînt un asile de débauche, ou une retraite de voleurs.

Nous avons eu le plaisir de retrouver, parmi d'autres dessins, fruits des loisirs de l'un des Coipel, artistes connus dès la fin du XVIIe siècle, une vue fort bien faite à la plume, de l'ermitage de la Magdeleine, sous la date du 20 septembre 1694, écrite en tête du dessin (ᵇ) (*Planche* 76). On y reconnaît parfaitement la configuration du lieu, quoiqu'à cette heure il soit bien changé. La chapelle occupe le sommet du côteau. Son entrée paraît être du

---

(ᵃ) Ce contrat de donation est rapporté par Guilbert (*Descrip. de Fontain.*), mais il ajoute qu'elle n'eut pas lieu, et que les Minimes eux-mêmes n'en eurent aucune connaissance.

(ᵇ) Il existe une petite gravure de ce même dessin, mais sans date, ni nom d'auteur; elle ne fait point partie des collections d'Israël Silvestre et de Perelle.

côté de la forêt, dont on voit les vieux arbres par-dessus les murs de clôture assez bas, et percés d'une porte fermée par une simple barrière en treillage. Le toit à deux égoûts, est surmonté d'une campanille, et couronné, ainsi que le pignon, de la croix en fer.

En entrant par la barrière, on descendait par un escalier en pierre, jusqu'au niveau d'une espèce de préau, au milieu duquel se voyait, à fleur de terre, le bassin de la magnifique et abondante source qu'on a depuis renfermée dans les bâtiments; tout auprès, une enceinte de murs à hauteur d'appui, formait sans doute une basse-cour, et dans l'angle des murs, on avait élevé le berceau en treillage où serpentait la vigne.

Un mur de soutènement séparait le préau du jardin potager, tracé sur la pente du terrain indiqué par la rapide déclivité du mur de clôture, qui permet d'apercevoir le cours de la Seine, et le village de Samois, dont le pont existait encore. Détruit pendant les guerres de cette époque, il n'a pas été reconstruit, et ce qui en reste, offre l'aspect d'une ruine pittoresque, qui porte tous les caractères d'une construction romaine.

L'usage des fêtes populaires survit souvent aux motifs qui les ont fait naître. Autrefois la piété la plus fervente attirait la population des environs à l'ermitage, le jour de la fête de la Magdeleine. Elle y accourt encore en foule à la même époque, quoique toute trace d'intérêt religieux ait disparu ; elle s'y rassemble pour y jouir, sous les mêmes ombrages, des plaisirs de la société ; chaque famille y fait un repas champêtre, terminé par des danses et des jeux. Mais si quelque âme dévote entreprend ce pèlerinage, dans le but de gagner, en ce lieu consacré, les antiques indulgences, le plus grand nombre en aurait, avec raison, un urgent besoin au retour.

XXIII.

Arbres et Rochers
REMARQUABLES.

CHÊNE DE CHARLEMAGNE, ROCHE BRANLANTE, ROCHER PERCÉ, EX-
PLOITATION DES GRÈS, ROCHER DE LA SALAMANDRE, AVENTURE
DE FRANÇOIS Ier.

> Ovunque un'arbor dritto
> Vedesse ombrare, o fonte, o rivo puro,
> V'avea spillo, o coltel subito fitto;
> Cosi se v'era alcun sasso men duro :
> Ed era fuori in mille luoghi scritto.
> (ARIOSTE, c. 19).

Près de tous ces monuments dus aux travaux, au génie des grands artistes et à la magnificence de nos rois; autour de ces palais, dont je viens de fouiller les origines et de décrire les continuelles transformations, s'étendent et brillent d'une beauté sans cesse renaissante, les œuvres de la nature et de la toute-puissance divine. Déjà, lorsque j'ai conduit mon lecteur vers ce château, où je viens de le retenir si longtemps au milieu des souvenirs de nos arts, j'avais arrêté ses regards et son attention sur les beautés naturelles et sur les traditions qui rendent si curieuse, et peut-être unique dans son genre, la forêt de Fontainebleau. Qu'il me permette de l'y conduire encore, de parcourir avec lui, au hasard, ces sentiers mousseux, ces ombrages épais, ces voûtes sombres et mystérieuses. Rencontre-t-on dans quelque endroit solitaire et couvert de buissons touffus, un hêtre antique, à l'écorce lisse et argentée, sur laquelle sont gravés des noms et des chiffres enlacés, on s'arrête involontairement, et on pense au temps et à la circonstance qui a inspiré cette sorte de consécration quelquefois indiquée par une date fort ancienne. Un sentiment doux et pénible à la fois, s'empare de l'imagination, et la reporte au temps de la jeunesse, où la tête pleine des jeux d'Angélique et Médor, et des plaintes amoureuses de l'amante de Tancrède, on gravait aussi sur l'écorce des arbres, le souvenir d'heureux moments ou de tendres regrets. C'est surtout lorsqu'une inscription qui a cru avec le jeune arbrisseau auquel on l'a confiée, est montée, a grandi, avec lui, et s'est déformée par l'extension du diamètre de l'écorce, qu'alors on se dit avec un sentiment de tristesse : celui qui, dans un moment de joie, de bonheur, a tracé ces caractères, depuis longtemps n'existe plus! Cependant, l'arbre qui l'a couvert de son ombre protectrice, jeune alors comme lui, a pris plus lentement toute sa croissance; il prête à cette heure son ombrage à ses descendants, et peut-être résistera-t-il encore pendant des siècles, aux orages qui agitent sa tête altière.

C'est ainsi que depuis longtemps on a conservé le souvenir et les noms d'arbres remarquables par la beauté de leur port et par leur ancienneté; semblables à ces colosses de végétation, qui étaient l'objet d'une espèce de culte pour nos ancêtres comme pour les anciens, et dont l'histoire a souvent parlé, la forêt de Fontainebleau montre aussi avec orgueil, ces célébrités naturelles, consacrées sous diverses dénominations, telles que le bouquet du roi et celui de la reine ; magnifiques par leur haute stature, leur feuillage touffu et leur parfaite conservation; ils sont parvenus à dominer tous les autres arbres. Leur sommet, qui se divise en maîtresses branches couronnées de jets multipliés, forme en effet un immense bouquet. Leur aspect étonne, inspire une sorte de respect quoiqu'il n'ait rien de pittoresque ; d'ailleurs il serait fort difficile de les dessiner, l'œil ne pouvant les embrasser dans toute leur hauteur, faute de *reculée,* entourés, pressés comme ils le sont par les autres arbres.

Un autre arbre (*Planche* 77), peut-être le plus ancien de notre forêt, et qu'on désigne sous le nom du chêne de *Charlemagne* ou de la reine Blanche (*), ayant cru à la sommité des rochers qui bordent la vallée du nid de l'aigle, se trouve isolé par la nature du local qui ne permet pas d'y planter une futaie ; il se découvre à une assez grande distance pour qu'on puisse en donner une idée par le dessin. Je me suis même contenté d'en retracer le tronc et les basses branches, sa tête chenue étant *couronnée,* c'est-à-dire les branches supérieures étant desséchées et privées de feuillage. Il n'est donc remarquable que par son énorme grosseur, et par les accidents de son écorce, qui a toute la rugosité, et pour ainsi dire les rides et les excroissances de la décrépitude, quoiqu'il se couvre encore d'un feuillage extrêmement touffu. Sa masse colossale

---

(*) Une quantité de châteaux portent le nom de la Reine Blanche, mais ils n'ont pas tous en effet été la demeure de la mère de saint Louis. On donnait le titre de Reine Blanche à toutes les veuves de nos rois, parce qu'elles portaient, le reste de leurs jours, le deuil en blanc.

contraste avec les jeunes bouleaux et les trembles qui l'entourent ; ils ne croissent même qu'à une distance en quelque sorte respectueuse, repoussés par les grands bras noueux du patriarche : il semble en effet vouloir régner seul sur les rochers qui lui servent de rempart, et ses tortueuses racines les étreignent et les consolident contre l'action des eaux orageuses qui les lavent et les ont presque déchaussés.

Quelques rochers, affectant des formes singulières, portent aussi un nom connu des explorateurs. Ces grès, parsemés sur le sol de la forêt de Fontainebleau, et dont l'amoncellement offre tant de figures bizarres, sont l'un des objets les plus frappants de ces lieux, auxquels ils donnent un caractère particulier, qui les distingue de tout autre pays.

Il semblerait que Delille, dans son poëme des Jardins, ait eu en vue et se soit rappelé les rochers de Fontainebleau, dans cette description pittoresque :

> Tous ces rocs, variant leurs gigantesque cîmes,
> Vers le ciel élancés, roulés dans des abimes,
> L'un par l'autre appuyés, l'un sur l'autre étendus,
> Quelquefois dans les airs hardiment suspendus :
> Les uns taillés en tours, en arcades rustiques,
> Les autres, à travers leurs noirâtres portiques,
> Du ciel, dans le lointain, laissant percer l'azur. etc.

Ils ont inspiré des vers d'un tout autre genre au bon la Fontaine :

> Ce sont morceaux de rochers
> Entés les uns sur les autres,
> Et qui font dire aux nochers
> De terribles patenôtres.
> Des plus sages à la fin,
> Ce chemin,
> Épuise la patience.
> Qui n'y fait que murmurer,
> Sans jurer,
> Gagne cent ans d'indulgence.

Le dessin (*Planche* 78), offre l'un de ces aspects étranges : ces rocs accumulés, et celui en forme de coin qui les couronne, occupent le sommet le plus élevé de la chaîne des rochers de Bouligni; ils n'ont donc pu être le résultat d'un éboulement de roches supérieures. Ils n'offrent pas non plus la trace du travail des carriers : leur couleur noirâtre, leurs formes plus ou moins arrondies par les pluies, dénotent l'antiquité de leur formation, et paraissent devoir faire remonter leur existence au grand cataclisme, qui les a fait apparaître. Si ces blocs étaient d'une petite proportion, on pourrait croire qu'ils ont été arrangés exprès, et qu'une main industrieuse a posé le grand rocher pyramidal, et l'a appuyé contre un autre pour ne pas perdre le centre de gravité, et qu'enfin pour l'empêcher de glisser sur le plan horizontal sur lequel sa pointe repose, il a été butté au moyen d'autres morceaux qui en contrebalancent le poids suspendu.

Il existe un autre rocher plus étonnant encore, et qui semble défier tout l'artifice des hommes ; il est posé à une assez grande hauteur, sur un rocher si escarpé, qu'à moins de moyens mécaniques, on ne peut y parvenir. Il a quinze à vingt pieds de longueur, et ne touche que par deux pointes la planimétrie, lisse et inclinée, sur laquelle il repose ; on prétend même qu'il y est tellement en équilibre, que le moindre effort, même celui du vent, suffit pour le faire balancer, aussi, est-il connu sous le nom de la *Roche branlante* (*Planche* 79).

Il est situé à l'extrémité de la montagne des Pins ou d'Avon, et nous pourrions citer, dans la même chaîne, une foule d'autres bizarreries de même nature, telles qu'une roche bien plus considérable, qui pose à plat par ses extrémités, sur deux fortes culées, et forme un pont naturel, suspendu à une grande hauteur, et sur lequel on ne passe qu'en tremblant, quoiqu'il soit aussi solide, et qu'il doive subsister, sans doute, plus longtemps que les ponts les mieux construits.

A une lieue de la ville, et sur la gauche de la route du Bourbonnais, on voit un énorme bloc de grès percé et évidé dans toute son épaisseur, offrant aux deux extrémités, une ouverture à bords arrondis, l'une plus petite que l'autre. Si on attribue ce percement à l'effort des eaux, il faut que dans l'origine il ait été placé dans une autre position, car cette espèce de canal qui le traverse, est horizontal, et l'action d'une eau qui tombe verticalement, est seule capable de creuser, à la longue, une pierre aussi dure, ce qui ferait croire que ce rocher a été précipité des hauteurs qui le dominent. Sa forme singulière, les arbres pittoresquement jetés, qui l'entourent, ont été le motif du dessin que j'ai gravé (*Planche* 80).

Mais ces jeux de la nature, quelque extraordinaires et difficiles qu'ils soient à expliquer, le sont peut-être moins que ces formes régulières, affectées à l'extérieur par ces mêmes grès; tantôt leur superficie présente des écailles qui semblent se recouvrir, d'autres fois, c'est un ouvrage réticulaire extrêmement régulier, souvent de forme pentagonale; bien mieux, on trouve des masses groupées ou isolées de cristaux rhomboïdaux, nettement détachés par angles très-saillants, ou confusément mamelonnés, comme certaines stalactites. Ces cristaux de grès, recherchés dans le cabinet des curieux, sont devenus rares, depuis qu'on a abandonné l'exploitation du rocher St-Germain, seul endroit, dit-on, où l'on trouvait de semblables cristallisations, enchâssées dans les sillons d'un sablon extrêmement fin.

Les rochers de Fontainebleau, qui viennent de nous offrir une série d'aspects plus étranges les uns que les autres, et qui donnent à la forêt un aspect si différent des sites connus, ces mêmes grès taillés, façonnés de mille manières, ont fourni à l'architecture une matière souvent réfractaire, mais d'une inaltérable durée, comparativement à la pierre plus belle en apparence, dont la plupart des monuments de Paris, sont construits, et qui se délite et se décompose si promptement. En effet, qu'on compare l'extérieur du Louvre avec les façades de Fontainebleau : on verra les premières rongées par la pluie, dévorées par l'air, et ayant perdu la finesse de leurs arêtes; la plupart des ornements délicats se sont effacés, si toutefois la pierre en se délitant ne les a pas fait entièrement disparaître; tandis qu'à Fontainebleau, les mêmes détails de sculpture, exécutés avec autant de délicatesse, subsistent intacts, et conservent, jusqu'à leur ton primitif, pour peu qu'on les soumette à un léger nettoyage.

On objectera la difficulté de la taille ; mais ce qu'on

a déjà fait, peut encore se faire, peut-être mieux même avec le perfectionnement de notre industrie ; l'on s'en convaincra ici même, en examinant les nouvelles constructions, où l'on retrouve autant de finesse d'exécution que dans les anciennes bâtisses avec lesquelles on s'est parfaitement raccordé.

L'un des grands avantages de cette pierre, c'est la parfaite homogénéité et la faculté de pouvoir être extraite de la carrière en masses aussi fortes qu'on peut le désirer ; d'ailleurs, le voisinage de la Seine, qui amène déjà le pavé de nos rues, peut également favoriser l'arrivage de blocs de toutes les formes déjà préparées dans la carrière où le grès se travaille plus facilement, car il durcit à l'air, et parfois se revêt d'une sorte de couverte quartzeuse qui le rend indestructible.

Le grès a été employé dans beaucoup de pays concuremment avec le granit ; et les monuments qui sont construits avec ces deux matières, sont ceux qui ont le mieux résisté à la destruction : nous n'en voulons pour exemple que la colossale statue de Memnon, et le temple d'Hermopolis, composé de masses énormes de grès fin, ainsi que les magnifiques ruines du vaste château de Heidelberg, qui sont ornées d'un grand nombre de statues colossales des princes de la maison de Bavière, enfin les anciennes et modernes constructions de Francfort, de Mayence, de Carlsruh, etc., où l'on a employé presque exclusivement le grès ; ce sont là des preuves de la solidité de cette pierre, reconnue par Perronet et par Rondelet, comme l'une des plus dures qu'on connaisse (*). Sa bonne qualité dépend au reste, du choix qu'on en fait, car à Fontainebleau même, il y a des grès de différente espèce. Les carriers les désignent sous le nom de grès, *pif, paf* ou *pouf* : le premier, qui se nomme aussi grisard, à cause de sa couleur plus foncée, est trop dur pour servir au pavé, le second est celui qu'on exploite pour cet usage, et le troisième se réduit en sablon quand on le frappe avec la masse.

Au reste, les grès, suivant Saussure, doivent être rangés dans la classe des rochers agrégés, c'est-à-dire dont les particules sont réunies ou agglutinées par une pâte ou ciment distinct des éléments mêmes de la pierre. Le ciment, qui réunit les grains de sable qui forment le grès, est de différentes sortes : calcaire, ce gluteux résiste à l'air, mais est dissous par les acides, les grains perdent leur adhérence, et se réduisent en sablons; s'il est argilleux ou mélangé de terre calcaire et d'argile,

---

(*) C. P. Brard, *Minéralogie appliquée aux arts.*

les injures de l'air suffisent pour le décomposer ; mais quand il est de la nature du silex ou du quartz, les grains sont liés avec la plus grande force, et les acides même concentrés, ne peuvent les désunir. Souvent les grès sont ferrugineux, quelquefois même ce métal contribue à réunir leurs parties, et lorsqu'il n'entre qu'une petite quantité dans le ciment du grès, il lui donne une légère teinte jaunâtre par veines lavées, qui offre l'apparence de l'albâtre oriental. C'est celui qu'on a employé dans les constructions de Fontainebleau.

L'exploitation du grès, offre des particularités remarquables et de grands avantages pour Fontainebleau, et pour les villages limitrophes de la forêt. Cette pénible, mais lucrative industrie, fait vivre un grand nombre de familles, qui y trouvent une mine inépuisable, quoique exploitée depuis plusieurs siècles. En effet, tous les rochers de ce pays sont de grès qui se trouve en masses plus ou moins considérables. Celles qui sont isolées, saillantes, et semblent parsemées sur le terrain, ont acquis, par le contact de l'air, une telle dureté, qu'elles résistent aux efforts des ouvriers ; tandis que celles qui sont enfoncées en terre, ou plutôt sous une épaisse couche de sablon, qui les met à l'abri, sont moins dures et plus faciles à exploiter.

On se sert, pour cette opération, de coins ou de ciseaux de fer, avec lesquels on fait des reinures, dans lesquelles on introduit parfois, d'autres coins de bois qu'on arrose, ou que l'humidité de l'air fait renfler, ce qui tend à fendre les massifs les plus épais. On se sert aussi de la mine et de la poudre à canon pour atteindre le même but avec plus de promptitude, mais aussi avec plus de danger. Le marteau coupant, sert à détacher les pavés l'un de l'autre, au moyen d'un coup sec et adroitement dirigé. On fabrique ainsi des dez ou cubes de grès de dix pouces en tous sens, pour paver nos grandes routes et nos rues; on taille de la même manière les *coins,* ou pierres longues et étroites, dont on fait usage pour bâtir les angles des maisons et les chaînes qui lient la maçonnerie. On le taille aussi en tablettes plates, pour former le chaperon des murs de clôture, et on les recouvre de fagots serrés, de bruyères, et d'une crête de terre battue, qui se couronne bientôt de giroflées, de pariétaires, et d'autres plantes vivaces.

L'exploitation du grès, lorsqu'elle est exécutée en grand, offre un spectacle curieux : c'est ordinairement dans une ravine étroite, située entre des rochers escarpés, ou sur le penchant de la chaîne qui borde l'une de ces longues vallées qui sillonnent la forêt dans toute sa longueur, et courent parallèlement du levant au couchant.

On commence par débarrasser autant que possible, le terrain des pierres superposées de la couche de terre végétale, enfin du sable qui recouvre la masse de grès. Lorsqu'on a reconnu la qualité qui convient, c'est-à-dire celle qui offre un grès compact, d'une teinte blanchâtre, uniforme, et sans veines de couleur foncée, on creuse des entailles assez profondes pour faire jouer la mine, ou bien isolant un des côtés de la masse, on la fait éclater avec des coins, de manière à en détacher des blocs plus ou moins gros, qu'on débite ensuite en morceaux d'une plus petite proportion, et de la forme convenable à l'usage auquel on les destine. De proche en proche, l'excavation devient plus large et plus profonde, on y introduit d'abord des brouettes pour enlever les matériaux taillés; enfin, la route s'élargit assez pour y faire passer des charrettes, sur lesquelles on les charge pour les conduire à leur destination, particulièrement au port de Valvin sur la Seine; là, des bateaux les reçoivent pour les transporter à Paris.

Quelques-unes de ces carrières occupent un vaste espace de terrain, creusé, sillonné, bouleversé dans tous les sens, et couvert de débris à travers lesquels on a peine à se frayer un passage.

Les carrières du rocher de St-Germain qui borde, du côté du nord, la vallée de la Solle, paraissent être les plus anciennement exploitées. Elles sont presque abandonnées maintenant. A la couleur noirâtre des parois, visiblement taillés de main d'homme, on peut juger que les fouilles remontent à plusieurs siècles, peut-être au temps de Philippe-Auguste, auquel la capitale doit, comme on sait, le pavage des rues, qu'il fit commencer en 1184 ([*]). L'exploitation de ces anciennes carrières était bien mieux entendue qu'à cette heure; on y reconnaît une sorte de concert dans les travaux tracés sur un plan vaste, mais régulier; des chemins pavés conduisaient à chacun des ateliers, les liaient entre eux et ils aboutissaient tous à une route unique qui menait d'un côté à la grande route de Paris, et de l'autre, à celle de Melun; on retrouve encore des traces de ces chemins, dans les endroits supérieurs, où les pavés n'ont pas été recouverts par les alluvions, ou par les éboulements du terrain. L'administration a reconnu l'abus des exploitations partielles, qu'on s'était permis pendant la révolution, et qui offrent un spectacle de désordre et de bouleversement complet. On s'occupe de faire dispa-

([*]) Beckmann, *Hist. des Inv. et Découv.*

raître ces inconvénients, dont le moindre serait de gâter le coup d'œil de ces côteaux abruptes et sauvages, de leur ôter cette couleur sombre, nuancée par les teintes variées de mousses, de ronces, de houx et de genevriers qui garnissent, d'une vigoureuse végétation, les intervalles des rochers. Les carriers bouleversent ces masses, font de longues traînées de débris blanchâtres, qui tachent le paysage, en rompent l'harmonie, en indiquant le passage destructeur de l'homme, dans un lieu qui naguère, offrait tous les caractères de la plus profonde solitude. Mais un inconvénient plus grave, c'était de voir le terrain défoncé dans tous les sens, les routes coupées par de profondes ornières, ouvertes par les roues des lourdes charrettes chargées de pavés. Bientôt élargies outre-mesure, elles formaient des ravines où roulaient les flots pressés des torrents orageux qui entraînaient les arbustes déracinés, et déchaussaient même les plus grands arbres.

Si nous avons vu des arbres de la forêt, servant de but aux promenades et de tablettes aux souvenirs, quelques rochers offrent aussi cet attrait; ils sont indiqués par une dénomination, tracée parfois à leur surface. La prodigieuse quantité d'inscriptions que l'antiquité nous a léguée, et qui sont les pages les plus authentiques du grand livre de l'histoire, prouvent que l'homme a toujours cherché à se survivre par quelque ouvrage durable, et surtout à transmettre son nom à la postérité. Les matières les plus dures ont été employées à cet effet, et l'on est surpris que, dans la forêt de Fontainebleau parsemée de masses de rochers, dont parfois la superficie est très-unie, on ne trouve pas un grand nombre d'inscriptions qu'il aurait été facile d'y graver avec un peu de soin et de patience. « Guilbert dit, qu'en 1730, on lisait encore sur différents rochers, et même sur quelques arbres, des passages et sentences tirées de la Sainte Écriture, qu'un officier polonais prit plaisir d'y graver, à la fin du siècle précédent, pour servir d'entretien à ceux qui se promenaient dans la forêt, et les engager à profiter des précieux moments et des salutaires pensées qu'inspire la solitude. »

On ne retrouve plus aucune de ces inscriptions; on ne voit çà et là, que quelques chiffres, dates et noms insignifiants, à l'exception de ceux des artistes connus qui, dans leur jeunesse, venant étudier et chercher à rendre sur la toile, les sites sauvages de la forêt, ont ainsi marqué l'époque de ces premières études ; peu de ces souvenirs sont gravés sur la pierre, la plupart n'ont été tracés qu'au crayon ou avec le pinceau, aussi ne résistent-ils pas longtemps aux intempéries de l'air, à moins qu'ils ne soient abrités sous des grottes, comme dans celles de Franchard, de la Fontaine du mont Chauvet et du Calvaire.

A un mille de Fontainebleau, sur la droite de la route d'Orléans, s'élève une montagne conique couverte de beaux pins et de vieux mélèses, dont le sombre feuillage dissimule l'aridité du terrain, et ombrage les rochers qui couronnent cet escarpement.

Le plus remarquable est celui qu'on nomme le *Rocher de la Salamandre*, dénomination qu'il doit à une aventure arrivée à cet endroit, au roi François Ier qui avait pris, comme on sait, la salamandre pour le corps de sa devise. Ce rocher, d'une proportion peu commune, paraît suspendu à la cîme des autres, et s'avance en encorbellement de manière à mettre à couvert une société nombreuse, et à l'abriter des intempéries de l'air. Sa situation élevée en a fait une espèce de forteresse facile à défendre, aussi, a-t-il servi de refuge à quelques familles, que la tourmente révolutionnaire avait proscrites, et qui y trouvèrent momentanément un asile.

(*Planche* 81). Au commencement du XVIe siècle,

un charbonnier s'était emparé de ce local, y avait établi sa demeure, et fermant l'entrée de cette espèce de caverne, par des cloisons en bois, il en avait fait une habitation à peu près régulière, où il vivait avec sa famille.

Or, il advint, pendant l'une des plus courtes journées d'automne, que François Ier, emporté par son ardeur pour la chasse, sur les confins de la forêt, et fort loin du château, fut surpris, à la chute du jour, par un orage subit, accompagné d'une horrible averse. La poursuite du cerf fut abandonnée, les chasseurs se dispersèrent, et le roi piquant des deux, accompagné d'un seul de ses courtisans qui prétendait connaître parfaitement les sentiers sinueux de ces lieux déserts, s'aventura, à la lueur des éclairs, à travers les rochers et le fourré du bois, où les chevaux avaient peine à se frayer un passage.

Enfin, ils arrivent dans une gorge pierreuse découverte, et dont l'aridité était à peine déguisée par des touffes de genêts, des buissons de genevrier et quelques mélèzes rabougris, qui semblaient étendre leurs longues branches horizontales pour cacher la nudité des rochers, à travers lesquels ils avaient crû difficilement. La pluie tombait toujours à torrents, la nuit était close, et force fut de ralentir le pas des chevaux, souvent arrêtés dans cet espèce de labyrinthe rocailleux, par les ronces, dont les longues tiges épineuses couvraient la terre comme d'un filet tendu à travers ces étroits sentiers, pour en rendre l'abord impraticable. Le roi s'arrête, et adressant la parole à son guide inquiet. « Eh bien! mon habile maréchal des logis, que penses-tu de notre position et de l'issue de notre course malencontreuse? Vive Dieu, ne valait-il pas mieux se borner tout bonnement à suivre la grande route quoique un peu plus longue que tes chemins détournés qui coupaient court, disais-tu, et qui finiront par casser les jambes de nos chevaux et nous rompre le cou. — Sire, je suis confus, désespéré..... Cependant, je vous jure que nous sommes dans la direction du château. Je me suis, il est vrai, un peu fourvoyé, mais actuellement je crois reconnaître..... — Et à quoi, je te prie, mon cher? est-ce à ces rochers qui se ressemblent tous, et sur lesquels nous nous heurtons? à ces ronces qui nous déchirent?... Car maintenant que l'orage a cessé, et que la lueur des éclairs ne nous montre plus la forme extérieure des objets, l'obscurité est complète. — Que Votre Majesté me pardonne, je n'y vois pas, il est vrai, mais j'ai un pressentiment, je suis presque sûr..... Oh! voyez-vous briller par moments, à travers les branches des arbres, un point lumineux?... C'est sans doute le fanal que vos serviteurs, alarmés de votre absence, ont allumé sur la plate-forme de la tour de St-Louis qui domine la forêt.

— Non, mais c'est le feu de fagots de quelques sabotiers surpris comme nous par l'orage, qui ne les a pas plus respectés que leur auguste maître, qui sera fort aise de se réchauffer dans la compagnie de ces vilains, bien avisés. Le roi, mettant pied à terre, jeta la bride de son cheval à son écuyer : — Attends-moi ici; je vais à la découverte. — Y pensez-vous, Sire, je ne vous laisserai pas aller seul dans ce repaire. — N'ai-je pas mon épée. — Peut-être sont-ils une douzaine... — De sabotiers?... — Permettez. — Paix... surtout ne me trahis pas, je suis le chevalier de la Salamandre qui meurt de froid, et retourne à son élément favori.

Le roi s'élance en avant, et gravit l'escarpement des rochers, guidé par la vacillante lueur, tandis que le duc, tenant les chevaux par la bride, suivait avec bien plus de difficulté, ce chemin escarpé.

— Qui va là? s'écrie une voix forte, quoique enrouée. — Ami, répond le roi, dont la tête se trouve déjà à la hauteur du sommet du plateau, où le feu était allumé sous une immense roche, en forme d'auvent. — Ami, qui?.... — Qui est très-las, gelé, trempé, affamé. — A la bonne heure, soyez le bienvenu ; et une grande figure maigre et nerveuse, apparaît à l'entrée de cette habitation souterraine. Le visage noir et traversé par une balafre livide, des yeux bruns, roulant dans leur orbite bleuâtre, et une bouche surmontée d'une longue moustache grise, et montrant des dents aigues et d'une éclatante blancheur ; tel était l'espèce de fantôme qui se montra aux yeux du monarque, moins intimidé que réjoui d'une pareille apparition ; il ne pût même s'empêcher de sourire, car il reconnut aussitôt qu'il avait affaire à un inoffensif charbonnier, qui lui tendit la main pour l'aider à gravir jusqu'à l'entrée de sa cahute, et se retournant vers sa femme : la mère, dit-il, du bois au feu, et la gourde *d'aigu'arden*, (eau-de-vie). — Grand merci, mon brave homme ; mais auriez-vous la complaisance d'emmener ici mon compagnon qui, embarrassé de nos deux chevaux, est là-bas à m'attendre? — Oui-dà, je vais le chercher, il y a de la place pour tout le monde..... Vous avez l'air d'un bon diable ; aussi je vous laisse avec ma Françoise et son petit François Ier, du nom. — Qu'est-ce à dire, la mère? il y a donc deux François Ier dans mon...... le royaume? — Mon bon seigneur, c'est une fantaisie très-innocente de mon mari, et en mémoire de son dévouement pour notre grand roi, auquel il a sauvé la vie dans la funeste bataille de Pavie, sans que d'ailleurs le monarque s'en doute. — Ah! je veux qu'il me raconte lui-même ce fait d'armes..... il n'y a pas d'indiscrétion, je suis très-attaché au roi et à son..... que j'embrasse donc mon petit frère, car je me nomme aussi François..... et le jovial monarque, faisait sauter dans ses bras, le marmot qui riait et cherchait à jouer avec la plume de la toque royale, à cette heure assez mal en ordre, ainsi que son pourpoint.

Le soldat de Pavie arriva sur ces entrefaites, avec le duc, et enchanté de la bonhommie de son hôte, il lui frappa familièrement sur l'épaule. — Pardieu, dit-il, vous êtes un bon compagnon, aussi n'aurai-je rien de caché pour vous, et nous allons faire bonne chère aux dépens de Sa Majesté. Ne croyez pas pour cela que je ne sois pas son plus dévoué serviteur, et j'en ai des preuves frappantes, gravées trop profondément pour que je les oublie, montrant la longue cicatrice qui lui sillonnait le front, mais il faut que tout le monde vive, et lorsque je vois passer au bout de mon arquebuse un lièvre, voire même un daim ou un sanglier, je ne m'en fais pas faute. A ces mots, s'emparant de l'unique chaise que le monarque venait d'occuper, et de la meilleure place au feu : Monsieur, dit-il, je prends ce coin, c'est celui où je me mets toujours, et cette chaise, parce qu'elle est mienne.

Or, par droit et par raison,
Chacun est maître en sa maison (*).

François Ier applaudit au proverbe, et s'assit sur une sellette de bois, tandis que le duc, accroupi sur les talons, et d'assez mauvaise humeur, se réchauffait comme il pouvait.

Le charbonnier peu complimenteur, et tant soit peu frondeur, parla des affaires du temps, de la misère et des impôts. Il aurait voulu un royaume sans

---

(*) Dans le discours que Montluc adresse au roi, à la fin de ses Commentaires (1570), il cita le proverbe : Chacun est roi dans sa maison, comme répondit le charbonnier à votre aïeul François Ier; cette tradition était, comme on voit, déjà connue (*Mém. de B. de Montluc*, vol. 2, p. 508).

Gio Botaro, qui écrivait à la fin du XVIe siècle, dans ses *Detti memorabili*, rapporte ce fait ainsi : François Ier, roi de France, surpris à la chasse par la nuit, se retira dans la cabane d'un paysan, chez lequel il soupa sans se faire connaître; il demanda ensuite à son hôte ce que l'on disait du roi, celui-ci répondit avec franchise : François est un bon prince, mais du reste, par paresse ou par insouciance, il se laisse mener par ses favoris qui ne valent pas grand chose, et il s'en fie trop légèrement à eux sur les affaires de la plus grande importance, et sans penser aux suites. Le roi ne répondit rien; mais le lendemain, ayant été rejoint par ses gardes et ses courtisans, il se tourna vers eux et leur dit : Depuis que vous êtes à mon service, je n'avais pas encore, sinon hier soir, entendu dire la vérité sur mon compte.

subsides, le prince eut beaucoup de peine à lui faire entendre raison sur cet article. A la bonne heure, répliqua le charbonnier; mais cette grande sévérité pour les délits forestiers, l'approuvez-vous aussi? Au reste, je vous crois honnête homme, ou votre mine serait bien trompeuse ; je pense que vous ne me vendrez pas, car j'ai là un morceau de sanglier qui en vaut bien un autre, mangeons-le de bonne amitié, et sur tout le reste, bouche close..... Le roi promit de se taire, et la ménagère eut bientôt arrangé le souper sur un bloc de rocher : le filet du sanglier était cuit à point, le vin de Samois potable, le pain un peu dur, mais qu'importe, la faim fit trouver tout bon au roi, tandis que le duc plus délicat, faisait contre fortune bon cœur, et riait dans sa barbe, de la gaieté franche de son maître, qui cherchait à mettre en train toute la compagnie, et y parvenait sans peine. Le frugal souper fini, l'on invita le charbonnier à raconter son histoire, ce qu'il fit en ces termes :

La vie des gens de notre sorte, n'est pas fertile en événements, et de tous ceux dont il me reste souvenance, un seul vaut la peine d'être remémoré ; Car, comment, pourquoi je me fis soldat, la bonne et mauvaise fortune que j'eus dans mes campagnes, les pays que je parcourus sans fruit pour mon avancement, comme la pierre qui roule et n'amasse pas de mousse..... Enfin, j'entrai en Italie, à la suite de M. l'amiral Bonivet, sans être plus avancé ni plus riche qu'en sortant de ma pauvre chaumière, suffit..... Me voici arrivé au fait de cette fatale bataille de Pavie, où tout fut perdu, hors l'honneur.

Je n'avais jamais eu l'insigne honneur de voir le roi, lorsque, dans cette journée, la fortune voulut que je me trouvasse porté, par la mêlée, jusques vers l'escadron qui l'entourait ; je le vis combattre (*), non pas en habit de cavalier privé, comme ce traître de connétable, tandis qu'il avait baillé sa troupe à mener à un autre, mais couvert d'une cotte d'armes de toile d'argent, fort remarquable, et lui aussi, aisé à être vu et reconnu bien facilement, tant par là, que par sa belle figure royale, ainsi que portait la devise de son anagramme : *de façon suis royal,* disposition et grands panaches blancs, penchés sur sa salade et fort bas sur les épaules. Ce grand roi François Ier, donc, faisant dans cette journée, l'office d'un bon capitaine et d'un brave guerrier, donna si vaillamment dans les ennemis, qu'il en tua six de sa main. Enfin, là, où le roi donna,

(*) Brantôme, *François Ier*.

ainsi que sa troupe, tout fut mis en pièces, et si chacun eût fait comme lui et M. de la Palice, qui fit la première charge, la bataille était gagnée.

Mais la fortune changea, puis après, si bien que ce grand roi, après avoir bien combattu, tant qu'il n'en pouvait plus, et parant les coups d'une infinité qui étaient à l'entour de lui, qui lui donnaient et lui en donnant aussi, son cheval fort blessé, tomba par terre, et lui dessous......

J'étais alors tout près du roi, et le reconnus à son beau casque d'argent, dont les plumes étaient brisées, et à la riche écharpe passée en sautoir par-dessus la cuirasse. Son morion et sa visière étaient fracassés, le sang ruisselait sur sa belle figure, mais ses yeux vifs, perçants lançaient des flammes, sa haute taille, sa tournure imposante..... c'était un beau brin d'homme, à peu près de votre encolure, M. le chevalier..... Quels beaux faits d'armes je lui vis faire : il tenait tête à tout ce qui l'approchait, et venait de tuer le sixième de ses adversaires, lorsqu'un grand diable de lansquenet, que j'avais jusqu'alors tenu en respect, se ruant tout à coup sur le roi, et levant à deux mains sa rouillade..... Miséricorde, m'écriai-je, et par un mouvement naturel, et qui renaîtrait encore à cette heure, s'il y avait lieu, je me précipitai au-devant du coup.....

il fut si violent, que mon casque en fut partagé, et ne put me sauver cette estafilade qui me coucha sur le terrain : jugez, si le roi, presque désarmé comme il l'était, avait reçu cet effroyable coup..... Je conservai néanmoins assez de connaissance, pour voir le vaillant monarque à l'abri de la fureur des barbares qui s'acharnaient sur leur proie, et sentant mon sang couler, mes forces s'épuiser, je fis un dernier effort, criai : Vive, vive le roi, et tombai sans connaissance, sur un monceau de morts.

Vive Dieu, s'écria son hôte avec attendrissement, quoi! c'est toi?.... Je me rappelle en effet, que je m'en veux de l'avoir si longtemps oublié! Oui..... ta casaque était rouge, ton écharpe noire..... — Ah? vous y étiez donc..... Le soldat de Pavie faisant éclater la plus vive surprise, se lève, ôte son bonnet : — Prenez ma chaise, mon capitaine..... — Non, non, je suis bien, et n'oublie pas que charbonnier est maître chez lui..... Continue seulement ton histoire qui m'intéresse à tant de titres, et plus tard nous ferons plus ample connaissance. — Vous l'ordonnez, mon officier; la suite de mes aventures est peu importante; je dus la vie à la bonne Françoise, fille de mon hôte, auquel j'avais rendu quelques légers services; ne me voyant pas revenir, ils vinrent me chercher, et me trouvèrent sur le champ de bataille, m'emportèrent chez eux, où j'eus bien de la peine à me remettre. Bref, je guéris, j'épousai Françoise, et soupirant après mon pays, elle consentit à m'y suivre. De retour dans ces cantons, le malheur m'y poursuivit, ma pauvre mère, mes autres parents n'existaient plus, ma chaumière avait été brûlée, mon petit champ ravagé ; sans ressource, je me réfugiai dans la forêt, où l'on me permit de m'établir sous cette roche. — Comment se fait-il que tu n'aies pas cherché à te prévaloir de ta belle action, pour obtenir de l'avancement, ou une récompense qui t'était bien due?

— Hélas! qu'étaient mes propres malheurs au milieu du grand désastre qui pesait sur la France? D'ailleurs, qui se serait souvenu de mon dévouement? mon capitaine se fit tuer sur la place; le roi seul pouvait s'en rappeler, et comment l'aborder......
— Sois tranquille, je ne t'oublierai plus, moi, tu peux en croire ma parole..... — J'en accepte l'augure; encore un coup, à votre santé, mon capitaine, et vive le roi.....

La ménagère avait préparé, dans un renfoncement de rocher, un nouveau lit de feuilles de fougère, pour ses hôtes, et l'on se souhaitait bonne nuit, lorsque le duc, qui était aux écoutes, crut entendre, dans le lointain, l'appel des cors de chasse;

il ne se trompait pas, le son se rapprochait, il s'élance hors de la cahute, voit en effet dans la plaine, et à la lueur des flambeaux, des piqueurs dispersés, et la foule des chasseurs qui cherchaient les traces de leur maître.

Le duc, qui préférait son lit d'édredon aux feuilles sèches, courait déjà au-devant de leurs libérateurs. Le roi, se disposant aussi à sortir, prend la main de son hôte, et lui dit : ce sont mes compagnons qui nous cherchent, il est inutile qu'ils viennent vous troubler dans votre paisible retraite..... Brave homme, je vous remercie de votre franche hospitalité, et vous prie de venir me voir à la ville : je me fais fort de vous faire obtenir, tout au moins, le droit de chasse pour vous et votre postérité ; demandez seulement le chevalier de la Salamandre. Il serra encore la main du soldat, donna un baiser au petit François, salua galamment la mère, et sortit de la cabane pour aller au-devant de ses serviteurs, lorsque le cri joyeux de Vive le roi, fit retentir les échos, et il se vit entouré à l'instant, de plusieurs seigneurs de la cour qui se pressèrent autour du monarque chéri, lui témoignant la plus vive sollicitude, et des acclamations s'élevèrent de nouveau avec une sorte d'enthousiasme.

Le charbonnier, les bras pendants, la tête découverte, se tenait à l'écart, tandis que sa femme, emportée par sa profonde émotion, se précipita aux genoux du roi, élevant au-dessus de sa tête, le jeune enfant que ces clameurs faisaient crier comme un petit diable. Paix, lui dit le grand François, avec un sourire mélancolique, ne t'inquiète pas d'avance de ton sort, car bien que nous portions le même nom, tu ne monteras jamais sur le trône, et n'en seras pas plus malheureux..... J'aurai soin de toi et de ta famille; et faisant un salut gracieux au soldat de Pavie : à demain, mon brave, le chevalier de la Salamandre n'oubliera pas la dette contractée sur le champ de bataille, par le roi de France.

XXIV.

Le Calvaire
ET AUTRES MONUMENTS RELIGIEUX DANS LA FORÊT.

CONFESSIONNAL DE LA SOEUR MARIE.

> . . . . . . O Dio c'hai di morir patito
> Per redimer da morte le nostr' alme;
> O Donna il cui valor fu si gradito,
> Che Dio prese da te l'umane salme.
> (Arioste, *ch.* xxxviii).

Dans un défilé étroit, tortueux, et serpentant au milieu d'immenses rochers, ou suspendu à leur sommet, si vous rencontrez une croix grossièrement taillée en bois, et inclinée par l'effort de la tempête, vous n'avez pas besoin qu'une inscription vous raconte qu'il s'est commis ici un meurtre, ou qu'un voyageur y a péri victime d'un funeste accident. Le cœur se serre, vos yeux se portent involontairement autour de vous, et cherchent à s'assurer si cette solitude ne récèle pas des brigands, ou bien si ce nuage blanchâtre, qui se joue le long des flancs de la montagne, ne vous annonce pas un ouragan, ou la chute d'une avalanche. Qui n'a pas éprouvé cette impression effrayante, en parcourant les gorges retirées de l'Apennin et des Alpes?

Mais, loin de là, dans notre patrie, le paysage le plus solitaire porte un caractère plus calme et plus rassurant. Une riche végétation se déploie à la vue, des fumées s'échappent au-dessus d'un rideau de verdure, et vous annoncent la résidence des hommes. Une humble chapelle, dont le porche est couvert de vigne vierge ou de clématite, invite au repos et à la prière; la paix et la quiétude rentrent dans l'imagination naguère assaillie de sombres idées, et réveillent au fond du cœur ces germes de piété qui datent de l'enfance, et qui n'ont pas été entièrement effacés par les séductions mondaines. Ainsi, lorsque à peu de distance de Fontainebleau, et sur la route de Melun, on voit s'élever, à la cîme d'un escarpement dont on a fait un calvaire, le signe sacré de la rédemption, qui, bravant les éléments conjurés, aussi bien qu'il a su résister aux discordes civiles (*), surgit encore aux lieux consacrés par nos ancêtres, les pensées les plus consolantes, les plus vertueuses, vous pénètrent de leurs douces émotions, et cet étendard de la foi, protège tacitement tous les lieux voisins. Quel est, en effet, le pécheur le plus endurci qui oserait se livrer au crime, à l'aspect de l'image de celui qui a souffert pour les effacer tous? Le recueillement, la méditation, les seules affections bienveillantes doivent découler de cette source vénérée, et ce lieu consacré est en quelque sorte entouré d'une atmosphère, qui repousse tout sentiment haineux et criminel (*Planche* 82).

Nous avons vu un vieillard infirme et aveugle, conduit par une imprudente ferveur, vouloir s'élever à la cîme de ces rocs, pour y aller puiser la consolation et l'oubli de ses maux. Il s'était égaré dans ces sentiers escarpés, et gémissait de ne pouvoir arriver au but de ses désirs; une jeune fille, dans ses plus beaux atours, se dirigeait, en ce moment, d'un pas léger, précipité et joyeux, vers la danse, annoncée au loin par le son des instruments,

---

(*) Mais non pas à la révolution de 1830.

et où elle était sans doute attendue par son fiancé. Nous avons vu cette bonne villageoise, s'écarter de sa route, saisir le bras du pauvre vieillard, l'aider à gravir les marches inégales, taillées dans le roc, et le guider sans impatience, et avec lenteur, vers la plate-forme où s'élèvent les croix ; bien plus, lui promettre qu'elle viendra le chercher avant la nuit, pour le ramener au bas de la montagne.

Une religion qui fait taire la passion la plus impétueuse de la jeunesse, la soumet à un simple acte de complaisance pour un inconnu, est bien digne de tous nos respects, et l'action touchante de cette jeune fille, est aussi méritoire, aux yeux de la divinité, que celle du bon Samaritain.

Une scène plus vive, et aussi attendrissante, avait eu lieu peu auparavant sur ces mêmes rochers. Un enfant, les vêtements en désordre, les cheveux épars, parcourait ces rocs en pleurant, il s'arrêtait çà et là pour cueillir des fleurs et des branches de genêts et de bruyères, occupation qui constrastait avec son apparent désespoir. Je le suivais des yeux avec étonnement, lorsque je le vis enfin, prendre sa course, franchir rapidement tous les obstacles, et arriver haletant au pied de la croix, y déposer, y fixer son offrande, et tombant à genoux, élever ses bras suppliants vers la divine image, et lui demander la guérison de sa malheureuse mère, faisant vœu de répéter journellement son offrande, pendant la saison rigoureuse qui s'approchait, sans être arrêté par aucune des intempéries de l'air : « Et si notre petit jardin, s'écriait-t-il, ne peut fournir toujours des fleurs nouvelles, j'irai arracher à la branche épineuse du houx, les grappes qui le parent encore, pendant que le givre et la neige le recouvrent d'une couche glacée. »

Indépendamment des sentiments religieux qu'il inspire, le calvaire offre un but de promenade très-agréable : la montagne, plantée de différentes espèces d'arbres, offre, dans tous les sens, des allées qui conduisent au sommet des rochers, en ligne droite, ou en biaisant par une pente insensible. Mais la piété des pèlerins, et l'espérance d'obtenir des grâces attachées à cette pénible entreprise, engagent aussi à monter au calvaire par deux chemins escarpés, où les pieds glissent sur des rochers, et reculent sur des cailloux roulants ; même sans ce but respectable, la singularité et la beauté des aspects peuvent dédommager d'une fatigue que les chaleurs de l'été rendent quelquefois excessive. Cependant, une longue avenue de vieux pins formant berceau, tracée au sommet du plateau, à partir de la hauteur de la *Croix d'Angas*, conduit en ligne droite et horizontale, jusqu'à la plate-forme, où sont plantées les croix.

De là, et dans toutes les directions, on jouit d'une admirable vue, et des accidents produits par les mouvements du terrain coupé par des lignes de rochers sourcilleux, ou qui semblent avoir roulé des hauteurs ; ils forment des groupes contrastés de forme et de couleur, et offrent les figures les plus étranges ; des bouquets de houx, de genévriers, des bouleaux et des pins varient encore le coup d'œil ; venus comme par enchantement au milieu de ces rocs épars, ils finiront par les revêtir et les cacher sous un épais ombrage.

(*Planche* 83). Au pied du calvaire, et sur le bord de la route de Melun, on remarque une chapelle, souvent fréquentée par les âmes pieuses qui viennent y suspendre des guirlandes et des bouquets de fleurs, ou y allumer des cierges, et y faire leurs dévotions avant de gravir les sentiers escarpés de la *Via Crucis*.

Cet oratoire ne remonte qu'à un petit nombre d'années ; mais il a été construit sur les fondations d'une chapelle plus ancienne, dont l'érection se rattache à un événement miraculeux qu'atteste encore une tradition fidèle.

En 1661, vers la fin de novembre, le sieur d'Auberon, gentilhomme ordinaire du grand Condé, et capitaine dans son régiment, venait rejoindre la cour à Fontainebleau. Arrivé à la descente de la croix d'Angas, son cheval s'emporte, le renverse, et le traîne sur la route : en sa détresse, et par une dévotion toute particulière pour la mère de Dieu, le pieux cavalier élève les yeux vers le ciel dont il implore le secours ; ce n'est point en vain, aussitôt le cheval s'arrête, d'Auberon a le temps de se débarrasser, et se prosternant sur la place, où est maintenant la chapelle, il fait vœu d'y laisser un monument propre à exciter la ferveur, et à conserver le souvenir de cet événement miraculeux.

En effet, d'Auberon fit bénir, le 3 mai de l'année suivante, une image de la sainte Vierge, et le même jour, vers le soir, le curé de Fontainebleau porta cette image sacrée en procession, et la fixa sur le tronc d'un gros chêne, au lieu même où s'était arrêté le fougueux destrier. A l'abri des injures de l'air, et dans une espèce de niche, ce simulacre vénéré se serait conservé longtemps, ainsi que le récit authentique de l'événement écrit en langue latine sur le vélin, mais l'arbre tomba de vieillesse ; à sa place, et pour perpétuer ce pieux souvenir, un prêtre de l'église de Fontainebleau, nommé Grenet, fit élever, en 1690, un oratoire plus durable, et qui devait en même temps, sous un spacieux péristyle, offrir un lieu d'abri et de repos pour les voyageurs. La statue de la Vierge fut placée sur l'autel au fond d'un sanctuaire, et elle ne cessa d'être exposée à la vénération des fidèles; sous le péristyle, on avait peint le trait historique, qui avait donné lieu à sa construction.

Lorsque, dans ma jeunesse, je vins à Fontainebleau avec d'autres artistes, pour étudier la nature sauvage de ses sites, la chapelle de Notre-Dame de Bon Secours, alors entourée d'arbres séculaires, était le lieu où nous nous réunissions dès l'aube, pour de là nous disperser dans la forêt. Cependant, par une fatalité singulière, aucun de nous n'a pu retrouver le dessin de la chapelle. Je l'ai d'autant plus regretté, que la révolution n'a pas épargné ce monument. Pendant de longues années, ses débris jonchèrent le terrain, mais ses fondations existaient encore, lorsque nos princes rentrèrent dans leur antique héritage.

Lors de son premier voyage à Fontainebleau, on a vu une princesse, aussi grande par sa piété que par ses malheurs, venir s'agenouiller sur cette place consacrée, et émettre le vœu que cet oratoire fût reconstruit. Cette restauration intéressait la gloire de la patronne de la France; aussi, le roi donna-t-il des ordres en conséquence ; les âmes pieuses y concoururent de leurs vœux et de leur bourse, et bientôt, sur les anciens fondements, et d'après les plans de M. Heurtault, architecte de cette résidence royale, s'éleva le monument qu'on voit aujourd'hui, (*Planche* 84). Il ne ressemble en rien à l'ancienne chapelle, et retrace plutôt ces pittoresques oratoires, dont les campagnes d'Italie sont parsemées. Le pinceau gracieux de M. Blondel, a retracé dans le plafond du vestibule, l'histoire du capitaine d'Auberon.

Ailleurs, sur le chemin de Paris, et au sommet de la montagne qui domine la ville, on voit, fixée sur le tronc d'un bel arbre, une petite chapelle votive, où est renfermée l'image de la Vierge ; elle est aussi le témoignage d'un événement de même nature, arrivé en ce lieu.

Il existait dans la forêt, une autre chapelle que saint Louis avait fait construire. Elle devait son origine à une aventure consignée dans les anciennes chroniques ; nous allons la raconter en en rajeunissant un peu le style.

Les vers de l'Arioste, (*ch.* xv).

> Un altro don gli fece. . . . .
> E questo fu d'orribil suono un corno
> Che a fuggire ognun che l'ode intorno.

Ces vers prouvent que le poëte ferrarois, avait

connaissance de cette légende, dont il a fait un des grands ressorts de son immortel poëme.

Saint Louis, pendant sa première croisade en Palestine, entendit parler d'un anachorète célèbre dans le pays par ses austérités, et les miracles qu'on devait à son intercession envers la divine Providence. Le respect général qu'on avait pour ce saint personnage, était tel, que les infidèles même, furieux contre tout ce qui porte le nom de chrétien, loin de lui nuire, étaient saisis d'une terreur panique, à l'approche des lieux qu'il sanctifiait et protégeait par sa seule présence.

Le pieux monarque sachant que, malgré les instances les plus pressantes, l'ermite n'avait pu se résoudre à quitter sa solitude, résolut d'aller lui-même le visiter. A cet effet, il s'achemina dévotement, et à pied, vers la caverne qu'il habitait, et il trouva le saint homme couché sur une natte, le visage tourné vers le ciel, et les mains jointes sur le crucifix de son rosaire.

A peine le saint roi entrait-il dans cette obscure retraite : je vous attendais, s'écria le vieillard d'une voix affaiblie, car j'avais demandé à Dieu, avant d'aller me réunir à lui, et il m'avait promis la faveur de contempler un souverain, qui, parmi tous ceux de son temps, est peut-être le seul que je reverrai dans un monde meilleur : bien plus, il m'a été dévoilé qu'on l'intercéderait comme un bienheureux, car sanctifié à tout jamais, il sera. Amen.

Le roi, agenouillé auprès de la couche du moribond, lui proposa de le faire transporter à Tibériade, où on lui prodiguerait les soins les plus empressés, qu'il ne pouvait obtenir dans son isolement, où d'ailleurs il était exposé aux dangers que la guerre traîne toujours à sa suite. Cela est inutile, dit l'anachorète, je n'ai plus besoin de rien, et mon existence touche à son terme ; d'ailleurs, je n'avais pas à craindre les mécréants, car je possède un talisman qui me mettait à l'abri de tout danger. Voyez ce cor, sur lequel est gravé un nom qui a eu quelque célébrité, les sons que j'en tire, doux, éclatants ou terribles, attirent ceux que j'aime, appellent ceux dont j'ai besoin, ou mettent en fuite mes ennemis. Saint roi, je désirais vous voir, pour que nulle autre main que la vôtre ne touchât un pareil trésor. Je vous en fais don, puisse-t-il, comme je n'en doute pas, conserver les mêmes vertus, vous préserver comme moi, de tout danger, vous rendre les mêmes services, et vous rappeler enfin, le dernier descendant du duc Astolphe, prince d'Angleterre. A ces mots, qu'il eut quelque peine à prononcer, l'ermite porta le cor à ses lèvres, et en tira un faible son prolongé qui se perdit en murmurant dans l'espace, et qui fut en effet son dernier soupir.

Depuis ce temps, le célèbre et merveilleux cor d'Astolphe, ne quitta plus le bon roi, et lui rendit, sans doute, de nombreux services, quoique l'histoire n'en parle pas, excepté dans une seule occasion.

On sait que ce prince aimait beaucoup le séjour de Fontainebleau, qu'il nomma dans mainte charte, ses déserts : il s'y livrait souvent aux plaisirs de la chasse. Un jour, s'étant égaré au milieu des gorges pierreuses du rocher St-Germain, il s'y trouva seul, et son cheval blessé, tomba mort de fatigue. Forcé de mettre pied à terre, et gravissant avec peine une étroite ravine dans laquelle il s'était engagé, tout à coup ce désert se trouve peuplé d'une troupe de brigands qui l'entourent, et se mettent en devoir de le dépouiller. Le roi se rappelle le cor d'Astolphe, et en tire aussitôt des sons si éclatants, si épouvantables, que les voleurs stupéfaits, s'arrêtent, reculent, et finissent par fuir, saisis d'une extraordinaire terreur panique. Les mêmes sons, adoucis par l'éloignement, disséminés par les échos, attirent les chasseurs et la suite du roi. Les scélérats furent tous arrêtés, bientôt après on en fit justice, et ils payèrent de la vie leur criminelle audace.

En mémoire de cet événement, arrivé le 22 janvier 1264, jour de saint Vincent, une chapelle fut construite sous l'invocation de ce saint; mais depuis la canonisation du monarque, elle a toujours porté le nom de saint Louis.

Elle était située dans la forêt, sur une colline, à gauche de la route de Fontainebleau à Melun, et à une lieue de cette première ville. C'était le but d'un pèlerinage, et la demeure d'un anachorète. Sous le règne de Louis XIII, un certain Marigny, prévôt des maréchaux d'Autun en Bourgogne, s'était retiré dans cet ermitage, et y fut assassiné par des voleurs, en 1610; pareil malheur étant arrivé depuis à un autre saint homme, la chapelle fut détruite en 1701, par ordre de Louis XIV. Néanmoins la montagne a conservé le nom de saint Louis.

Non loin de là, au sommet du mont Ussi, et sur le bord d'un sentier écarté, se trouve un rocher isolé, dont la forme caverneuse et le nom singulier : *Confessional de la sœur Marie*, arrêtent les regards et piquent la curiosité du promeneur; quoique l'origine de cette dénomination soit moderne, elle est peu connue : d'ailleurs, comme elle se rattache à un sentiment religieux et qu'elle retrace une aventure touchante qu'on nous a racontée sur le lieu même, nous allons essayer de nous la rappeler.

Dans la forêt de Fontainebleau, dont le terrain inégal offre tant de sites pittoresques, il n'en existe pas de plus agréable, que celui qu'on nomme le *Nid de l'Aigle*, situé à l'extrémité de la vallée qui se prolonge jusqu'à l'hospice des Enfants Trouvés. Ce lieu paisible est traversé par une route de chasse, sinueuse et peu fréquentée ; elle est bordée de chênes et de hêtres immenses, entremêlés de vieux bouleaux. Ces arbres qui, vers le midi et le couchant, forment la lisière de la grande futaie du *Mont Perreux*, sont plantés en amphithéâtre, sur une pente douce couverte de beaux gazons, et de touffes d'arbustes sauvages. Du côté opposé, la vallée est bornée par une chaîne de rochers escarpés, espèce de chaussée onduleuse, traversée par de profondes ravines. Cependant de grands arbres, au nombre desquels est le chêne de Charlemagne, dont nous avons parlé, ont crû, comme par miracle, dans le terrain bouleversé, dont on a cherché à dissimuler entièrement l'aridité en y plantant des bouleaux et des pins qui s'élèvent du milieu des buissons épineux du houx et du genévrier.

Par une de ces belles soirées d'automne, dont on jouit avec d'autant plus de volupté, qu'elles deviennent rares en l'arrière-saison, j'admirais cette variété d'arbres et d'arbustes, leur port divers, les couleurs contrastées de leur feuillage, qui passaient du verd noirâtre du houx, au verd grisâtre du tremble et du bouleau, ou du jaune au rouge fauve, tristes livrées de la nature à l'approche des frimas.

Je jouissais de ce spectacle avec le charme et l'abandon qu'inspire la solitude complète, lorsqu'un murmure, d'abord confus, de voix, de cris joyeux m'annoncèrent une troupe d'enfants, que je vis, en effet, accourir avec quelqu'ordre cependant, mais retenus avec peine par les injonctions d'une sœur de saint Vincent de Paule, qui les accompagnait. C'étaient les enfants de l'hospice de la Miséricorde, qui, un panier au bras, venaient disputer aux sangliers et aux autres animaux sauvages, le gland et le faîne dont le sol était parsemé. Je me plaisais à voir ces pauvres orphelins, jouir d'un instant de liberté, courir, bondir à travers les gazons et les rocs, se poursuivre, s'appeler, rire, et se livrer aux jeux du jeune âge. Je les suivais des yeux à travers les arbres de la vallée, lorsqu'un cri unanime, et répété par les échos, rallia la bande dispersée : Allons au confessionnal de la sœur Marie, rendez-vous, où chacun portera sa récolte. Je vis alors la sœur, suivie des enfants, s'acheminer vers un sentier rapide, qui s'élevait entre les rochers. Curieux moi-même de connaître ce qu'ils désignaient par le confessional de la sœur Marie, et d'apprendre, peut-être, l'origine de cette dénomination singulière, je suivis le même chemin.

Il existe, dans ce qu'on nomme la politesse, une multitude de nuances et de degrés, qui se mesurent moins à la qualité des personnes, qu'aux impressions qu'elles font naître : pour les uns c'est de la bienveillance, pour d'autres du respect, pour le petit nombre de la vénération. Une sœur grise m'inspire un sentiment plus doux, plus profond, mêlé de confiance, et qui ressemble à celui qu'on éprouve pour un ami; aussi, n'ai-je jamais aperçu ces grandes robes noires flottantes, ce voile ailé d'une éclatante blancheur, ce bandeau qui serre un front serein, ces mains cachées modestement, ou croisées sur le rosaire, cette démarche décente, sans affectation, libre avec candeur, sans éprouver une douce émotion; je ne peux parler à une personne de cet ordre, sans que le nom de sœur ou de mère qu'on leur donne, ne me semble aussi naturel, aussi bien acquis, que si en effet, elles faisaient partie de ma famille.

Aussi n'hésitai-je pas à m'approcher de cette sœur, dont l'air franc, ouvert et candide, inspirait la confiance. J'obtins aisément la permission de l'accompagner pour reconnaître ce site sauvage, et entourés d'un nombreux et bruyant cortége, nous gravîmes au sommet des rochers qui couronnent la vallée, et d'où on l'aperçoit toute entière.

Là, sous l'ombrage de chênes séculaires, dont les branches tortueuses s'étendent horizontalement à une grande distance, j'aperçus un rocher peu élevé, mais qui tient à une masse plus considérable : il est creusé en forme de niche ronde, d'une manière singulièrement régulière, et qu'on aurait pu croire taillée au ciseau, si tant d'autres grès, évidés par la nature, ne présentaient pas des accidents encore plus étranges. On parvient à cette niche en franchissant quelques marches grossièrement entassées, et une personne seule peut tenir à l'aise dans le renfoncement, y être assise, et parfaitement à l'abri des intempéries de l'air (*Planche* 85).

C'est là où la bonne sœur se plaça pour inspecter les travaux et les jeux de tous ces enfants qui s'occupaient, avec activité, à ramasser les fruits sauvages dont les arbres immenses, qui couronnent le rocher, leur fournissaient une abondante récolte. Témoin silencieux de cette scène pittoresque et animée, mes yeux se fixant sur le rocher, j'allais hasarder une question, peut-être indiscrète, lorsque ma compagne me prévint, et souriant, quoique d'un air mélancolique : je lis dans votre pensée, me dit-elle, vous désirez des renseignements sur l'origine du nom de cette roche ; plus d'une fois on m'a interrogé vainement sur ce sujet, mais assez physionomiste, pour juger que ce n'est pas une vaine et indiscrète curiosité qui vous guide, j'aime à croire que les douleurs d'une âme tendre et pieuse, exciteront votre pitié..... La sœur Marie n'est point un être fictif, et il ne s'est passé qu'une génération depuis qu'elle n'existe plus. J'ai vu dans sa vieillesse, son amie, la confidente de ses plus secrètes pensées. Hélas! au souvenir des douleurs de la sœur Marie, elle ne regrettait pas la fin d'une vie, qui n'était plus que le long et pénible rêve d'un esprit frappé à mort depuis longtemps..... La bonne sœur essuya une larme qui coulait sur sa joue pâle, me fit signe de m'asseoir auprès d'elle sur un quartier de roc, et commença son attendrissant récit.

Maria de Tudela, descendait d'une ancienne famille de la Navarre Espagnole, et vit le jour dans un château situé sur les bords de l'Ebre. Elle était l'unique enfant d'un hidalgo, qui, à la mort de sa femme, s'était retiré dans ses terres, y vivait solitaire, n'ayant d'autre société que le prieur d'un couvent voisin, et une vieille parente qui avait consenti à faire les honneurs de sa maison, et à soigner l'enfance de la jeune Marie. Cette parente, d'un excellent caractère, mais peu éclairée, ne put inspirer à son élève que de bons sentiments, mais non pas élever son intelligence, fortifier son âme, et lui donner des talents qu'elle ne possédait pas elle-même; le prieur, il est vrai, s'occupait un peu plus de son instruction, mais tous deux, en lui inculquant des principes religieux, lui inspiraient un injuste éloignement du monde, dans lequel elle était appelée à vivre. Comme une jeune plante qui s'étiole dans l'ombre, elle aurait eu besoin pour prospérer de l'aspect du soleil, de l'air pur et libre, et du spectacle d'une nature animée, au lieu d'être retenue dans une sombre tourelle, ou enfermée entre les hautes charmilles du jardin du château. Ses plus agréables distractions étaient de broder, sur la soie, des symboles sacrés, qui devaient servir à décorer l'autel du monastère, ou de cultiver des fleurs destinées à briller dans des vases de cristal, à l'époque des grandes fêtes. C'en était une aussi pour la jeune fille, lorsqu'elle allait occuper la tribune réservée à sa famille, et que les sons de l'orgue et la voix des prêtres élevaient son âme pure jusqu'à la région éthérée qu'elle était digne d'habiter. Un petit nombre de gentilshommes du voisinage, venait parfois rompre la monotonie de cette existence casanière ; mais, dans les derniers temps surtout, ces visites n'apportaient aucune distraction, excitaient même de vagues inquiétudes ; car ces fiers hidalgos, déplorant l'esprit de discorde qui se glissait dans le cœur de l'Espagne, prévoyaient déjà les troubles qui devaient en résulter : il s'était même déjà manifesté quelque fermentation sur les confins de l'Aragon, et elle menaçait de s'étendre sur tout le versant des Pyrénées.

Peu de temps après, en effet, éclata l'horrible conflagration qu'occasionna la guerre de la succession, et qui faillit réduire en cendres toute la Péninsule. Dès ce moment, des guérillas s'établirent, et la guerre prit un caractère, en quelque sorte individuel, qui faisait que partout on rencontrait un ennemi, indépendamment des armées de tous les princes, qui se disputaient le sceptre de Charles-Quint.

Pendant ces troubles sans cesse renaissants, et auxquels le seigneur de Tudela ne pouvait prendre aucune part, à raison de son âge et de ses infirmités, son château, situé en plaine, sur les bords d'un fleuve, étant peu susceptible d'offrir un poste militaire, devait être un terrain neutre, où l'on était forcé de recevoir successivement, amis et ennemis.

Un soir, après un engagement d'une forte guérilla avec le détachement d'un régiment français, ce dernier ayant eu l'avantage, se présenta aux portes du manoir qu'on lui ouvrit sans hésiter. A la lueur des flambeaux, on aperçut des soldats qui portaient, sur leurs armes croisées, un jeune officier blessé qui paraissait prêt à rendre le dernier soupir. La bonne châtelaine se hâta de lui prodiguer, avec un zèle désintéressé, et qui faisait l'éloge de son cœur, tous les soins qu'une longue habitude lui avait rendus familiers. Le jeune français ouvrit les yeux, et put balbutier quelques remercîments, mais sa grande faiblesse le fit bientôt retomber dans un état d'insensibilité complète. On eut recours au prieur, qui, seul aux environs, pouvait procurer des secours plus efficaces, et le détachement français étant obligé de continuer sa route, le blessé fut confié à la loyauté de ses nobles hôtes.

L'officier français, en danger pendant plusieurs

semaines, reprit peu à peu ses forces, et fut en état de témoigner sa vive reconnaissance, cherchant à alléger, autant qu'il le pouvait, les embarras que sa longue convalescence devait occasionner ; un sentiment né, peut-être à son insu, communiquait à ses expressions, un degré de chaleur, et à ses regards, un état inusité, qui ne furent que trop compris par la tendre espagnole ; elle n'avait pas encore rencontré, dans ses compatriotes, cette fleur de galanterie, ces soins empressés, cette déférence respectueuse, et cette gaîté communicative, qui caractérisent le militaire français. L'indulgente parente, toute entière à ses soins de garde-malade et à ses pratiques de dévotion, n'avait pas prévu l'inconvénient de rapprocher une jeune fille innocente, mais née sous un climat de feu, avec un militaire français, jeune, galant, et fait pour plaire. Le père, plus clairvoyant, se reposait trop sur le secours de l'absence, pour éteindre un sentiment qui pouvait n'être qu'éphémère, et que la contrainte allait exalter. Il se bornait à observer attentivement les actions de sa fille, qui, ne connaissant pas la nature de ses émotions, s'y livrait sans scrupule, et avec l'abandon de l'innocence ; ne croyant avoir rien à dissimuler, elle manifestait naïvement, une gaîté qui ne lui était pas naturelle, et dont elle ne se doutait pas que la source était dans son cœur, ou plutôt dans celui de son amant.

Heureusement, celui-ci était un homme d'honneur, aussi, avait-il eu la discrétion de borner ses soins à la politesse la plus empressée, sans nulle trace de prétentions, sachant qu'il ne pouvait espérer de faire agréer sa recherche au riche seigneur de Tudela, quoiqu'il fût lui-même d'une naissance distinguée : d'ailleurs, les devoirs qu'il avait à remplir comme militaire, et son respect pour les droits sacrés de l'hospitalité, lui faisaient considérer comme un crime, de chercher à séduire un être innocent, qui ne connaissait pas le danger de sa position.

La santé du jeune militaire étant enfin rétablie, il fallut songer au départ; mais ce n'était qu'en se faisant une extrême violence, qu'il s'arrachait de ce séjour, où il laissait tout ce qu'il avait jamais aimé. Cependant, une idée consolante lui souriait, car l'espoir s'éteint-il dans un cœur bien épris? Il espérait, si toutefois il lui était donné de survivre à cette guerre désastreuse, d'arriver à un grade élevé qui, le menant à la fortune et aux honneurs, le mettrait peut-être un jour à même de faire valoir ses prétentions. C'est aussi ce qu'il eut la franchise d'avouer au père de sa maîtresse, qui le loua de sa conduite loyale, et lui fit espérer qu'il ne rejetterait pas toujours ses vœux ; profitant alors de son ascendant, il lui conseilla même d'abréger ses adieux, et de partir sans voir sa fille. L'officier français souscrivit à cette prudente mesure, promit, en soupirant de regret, de se conformer à ce que lui prescrivait un rigoureux devoir : il tint sa promesse, et il était déjà près de rejoindre le quartier-général, lorsque Maria apprit son départ.

C'est alors seulement que se dévoila à ses yeux la nature des sentiments que lui avait inspirés l'aimable étranger ; n'étant soutenue par aucun espoir, une fatale mélancolie s'empara d'elle : ses occupations favorites furent abandonnées, et se réfugiant sous les plus obscures retraites des bosquets qui entouraient sa demeure, elle y gémissait comme la colombe solitaire. Sa santé ne tarda pas à s'altérer, et son père inquiet, hésitait à verser une goutte d'espoir dans l'âme de cette innocente victime, espérant toujours que ce violent chagrin se calmerait faute d'aliment ; il n'avait d'ailleurs, aucune nouvelle du jeune guerrier, et il savait que le régiment auquel il appartenait, avait pris part à plusieurs actions meurtrières, peut-être même son jeune ami avait-il trouvé la mort sur le chemin hasardeux de la gloire.

Un nouveau malheur, plus réel, vint frapper cette famille; le seigneur de Tudela succomba, en peu de jours, à une violente attaque qui avait déjà menacé sa vie, et il expira sans avoir eu le temps de donner à sa fille, un espoir trompeur.

Deux femmes seules ne pouvaient, sans imprudence, habiter un domaine presqu'isolé, aussi se retirèrent-elles dans un couvent des environs, et la mélancolie de la pauvre Maria menaçait de se convertir en une affection mortelle, lorsqu'une effroyable catastrophe, redonna, ce qui arrive assez souvent, une nouvelle impulsion à ses esprits, et fortifia son corps abattu par le chagrin encore plus que par la maladie. La Navarre devint le théâtre d'une guerre d'extermination : l'acharnement était tel que rien n'était respecté, les châteaux, les chaumières, et même les asiles sacrés ne furent pas à l'abri de la profanation et des outrages. Maria et sa parente n'échappèrent à ces affreux dangers, que par un miracle de la Providence; elles voulurent se sauver au château de Tudela; ce toit hospitalier, le berceau de sa famille, n'existait plus; il avait été incendié, ainsi que les fermes qui l'entouraient; les domestiques, qui en étaient les gardiens, avaient fui. La population entière s'était réfugiée dans les montagnes, vers lesquelles se dirigèrent les deux malheureuses fugitives, qui n'avaient conservé, de leur ancienne opulence, que quelques pierreries, faible ressource pour les mettre à l'abri du besoin. Une idée bien naturelle, et qui se liait à l'objet de toutes ses pensées, s'offrit à Maria, c'était d'aller chercher en France, une tranquillité qu'elle n'espérait plus trouver en son propre pays, déchiré par les partis de la guerre civile : peut-être un reste d'espoir la guidait-elle; au moins, elle aurait la douceur d'habiter la terre hospitalière, patrie de son amant.

Les deux exilées traversent les Pyrénées, et arrivent à Toulouse. Là, un nouveau chagrin plus poignant, car il lui enlève tout son avenir, et la laisse isolée dans le monde, vient assaillir la pauvre Marie; sa bonne parente meurt..... que lui reste-t-il à faire? Les ressources qu'elle avait trouvées dans les faibles débris de sa fortune s'épuisent rapidement..... « Je me consacrerai, dit-elle, au service des infortunés, n'en ai-je pas déjà fait un heureux apprentissage, heureux, dis-je!.... hélas! il m'appelait la sœur Marie, sa sœur grise..... »

Elle entra en effet, au noviciat de Toulouse ; sa douceur, sa commisération pour les malheureux, son active adresse, sa piété compatissante, toutes les qualités précieuses, qu'elle devait à une vie pure et à des principes religieux, fruits d'une intime conviction, la firent chérir et respecter dans cet ordre admirable.

Cependant, elle était encore trop près des Pyrénées et de son pays, auquel elle ne pouvait penser sans une sorte d'angoisse douloureuse. Elle demande à changer de lieu, passe successivement dans plusieurs maisons, et parvient, enfin, à l'hospice de Fontainebleau. Elle s'y fixe, et par une sorte de contradiction, qui annonce déjà le désordre de ses pensées, elle s'y plaît, surtout parce qu'elle croit retrouver, dans quelques-uns des agrestes aspects de ce pays, une sorte de similitude avec les montagnes de la Navarre.

En effet, lorsque faisant trêve à ses utiles et pénibles occupations, elle obtenait la permission, ou plutôt était forcée par la supérieure compatissante, de prendre quelque exercice et de respirer un air plus pur, elle allait, avec la religieuse, dont je tiens ce récit, cueillir les herbes aromatiques, les simples et les fleurs salutaires, dans les sentiers rocailleux du mont Ussi et du

Calvaire, voisins du couvent. Souvent, elles s'arrêtaient à la chapelle de Notre-Dame de Bon Secours, où elle priait avec ferveur pour l'âme de son bien-aimé, qu'elle n'espérait plus revoir que dans un monde meilleur.

Un soir, la cloche de la porte de l'hospice est agitée vivement, et plusieurs voix se font entendre au dehors. Les bonnes sœurs, toujours prêtes à offrir leurs secours à l'humanité souffrante, se hâtent d'ouvrir. Un militaire blessé mortellement par des brigands en traversant la forêt, et dont la poitrine est couverte d'honorables décorations, est remis entre leurs mains, et porté aussitôt dans une chambre où la sœur Marie est déjà occupée à préparer un lit, sur lequel on dépose le mourant.

La vaine délicatesse du sexe, est inconnue aux sœurs hospitalières, et elles peuvent, sans rougir d'actions si honorables, se livrer à tous les soins qu'exige le soulagement des malades. Marie, agitée par un attrait puissant, une sorte de prévision douloureuse, qui lui rappelle une circonstance semblable et toujours présente à sa pensée, est la plus empressée à secourir le blessé. Elle entr'ouvre son habit, découvre sa poitrine haletante, et qui offre une profonde blessure. Toute entière à ses fonctions, elle n'avait pas remarqué la figure de cet infortuné, d'ailleurs brunie, couverte de sang et d'une forêt de cheveux noirs tombant en désordre; mais elle a saisi un ruban auquel était attachée une petite croix en platine très-remarquable; elle l'arrache avec violence, la porte à ses yeux, à sa bouche, la serre sur son sein, pousse un cri déchirant, et tombe inanimée sur le corps déjà froid de son amant......

Que vous dirai-je de plus? La pauvre Marie succomba sous ce coup fatal, sa tête s'égara; ce n'était que par intervalles qu'elle revenait à la raison, alors elle se livrait, toute entière, aux travaux les plus humbles et les plus fatigants; quoique sa santé en fût altérée, elle souffrait sans se plaindre, ne parlait jamais sciemment de son malheur, elle n'y faisait allusion que lorsqu'elle était dans le délire, et encore, d'une manière obscure, elle élevait alors la petite croix qu'elle ne quittait plus, et lui adressait les plus touchantes prières.

On la forçait souvent de prendre du repos et de la distraction; alors elle demandait avec instance à être conduite sur les rochers qui lui rappelaient les côteaux pierreux de sa patrie. Elle avait particulièrement affectionné le lieu et la place que j'occupe à cette heure : là, assise sur le roc, et sous cette voûte de pierre, immobile elle-même comme le rocher, elle croisait les mains sur sa précieuse croix, lui adressait des plaintes touchantes, et les terminait par de longues et ferventes prières. Parfois, après avoir écouté le murmure du vent dans le feuillage, le bruissement des insectes, elle appuyait ses lèvres sur la paroi du rocher, et semblait, tantôt prêter l'oreille, tantôt répondre à un être invisible à tous les yeux, autres que ceux de sa pensée égarée...... Et c'est sans doute de cette déchirante pantomime, dont on respectait le motif, que le rocher a pris le nom de *Confessionnal de la sœur Marie!!*......

CONCLUSION.

Ces vieilles traditions, ces aventures variées, ces chroniques naïves, qui viennent ajouter leur intérêt aux beautés naturelles et pittoresques de notre belle forêt et du palais qu'elle enveloppe, sont déjà, la plupart effacées du souvenir de mes contemporains; le cours des ans amène, dans ces mêmes lieux, d'autres causes de célébrité, d'autres faits non moins saisissants, qui disparaîtront à leur tour; comme les chefs-d'œuvre dus à la magnificence des princes et au talent des grands artistes, ont remplacé déjà, à plusieurs reprises, les grandes conceptions et les somptueuses décorations qui enrichissaient naguère ce château, aussi curieux qu'historique, aussi noble que singulier. Les amis des arts et les nombreux étrangers, qui accourent annuellement de tous les points de l'Europe, pour en admirer les beautés, trouveront, pour les diriger dans leurs pèlerinages, des guides sûrs et multipliés. Mais si l'intérêt et le plaisir que leur causeront ces chefs-d'œuvre de l'art et de la magnificence, leur fait désirer d'en connaître les origines, les antécédents, et enfin, les accroissements successifs, ils me sauront quelque gré, d'avoir fouillé dans l'histoire matérielle et dans les premières fondations de ce beau palais, et d'avoir arraché à l'oubli, et à la faux meurtrière du Temps, quelques traces, quelques exemples d'une époque glorieuse, pour les arts et pour la France.

FIN.

TABLE DES MATIÈRES.

Chapitres.		Pages.
	Notice sur cet ouvrage et sur son auteur.	j
	Introduction.	1
I.	La Forêt. — Origine, noms des divers cantons, puits du Cormier, vieille chronique.	9
II.	Fontaines. — Du mont Chauvet et d'Episi, mare aux Evées, rocher Bébé, rocher des deux Sœurs, boulinière d'Avon.	23
III.	Hermitage de Franchard. — Monastère, la Roche qui pleure, fête de Franchard.	34
IV.	Le Chateau. — Son origine, architecture ancienne, constructions analogues, irrégularité des anciens châteaux.	51
V.	Chapelle St-Saturnin.	72
VI.	Chapelle St-Saturnin. — Suite	89
VII.	Artistes Français, antérieurs aux Italiens.	107
VIII.	Etat du Chateau, au moment de sa restauration par François Ier	116
IX.	Cour du Donjon, dite cour ovale ou de l'ovale.	130
X.	La salle des fêtes.	142
XI.	La salle des fêtes. — Suite	158
XII.	Cheminées au XVIe siècle. — Cheminée de la salle des fêtes et autres du château de Fontainebleau	182
XIII.	Benvenuto Cellini.	207
XIV.	Destinée des ouvrages de Benvenuto Cellini. — Influence de ce maître sur le goût de la sculpture en France	242
XV.	Ouvrages de sculpture, du commencement

du XVIᵉ siècle, exécutés à Fontainebleau, et qu'on peut attribuer à des artistes français. Divers ouvrages du même temps ; mausolée à Joinville 257

XVI. Cour du Cheval blanc 280
XVII. Grotte des pins et thermes de François Iᵉʳ. 305
XVIII. Cour de la Fontaine. 319
XIX. Porte Dauphine, dit le Baptistère 340
XX. Jardins du château, sous François Iᵉʳ et ses successeurs. 371
XXI. Jardin de l'Orangerie. — Galerie des chevreuils, fontaine de Diane, galerie des cerfs, Monaldeschi 401
XXII. Constructions en briques et pierres des XVᵉ et XVIᵉ siècles.
Le vieux chenil, château du Bréau; hôtels; logis de la Mi-Voye, pavillon de Sully, porte d'Henri IV; tourelle de Moret, hermitage de la Madeleine 425
XXIII. Arbres et rochers remarquables. — Chêne de Charlemagne, roche branlante, rocher percé, exploitation des grès, rocher de la Salamandre, aventure de François Iᵉʳ. . . 451
XXIV. Le Calvaire et autres monuments religieux érigés dans la forêt. — Confessional de la sœur Marie 482

FIN DE LA TABLE DES MATIÈRES.

TABLE DES PLANCHES.

Numéros.		Pages.
1.	Puits du Cormier	18
2.	Fontaine du mont Chauvet	24
3.	Mare aux Evées	25
4.	Rocher Bébé	27
5.	Rocher des deux Sœurs	29
6.	Ancien pavillon de Franchard	44
7.	Ruines de Franchard	46
8.	La roche qui pleure	48
9.	Chapelle souterraine de St-Saturnin	80
10.	Plan de la chapelle de St-Saturnin et de la salle des Fêtes (page 146.)	82
11.	Coupe de la chapelle inférieure de St-Saturnin	83
12.	Vue extérieure de la chapelle de St-Saturnin	84
13.	Coupe de la chapelle supérieure	92
14.	Ornements d'architecture	96
15.	Détails d'architecture	100
16.	Elévation géométrale	104
17.	Chapelle supérieure	105
18.	Vue de l'ancien château	119
19.	Plan de l'ancien château	124
20.	Plan des premiers agrandissements	125
21.	Cour ovale	132
22.	Portique intérieur	137
23.	Vue extérieure de la salle des Fêtes	143
24.	Plan de la salle des Fêtes (voir page 82)	146
25.	Porte de la salle des Fêtes	158
26.	Coupe de la salle des Fêtes	159
27.	Décoration intérieure	167

TABLE DES PLANCHES.

28.	Cheminée de l'appartement du roi	188
29.	Cheminée du rez-de-chaussée	193
30.	Cheminée de la salle des Fêtes	196
31.	Pavillon de la porte dorée	224
32.	Porte dorée	227
33.	Porte du Donjon	261
34.	Porte murée de la chapelle	263
35.	Ancienne terrasse de la chapelle	285
36.	Fontaine de la cour du Cheval Blanc	304
37.	Pavillon des thermes	306
38.	Restauration des thermes	306
39.	Restauration de l'intérieur des Bains	310
40.	Cour de la Fontaine	320
41.	Fontaine d'Ulysse	323
42.	Entrée de la cour de la Fontaine	325
43.	Pavillon du gouverneur	326
44.	Panneau de la galerie de François Ier	335
45.	Baptistère	341
46.	Porte de Ferrare	353
47.	Porte d'Avon	353
48.	Porte du Tambour	354
49.	Porte de la Couldre	354
50.	Elévation du Baptistère	358
51.	Détails du Baptistère	359
52.	Coupe du Baptistère	360
53.	Emissaire du canal	382
54.	Entrée projetée du grand parc	386
55.	Fontaine de Henri II	387
56.	Ancienne fontaine détruite	392
57.	Pavillon de l'étang	394
58.	Vue générale de l'étang et du château	395
59.	Manége	397
60.	Salle des Empereurs	397
61.	Obélisque de Marie-Antoinette	398

62.	Elévation de l'Orangerie.	407
63.	Fontaine de Diane	409
64.	Galerie des Chevreuils.	418
65.	Détails de cette galerie.	418
66.	Ruines de l'Orangerie.	422
67.	Vue prise dans le jardin de l'Orangerie.	423
68.	Porte de l'Orangerie.	423
69.	Ruines du Chenil.	433
70.	Château du Bréau.	434
71.	Jardin de Sully	440
72.	Pavillon de Sully	441
73.	Porte de la cour des cuisines	441
74.	Maison à Moret	442
75.	Pavillon de la Madeleine.	446
76.	Ancien ermitage de la Madeleine	448
77.	Chêne de Charlemagne	454
78.	Rocher Bouligny	456
79.	La Roche branlante	457
80.	Roche percée	458
81.	Rocher de la Salamandre	481
82.	Calvaire.	484
83.	Chapelle de bon Secours (1re vue.)	487
84.	Chapelle de bon Secours (2e vue.)	490
85.	Confessionnal de la sœur Marie	498

FIN DE LA TABLE DES PLANCHES.

LK 2820

FONTAINEBLEAU.

SOISSONS. — IMPRIMERIE DE EM. FOSSÉ D'ARCOSSE,
RUE DES RATS, N° 10.

Puits du Cormier.

Fontaine du Mont Chauvet.

Mare aux Evées.

Rocher Bebé.

Rocher des deux Sœurs.

Ancien Pavillon de Franchard.

Ruines de Franchard.

La roche qui pleure.

Chapelle souterraine de St Saturnin.

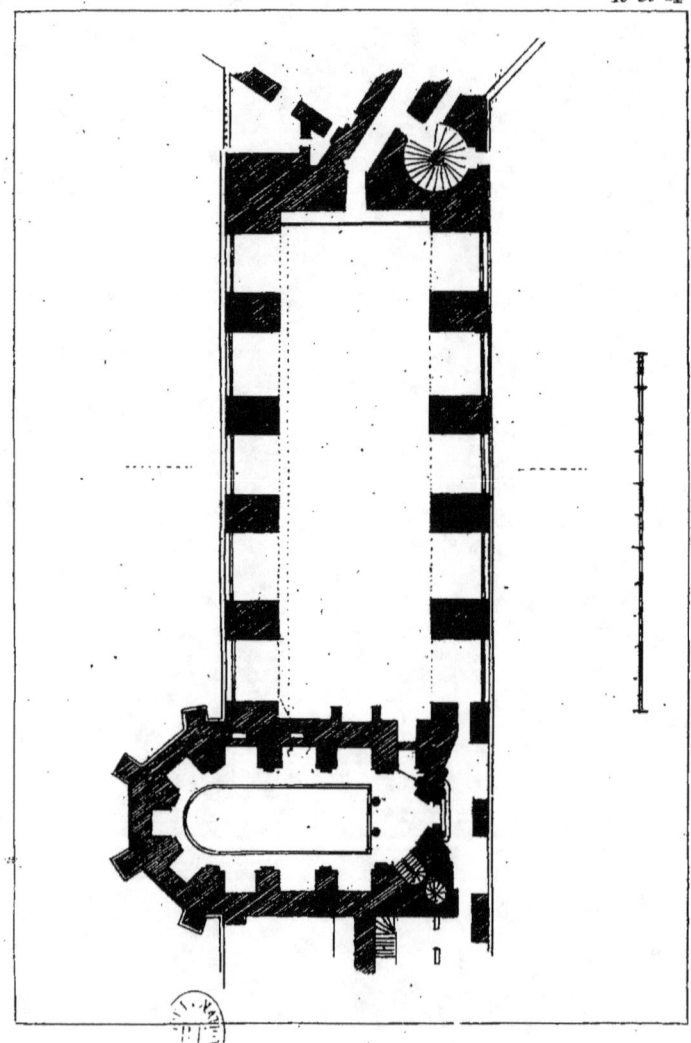

Plan de la Salle des fêtes & de la Chapelle St Saturnin.

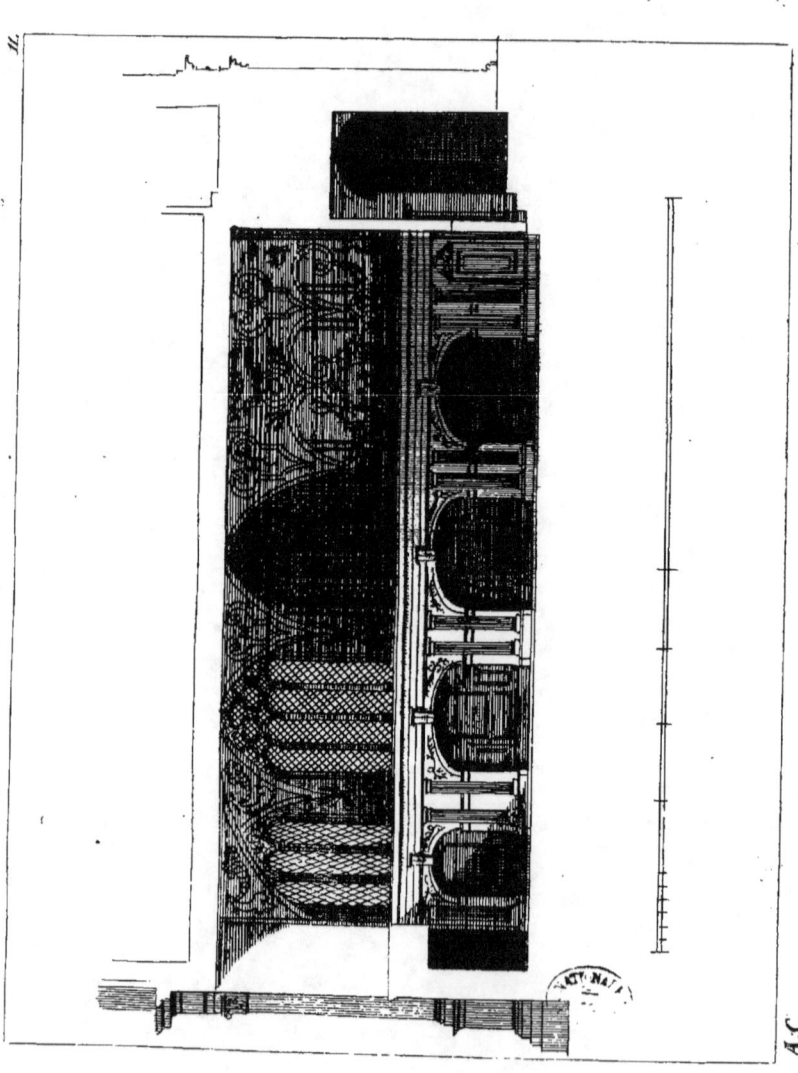

Coupe de la Chapelle inférieure de S.t Saturnin.

Vue extérieure de la Chapelle St Saturnin.

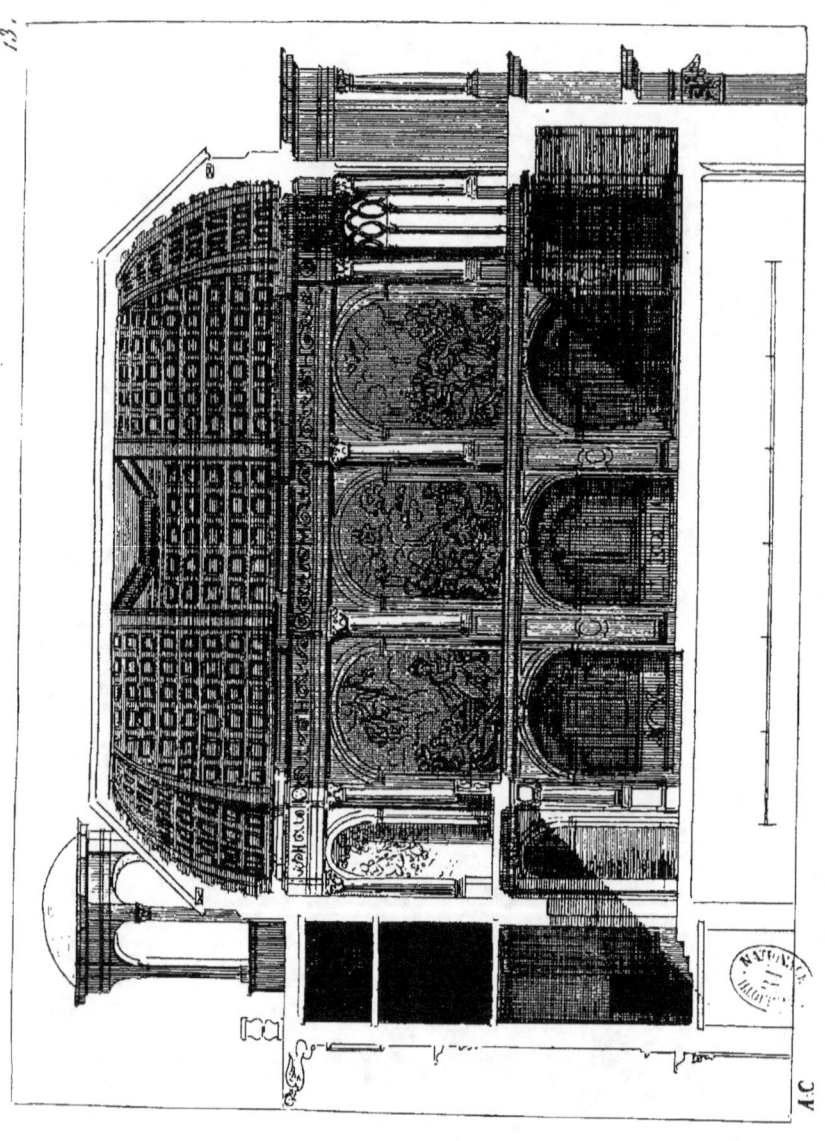

Chapelle supérieure — Coupe.

Détails d'Ornements.

Détails d'Architecture.

Élévation extérieure de la Chapelle St. Saturnin.

Chapelle supérieure de S.t Saturnin.

Ancienne vue du Château.

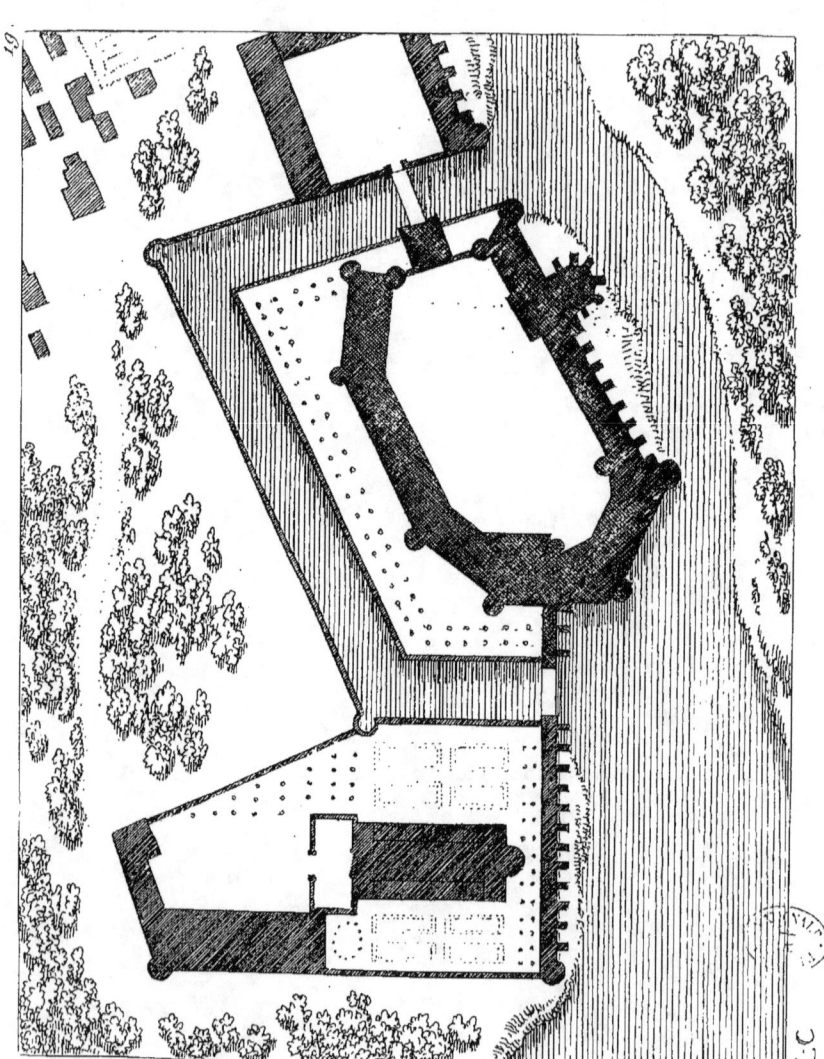

Plan de l'Ancien Château.

(Plan des Thermes impériales.)

Cour ovale.

Portique intérieur.

Vue extérieure de la Salle des Fêtes.

Porte de la Salle des Fêtes.

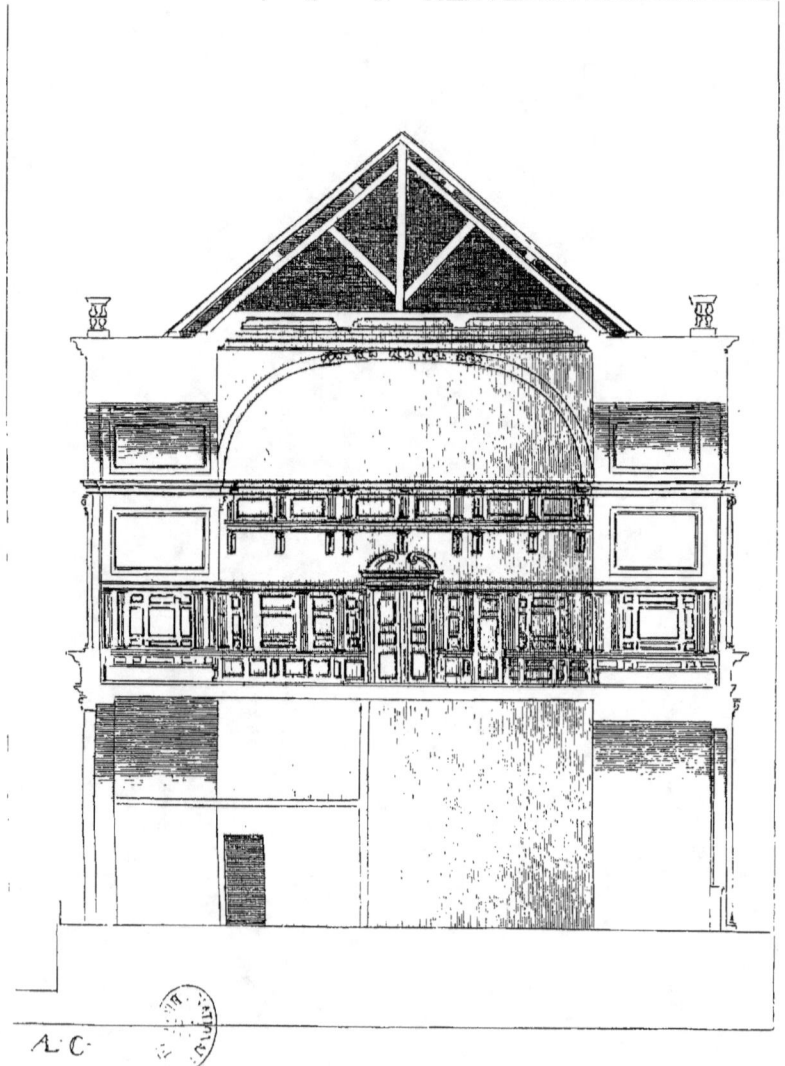

Coupe.

Décoration intérieure.

Cheminée de l'Appartement du Roi.

Cheminée de la Salle du rez-de-chaussée.

Cheminée de la Salle des Fêtes.

Pavillon de la Porte dorée.

Porte dorée.

Porte du Donjon.

Porte murée près de la Chapelle.

Ancienne terrasse de la Chapelle.

Fontaine de la Cour du Cheval blanc.

Pavillon des Thermes.

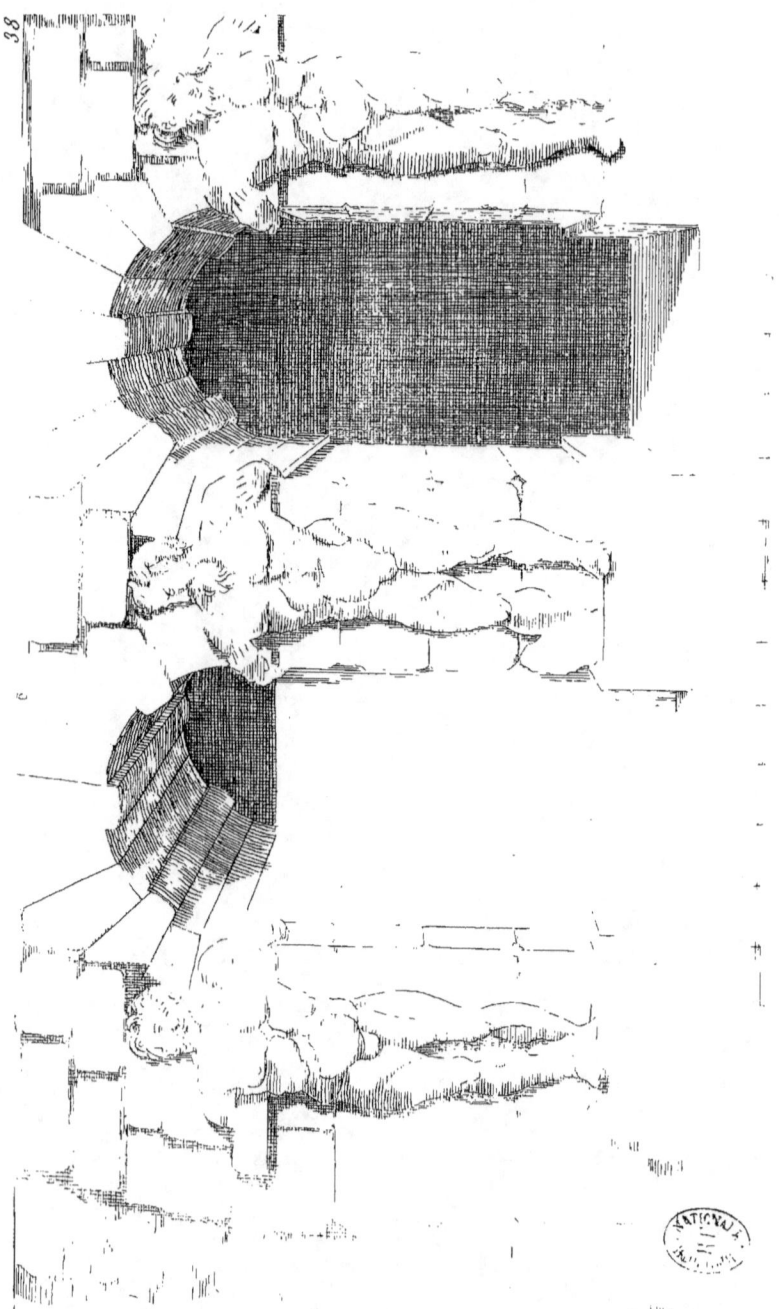

Reste des Thermes.

Restauration de l'intérieur des bains.

Cour de la Fontaine.

Cour de la Fontaine.

Fontaine d'Ulysse.

Pavillon du Gouverneur.

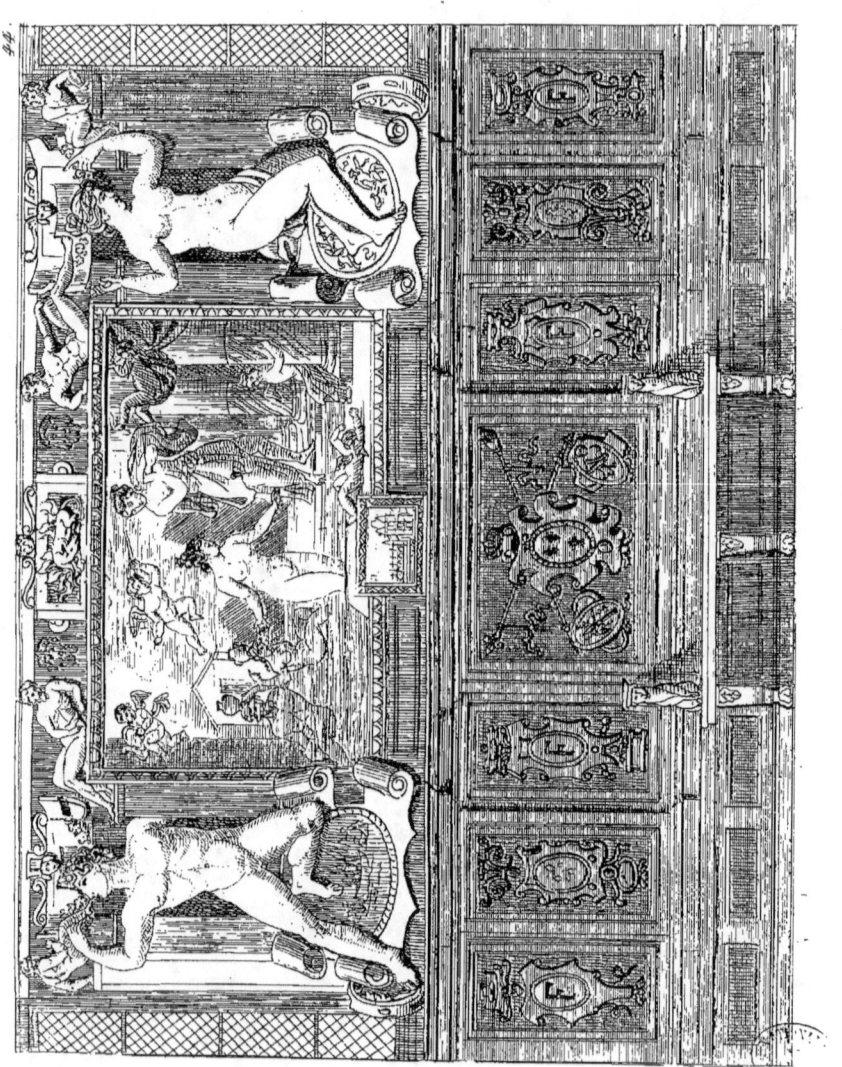

Panneau de la Galerie de François 1er

Baptistère.

Porte dite du Ferrare, (ou Palais du Card.^l de Ferrare.)

Porte de l'ancien Hôpital d'Avon.

La Porte dite le Tambour.

Porte de la Couldre.

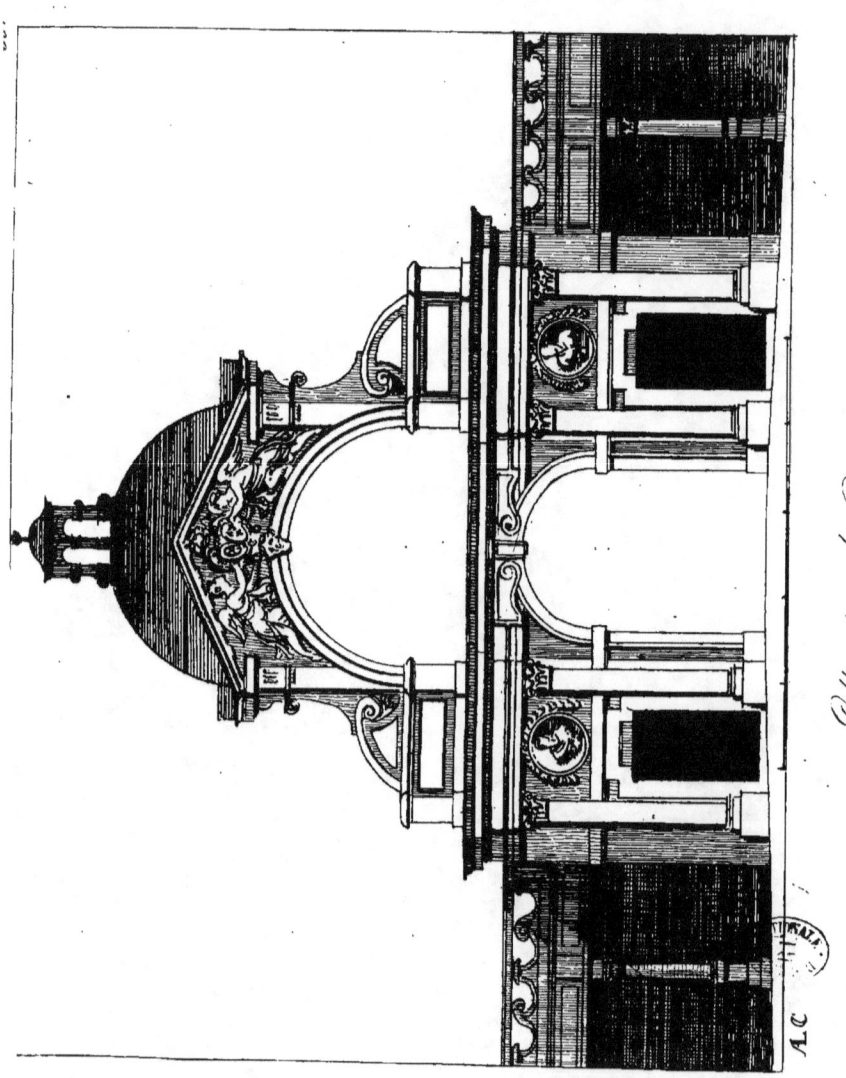

Élévation du Baptistère.

Détails.

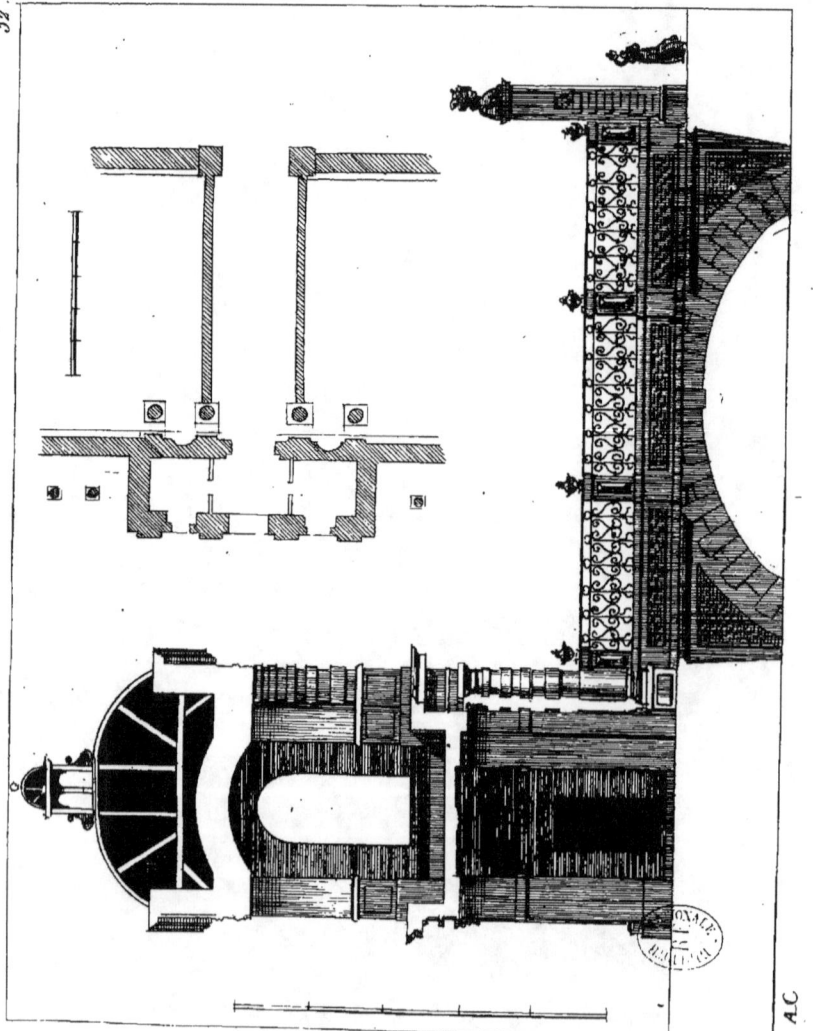

Coupe du Baptistère.

Emissaire du grand Canal.

Entrée du grand Parc projettée.

Fontaine d'Henri II.

Ancienne Fontainebleau, détruite.

Pavillon de l'Etang.

Vue générale de l'étang et du Château.

Manége.

Salle des Empereurs.

Obélisque de Marie Antoinette.

Elévation de l'Orangerie et de l'ancienne Fontaine de Diane.

Fontaine de Diane.

Galerie des Chevreuils détruite.

Détails d'un pied droit.

Ruines de l'Orangerie.

Vue prise dans le jardin de l'Orangerie.

Porte du jardin de l'Orangerie sur les fossés.

Ruines du Chenil.

Chateau du Bréau.

Jardin de Sully.

Pavillon de Sully.

Porte de la cour des cuisines.

Maison à Moret.

Pavillon de la Madeleine.

Ancien hermitage de la Madeleine.

Chêne de Charlemagne.

Rocher Bouligny.

La Roche branlante.

Rocher percé sur la route de Nemours.

Rocher de la Salamandre.

Calvaire.

Chapelle de bon secours.

Chapelle de N.-D. de Bon secours.

Le Confessional de la Sœur Marie.